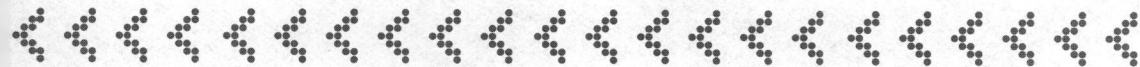

高等职业教育物流类专业新形态一体化教材

智慧仓配运营

朱孟高 主 编

谭冬冬 王瑞军 陈明舟 副主编

清华大学出版社
北京

内 容 简 介

本书为山东省职业教育在线精品课程、山东省职业教育精品资源共享课程配套教材。本书以党的二十大精神为指引,落实立德树人根本任务,在编写过程中注重培养学生的爱国精神、劳动精神、奋斗精神、工匠精神,注重树立学生的安全意识、成本意识、创新意识、规则意识。基于"基础认知—规划设计—作业运营—组织管理"的工作过程一体化流程,全书细分为四个项目,共计15个教学任务。项目一为智慧仓配基础认知,系统介绍智慧仓配运营基础知识;项目二为智慧仓配规划设计,介绍智慧仓配中心选址、总体规划、布局规划、设备选型与配置;项目三为智慧仓配作业运营,以岗位应用为核心,介绍货物进货与入库、在库与盘点、拣货与出库、配送与退货作业、库存控制与管理等;项目四为智慧仓配组织管理,从合同、安全、现场、成本与绩效等方面,全面介绍智慧仓配中心的组织运营。

本书可作为高职院校及应用型本科物流类专业的学生教材,也可作为仓配管理初中级岗位员工的培训用书。

图书在版编目(CIP)数据

智慧仓配运营 / 朱孟高主编. -- 北京 :清华大学
出版社,2025. 8. -- (高等职业教育物流类专业新形态
一体化教材). -- ISBN 978-7-302-69618-6

Ⅰ. F25-39

中国国家版本馆 CIP 数据核字第 2025WR4635 号

责任编辑:左卫霞
封面设计:常雪影
责任校对:刘 静
责任印制:刘海龙

出版发行:清华大学出版社
  网 址:https://www.tup.com.cn, https://www.wqxuetang.com
  地 址:北京清华大学学研大厦 A 座 邮 编:100084
  社 总 机:010-83470000 邮 购:010-62786544
  投稿与读者服务:010-62776969,c-service@tup.tsinghua.edu.cn
  质量反馈:010-62772015,zhiliang@tup.tsinghua.edu.cn
  课件下载:https://www.tup.com.cn,010-83470410
印 装 者:三河市天利华印刷装订有限公司
经 销:全国新华书店
开 本:185mm×260mm 印 张:14.75 字 数:358千字
版 次:2025 年 9 月第 1 版 印 次:2025 年 9 月第 1 次印刷
定 价:49.80 元

产品编号:109478-01

物流是经济发展的先行官,也是产业链供应链稳定运行的基础。党的二十大报告明确提出"加快发展物联网,建设高效顺畅的流通体系,降低物流成本"。新征程上,要深入把握新时代物流发展特征,构建供需适配、内外联通、安全高效、智慧绿色的现代物流体系,为建设现代化产业体系、形成强大国内市场、推动经济高质量发展提供有力支撑。2025年《政府工作报告》指出,持续推进"人工智能+"行动,打造具有国际竞争力的数字产业集群。"人工智能+"行动通过赋能物流行业,将催生物流领域的新质生产力,加快物流产业数字化转型和智能化改造。

以大数据、人工智能为特点的智慧仓配是物流产业数字化转型和智能化改造的重要组成部分,是物流产业降本、增效、提质的重要环节。可视化设备、网络传输技术以及智能化设备等技术逐步成熟和完善,并在物流领域不断推广应用,在很大程度上改变了传统物流的仓储与配送作业流程及管理模式,并对仓配作业提出了低成本、低损耗、高效率、高速度的要求。在数字经济时代,建立智能化的物流仓配作业体系,实现高效精准的出入库作业,保障智慧仓配中心的高效运营,使其适应社会发展需求,已成为现代物流业进一步发展的重点方向。

本书深入贯彻党的二十大精神,以及习近平总书记关于职业教育和教材工作的重要指示精神,落实立德树人根本任务,推进习近平新时代中国特色社会主义思想进教材、进课堂、进头脑。根据国家政策导向、产业发展趋势,深度挖掘本课程中专业知识教育与价值教育的融合点,以润物细无声的方式将思想政治教育与专业知识学习有机融合。

本书具有以下特点。

1. 紧跟国家政策导向及产业发展趋势

本书紧跟国家各部委发布的新政策及产业发展趋势,紧贴智慧仓配产业发展前沿技术及职业岗位要求,从岗位能力分析出发构建教材内容,融入企业新方法、新技术、新工艺、新标准。

2. 融合"岗课赛证"相关内容

本书融合了仓配运营的典型岗位工作任务要求,专业课程教学标准,职业院校技能大赛、行业技能竞赛的评分点和1+X职业技能等级证书考试的考点,满足读者在课程学习、岗位培训、备赛及考取证书等多方面的需求。

3. 配有丰富的数字化资源

本书建设了类型丰富的数字化教学资源,包括课程标准、教学设计、课件、微课、动画、视频、习题库、案例库、实训任务库等,读者扫描书中二维码即可获取与重要知识点、技能点对应的优质数字化资源。本书对应课程为山东省职业教育在线精品课程、山东省职业教育精品资源共享课程,扫描下方二维码即可在线学习该课程。

4. 设计任务引导式的教材体例

本书每个项目均设置若干个基于工作过程的任务,每个任务按照"任务导入—任务知识—任务案例—任务实训—任务小结"进行模块化编排。每个任务设置的案例及实训,保证任务可实施、可评价、可训练,强调"知行合一"。

本书由山东电子职业技术学院朱孟高担任主编;山东电子职业技术学院谭冬冬、王瑞军、陈明舟担任副主编;济南职业学院刘明、刘莉洁,山东顺丰速运有限公司赵萌,浙江菜鸟供应链管理有限公司李哲参与编写。本书由山东电子职业技术学院李敏教授审稿。

本书在编写过程中参考和借鉴了国内外许多专家学者的研究成果,在此表示衷心的感谢。

由于编者水平有限,书中难免存在不足之处,敬请广大读者批评指正。

编　者

2025 年 3 月

山东省职业教育在线精品课程仓储与配送管理

CONTENTS

目 录

智慧仓配基础认知

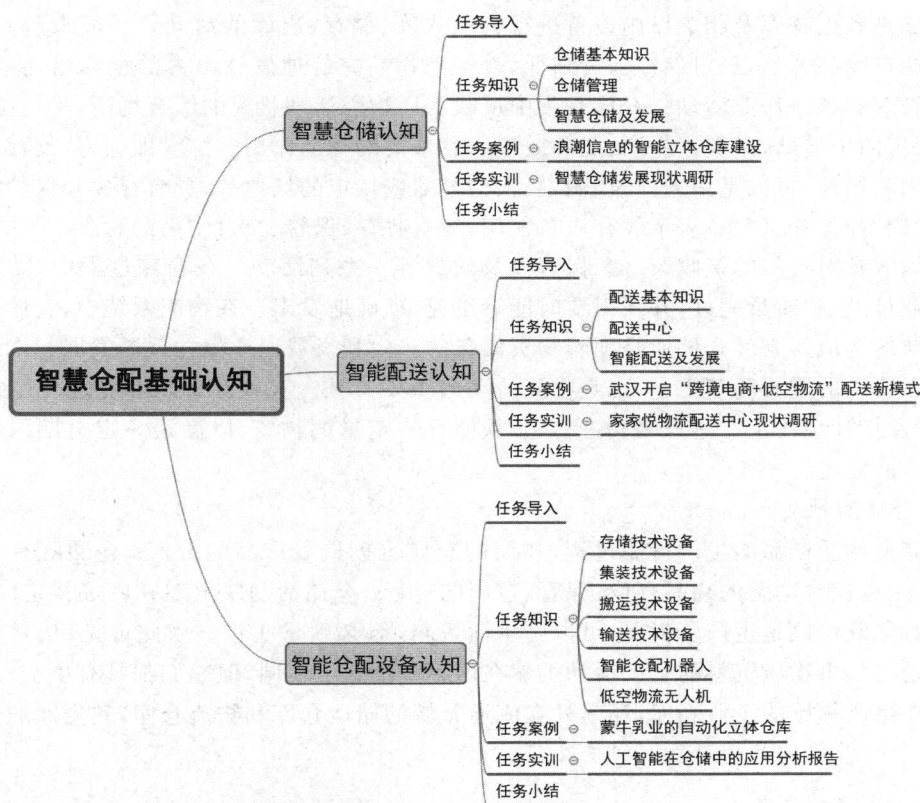

任务一　智慧仓储认知

任务导入

　　在当今信息化与智能化并行的时代,智慧仓储作为现代物流管理的前沿领域,正引领着行业变革的新风尚。随着技术的不断进步和创新,智能仓储系统的智能化水平不断提升,为市场的发展提供了有力支持。例如,自动货架、自动立体仓库、自动识别、自动分拣以及各类自动导引车(automated guided vehicle,AGV)机器人等设备的广泛应用,减少了人工操作,提升了仓储作业的自动化水平。未来,智慧仓储将继续加速向智能化和数字化转型。随着物联网、大数据、云计算和人工智能等技术的不断发展和应用,智能仓储系统将进一步提高物流效率和降低运营成本。

任务知识

一、仓储基本知识

(一)仓储的含义及性质

1. 仓储的含义

仓储是利用仓库及相关设施设备进行物品入库、储存、出库的活动。一般来说,它是指从接收储存物品开始,经过储存保管作业,直至把物品完好地发放出去的全部活动过程,包括存货管理和各项作业活动。仓储是集中反映工厂物资活动状况的综合场所,是连接生产、供应、销售的中转站,对促进生产、提高效率起着重要的辅助作用。"仓"即仓库,是存放物品的建筑物和场地,可以是房屋建筑、洞穴、大型容器或特定的场地等,具有存放和保护物品的功能。"储"即储存、储备,表示收存以备使用,具有收存、保管、交付使用的意思。

仓储涉及对物品的接收、存储、保管以及发放等一系列活动。在仓储过程中,需要确保物品的数量准确、质量完好,并在需要时能够迅速、准确地发出。在物流系统中,仓储是一个不可或缺的构成要素。仓储业是随着物资储备的产生和发展而产生并逐渐发展起来的。仓储是商品流通的重要环节之一,也是物流活动的重要支柱。在社会分工和专业化生产的条件下,为保持社会再生产过程顺利进行,必须储存一定量的物资,以满足一定时期内社会生产和消费的需要。

2. 仓储的性质

仓储是物质产品的生产持续过程,物质的仓储也创造着产品的价值;仓储既有静态的物品储存,也包含动态的物品存取、保管、控制的过程;仓储活动发生在仓库等特定的场所,仓储的对象既可以是生产资料,也可以是生活资料,但必须是实物。由此可见,从事商品的仓储活动与从事物质资料的生产活动虽然在内容和形式上不同,但它们都具有生产性质,无论是处在生产领域的企业仓库,还是处在流通领域的储运仓库和物流仓库,其生产的性质是一样的。

(二)仓储的分类

仓储可以根据不同的标准进行分类,下面是一些常见的仓储分类方式。

1. 按功能分类

(1)集货中心。集货中心是将分散的或小批量的货物集结起来,以便进行运输、配送作业的物流中心。集货中心通常设在交通枢纽,如港口、场站或城市,这些地方交通便利,有利于货物的集散和运输。此外,集货中心也可能设在农村集镇、牧区或工业开发区等,以适应特定货物的集散需求,如粮食、棉花、家畜家禽等。

(2)分货中心。分货中心是以中转货物为主要职能的物流节点,它将分散的、小批量的但总数量较大的货物集中起来,以便进行大批量处理或大批量运输。分货中心通常先将单品种、大批量的货物(如煤炭、水泥等)按要求分堆,然后将分好的货物分别配送到用户指定的接货点。

(3)转运中心。转运中心是指专门承担不同运输方式转运任务的物流中心,是物流系统中的基础设施。转运中心也称多式联运站、集装箱中转站,主要负责货物在不同运输方式之间的转运,如卡车与卡车、卡车与火车、火车与轮船、卡车与飞机、轮船与火车等。

(4)加工中心。加工中心用于提供一些加工服务,如包装、标签、组装等。

(5)配送中心。配送中心是位于物流节点上,专门从事货物配送活动的经营组织或经营实体,实现物流中的配送行为。配送中心的核心任务是将货物送到指定用户或客户处,为此配送中心需进行收集信息、订货、储存等一系列活动,基本集中了所有物流功能,因此配送也被称为"小物流"。

(6)储调中心。储调中心即储备调度中心,是现代仓储物流行业按功能划分的一种类型。它的主要功能包括:①储备功能,作为商品的储备地,确保在需求波动或供应链中断时能够及时补充和调配资源;②调度功能,根据市场需求和供应情况,对库存商品进行有效调度,以满足不同地区或客户的需求;③应急保障,在紧急情况下,储调中心可以迅速调配资源,以应对市场变化或自然灾害等突发事件。

2. 按货物类型分类

(1)通用仓库。用于储存一般货物,如食品、日用品等。

(2)冷库。用于储存需要冷藏或冷冻的货物,如食品、药品等。

(3)危险品仓库。用于储存易燃、易爆、有毒等危险品。

(4)保税仓库。用于储存尚未清关的进口货物。

(5)恒温恒湿仓库。用于储存对环境条件有特殊要求的货物,如电子产品、精密仪器等。

3. 按所有权分类

(1)自有仓库。自有仓库是指企业自己拥有并管理的仓库。生产企业为保障原材料供应、半成品及成品的保管需要而进行仓储保管,其储存的对象较为单一,以满足生产为原则。流通企业自有仓库则对流通企业经营的商品进行仓储保管,其目的是支持销售。

(2)租赁仓库。租赁仓库是指企业为了满足货物存储需求而租用的仓库。仓储经营人以其拥有的仓储设施,向社会提供仓储服务。仓储经营人与存货人通过订立仓储合同建立仓储关系,并根据合同约定提供仓储服务和收取仓储费。

(3)公共仓库。公共仓库是指为多个企业提供仓储服务的仓库。通常由第三方物流公司运营,提供保管、搬运和运输等服务。公共仓储是公用事业的配套服务设施,为车站、码头提供仓储配套服务,其运作的主要目的是保证车站、码头等的货物作业和运输,具有内部服务的性质,处于从属地位。

(4)战略储备仓库。战略储备仓库是指国家根据国防安全、社会稳定的需要,对战略物资进行储备的仓库。战略物资仓储特别重视储备品的安全性,且储备时间较长。战略储备物资主要有粮食、油料、有色金属等。

4. 按自动化程度分类

(1)人工仓库。人工仓库是指依赖人工进行货物搬运和管理工作的仓库。

(2)机械化仓库。机械化仓库是指使用叉车、输送带等机械设备进行

动画:国家物
资储备

货物搬运的仓库,如图 1-1 所示。

（3）自动化仓库。自动化仓库是指使用自动化设备（如 AGV、自动化立体货架、堆垛机等）进行货物搬运和存储的仓库,如图 1-2 所示。

图 1-1　机械化仓库

图 1-2　自动化仓库

5. 按仓库结构分类

（1）单层仓库。单层仓库是指只有一层的仓库。

（2）多层仓库。多层仓库是指具有多层货架或楼层的仓库。

（3）立体仓库。立体仓库是指采用高层货架和自动化设备进行存储的仓库。

6. 按地理位置分类

（1）城市配送仓库。城市配送仓库是指位于城市内,用于配送货物的仓库。城市配送仓库是城市配送体系中的重要组成部分,负责存储、加工、包装和配送货物,以满足城区及市近郊的客户需求。城市配送仓库不仅用于存储货物,还进行加工、包装、分割、组配等作业,确保货物按时送达指定地点。城市配送仓库主要分布在城市中心或近郊区域,以便更高效地服务城区客户。

（2）区域配送中心。区域配送中心是一种具有较强辐射能力和库存准备的配送中心。例如,京东就在全国拥有八大物流中心（区域配送中心）,辐射全国。区域配送中心的配送规模大,用户也较多,配送批量也较大。区域配送中心往往将货物配送给下一级的城市配送中心,也配送给营业所、商店、批发商和企业用户。

（3）国家或国际配送中心。国家或国际配送中心是指服务于全国或国际市场的配送中心。

7. 按法规分类

（1）保税仓库。保税仓库是指由海关批准设立的供进口货物储存而不受关税法和进口管制条例管理的仓库。保税仓库用于储存尚未缴纳关税的货物。储存于保税仓库内的进口货物经批准可在仓库内进行改装、分级、抽样和再加工等,这些货物如再出口则免缴关税,如进入国内市场则须缴纳关税。

（2）监管仓库。监管仓库用于储存在海关监管下的货物。海关监管仓库是指在海关批准范围内,储存接收海关查验的进出口、过境、转运、通关货物,以及保税货物和其他尚未办结海关手续的进出境货物。监管仓库其实也是保税储存的一种类型,与外国的保税区域的功能有类似之处,主要用于存放货物以及行李物品进境而所有人未来提取,或者无证到货、单证不齐、手续不完备以及违反海关章程,海关不予放行,需要暂存海关监管仓库听候海关处理的货物。

（三）仓储的功能

1. 储存功能

仓储最基本的作用是为物品在销售或使用前提供一个安全的地方进行存储。从这个角度讲，仓储也在生产与销售之间起着缓冲功能。现代社会生产的一个重要特征就是专业化和规模化生产，劳动生产率极高，产量巨大，绝大多数产品都不能被及时消费，需要经过仓储手段进行储存，这样才能避免生产过程堵塞，保证生产过程能够继续进行。

2. 保管功能

货物在投入消费或下一阶段生产前必须保持其使用价值。这项任务就需要由仓储来承担，仓储通过维持适宜的温度、湿度和其他环境条件，以保护货物不受环境因素的影响，避免货物受潮、发霉或发生其他货损。通过采取一些安全措施，确保货物在仓库内的安全，防止因火灾、盗窃、损坏或其他原因产生损失，通过定期检查，以确保库存数据的准确性和货物状况良好。

3. 加工功能

加工是指货物在仓储期间，根据存货人或客户的要求对保管物进行的组装、包装、标签和标记、分拣、再加工等作业。加工的目的有以下几点：满足用户的个性化需求；增加其附加值，提高商品的市场竞争力和利润空间；将大宗货物分解成更小的包装，降低运输成本；减少存储空间的占用，提高仓库的空间利用率；对某些易腐商品进行加工处理，延长其保质期，减少损耗等。

4. 分类和转运功能

分类就是将来自制造商的组合订货分类或分割成个别订货，然后安排适当的运力运送给制造商指定的个别客户。仓库会收到从多个制造商处运来整车的货物，如果货物有标签，仓库就按客户要求进行分类；如果没有标签，就按地点分类，货物不在仓库停留而直接装到运输车辆上，装满后运往指定的零售店。

5. 整合功能

整合是仓储活动的一个经济功能。通过整合，仓库可以将来自多个制造企业的产品或原材料整合成一个单元，进行一票装运。其好处是实现最低的运输成本，也可以减少由多个供应商向同一客户进行供货带来的拥挤和不便。

6. 支持企业市场形象的功能

尽管支持企业市场形象的功能所带来的利益不像前面几个功能带来的利益那样明显，但对于一个企业的营销主管来说，仓储活动依然能被其重视起来。因为从满足需求的角度看，从一个距离较近的仓库供货远比从生产厂商处供货方便得多，同时，仓库也能提供更为快捷的递送服务。

7. 市场信息的传感器

任何产品的生产都必须满足社会的需要，生产者都需要把握市场需求的动向。社会仓储产品的变化是了解市场需求极为重要的途径。仓储量减少，周转量加大，表明社会需求旺盛；反之，则为社会需求不足。厂家存货增加，表明其产品需求减少或者竞争力降低、生产规模不合适。

8. 提供信用的保证

在大批量货物的实物交易中,购买方必须检验货物、确定货物的存在和货物的品质,方可成交。购买方可以到仓库查验货物。由仓库保管人出具的货物仓单是实物交易的凭证,可以为购买方提供保证。仓单本身就可以作为融资工具,还可以直接使用仓单进行质押。

9. 现货交易的场所

存货人要转让已在仓库存放的商品时,购买人可以到仓库查验商品取样化验,双方可以在仓库进行转让交割。国内众多的批发交易市场,就既是有商品存储功能的交易场所,又是有商品交易功能的仓储场所。众多具有便利交易条件的仓库都提供交易活动服务,甚至部分仓库成为有影响力的交易市场。近年来,我国大量发展的阁楼式仓储商店,就是仓储功能高度发展、仓储与商业密切结合的结果。

(四) 仓储的起源与发展

1. 仓储的起源与变革

仓储作为一种物流管理活动,其起源可以追溯到人类最早的农耕社会。在农业兴起之后,人们开始意识到需要储存农产品以备不时之需。最早的仓储形式是简单的谷仓和储藏室,用于保存粮食和其他农产品。

在我国古代,仓储主要以粮食储存为主。2020年度全国十大考古新发现之一——河南省周口市淮阳区时庄遗址发现了夏代早期粮仓城,是我国迄今为止发现的年代最早的粮仓城。"积谷防饥"是农耕时代我国先民总结出的朴素经验。《礼记·王制》曰:"三年耕,必有一年之食;九年耕,必有三年之食。"早在西周,人们就已经认识到粮食储备的重要性。

我国在秦汉时期就建立了一套完善的仓储制度。当时,政府设立了专门的仓库,负责收集、储存和分发粮食,以应对灾荒和战争等突发事件。此外,古代的仓储还包括了军械仓、宝库等,用于储存军事装备和贵重物品。

文档:河南淮阳时庄遗址

隋唐时期因国力强盛,仓储规模逐渐扩大。隋朝时期修建的洛口仓,容量达到2 400万石,折合近30亿斤,是隋朝建立的最大粮仓。唐朝时期扩建的含嘉仓,始建于隋朝大业元年(公元605年),扩建后总面积达到了43万平方米,有数百个粮窖,使用期限超过500年。值得一提的是,含嘉仓的保鲜技术相当高,《新唐书·食货志》对含嘉仓存粮有明确的记录:"干燥之地,粟可存九年,米五年,潮湿之地,粟存五年,米存三年。"

粮仓除了具有保障供应的作用,还有调控市场、平抑粮价的作用。东汉元康年间修建的常平仓,就由政府主导,在粮价下降时,平价收粮,不致谷贱伤农;粮价飞涨时,投粮于市,不致谷贵伤民。

中华人民共和国成立后,党和政府一直高度重视战略资源储备,国家战略资源储备在支持国防建设、经济建设、抗灾救灾等方面有着积极贡献。

2. 仓储的发展阶段

我国仓储行业发展历程可分为人工仓储、机械化仓储、自动化仓储和智能化仓储四个阶段。

1950—1970年,人工仓储阶段,物资的输送、存储、管理和控制主要靠人工实现。

1971—1980 年,机械化仓储阶段,输送车、堆垛机、升降机等机械化设备替代人工。

1981—2015 年,自动化仓储阶段,行业融入大量自动化技术,通过应用自动化设备如自动货架、自动立体仓库、自动识别、自动分拣及各类 AGV 机器人等,减少人工操作,提升效率。

2016 年至今,智能化仓储阶段,这一阶段的科技应用程度最高,新一代互联网技术、自动分拣技术、光导技术、射频识别技术、声控技术等高度融合,形成智能化的整体系统,对仓储作业进行有效的计划、执行与控制。

随着科技的不断进步,现代仓储变得更加高效和智能化。自动化仓库系统的出现使仓储能够更快速、更准确地处理物资的储存和分拣。同时,物联网技术的应用使仓储管理变得更加智能化,可以实时监控和管理仓库中的物资。

二、仓储管理

(一)仓储管理的含义

仓储管理是对仓库及仓库内的物资所进行的管理,是仓储机构为充分利用所具有的仓储资源及提供高效的仓储服务所进行的计划、组织、控制和协调过程。

从广义上看,仓储管理是对物流过程中货物的储存以及由此带来的包装、分拣、整理等活动进行的管理。仓储管理的内涵随着其在社会经济领域中的作用不断扩大而变化。仓储管理已成为物流过程中的中心环节,它的功能已不是单纯的货物存储,而是兼有包装、分拣、整理、简单装配等多种辅助性功能。因此,广义的仓储管理应包括对这些工作的管理。

(二)仓储管理的基本原则

保证质量、注重效率、确保安全、讲求经济是仓储管理的基本原则。

1. 保证质量

仓储管理中的一切活动,都必须以保证在库物品的质量为中心。没有质量的数量是无效的,甚至是有害的,因为这些物品依然占用资金、产生管理费用、占用仓库空间。为了完成仓储管理的基本任务,仓储活动中的各项作业必须有质量标准,并严格按标准进行作业。

2. 注重效率

仓储是物流体系的重要组成部分,因而仓储效率关系到整个物流系统的效率。注重效率是仓储管理的核心原则之一,体现在仓容利用率、货物周转率、进出库时间、装卸车时间等指标上,具体表现为"多存储、保管好、快进、快出"的高效率仓储。

3. 确保安全

仓储活动中的不安全因素有很多。有的来自库存物,如有些物品具有毒性、腐蚀性、辐射性、易燃易爆性等;有的来自装卸搬运作业过程,如每一种机械的使用都有其操作规程,违反规程就要出事故;还有的来自人为破坏。安全性要确保人员、货物和设备的安全。

视频:仓储管理的效率与成本

4. 讲求经济

经济效益原则是仓储管理中的重要原则,主要表现为实现经营收入最大化和经营成本最小化。企业生产经营以获得最大利润为目的,利润是经济效益的表现形式。仓储成本管

理应遵循节约、全面性、责权利相结合等原则,以降低仓储成本,提高经济效益。

三、智慧仓储及发展

(一)智慧仓储概述

1. 智慧仓储的含义

智慧仓储是指利用先进的信息技术,如互联网、物联网、人工智能、大数据、云计算等技术,以用户需求为中心,对仓储管理业务流程进行再造,重视仓储过程核心数据的积累和运用,降低仓储环节中人的参与度,使用新技术促进仓储效率的提升,实现仓储自动化和智能化,以满足现代供应链管理需求的一种新型仓储模式。智慧仓储通过射频识别(radio frequency identification,RFID)、网络通信、信息系统等技术实现货物的自动抓取、自动识别、自动预警及智能管理功能,以降低仓储成本、提高仓储效率、提升仓储智慧管理能力。

动画:京东
智慧仓储

近年来,电子商务的崛起、智能制造的推进以及供应链管理的升级,使物流行业对仓库的自动化、智能化需求急剧增加。为深入贯彻党中央、国务院决策部署,落实《推动大规模设备更新和消费品以旧换新行动方案》要求,2024 年 5 月 31 日,交通运输部等十三部门印发的《交通运输大规模设备更新行动方案》指出,要加快推进智慧物流枢纽、物流园区智能化改造,支持高标准仓库换装设施设备及应用自动分拣系统、堆垛机、电动叉车等设施设备的智慧立体仓储设施升级改造。这为智慧物流特别是智慧仓储行业发展带来重要机遇。

智慧物流仓储是供应链中不可或缺的一部分,并贯穿各个行业的物流环节,采购物流、生产物流、销售物流等物流对仓储都有着很高的需求,如图 1-3 所示。

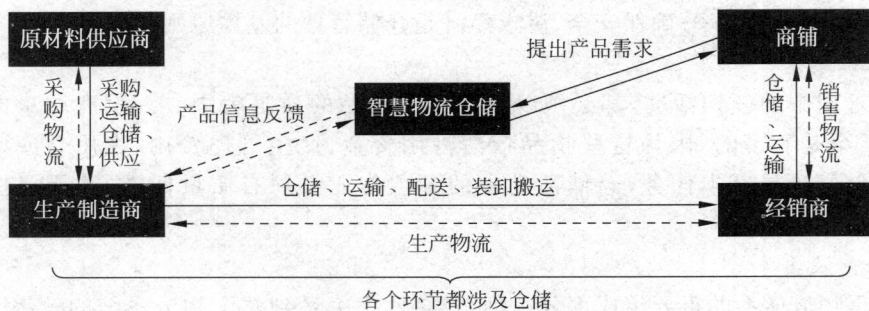

图 1-3 智慧仓储的地位

注:实线表示物流实体流向,虚线表示物流信息流向。

2. 智慧仓储软硬件及设备

智慧仓储的底层包括软件、硬件及大型设备,将其深度融合,可促使传统仓储升级为智慧仓储,并通过 AI 等数字化技术重塑传统物流仓储商业模式,提高物流仓储行业内的竞争力,如图 1-4 所示。

视频:AI 赋
能智慧仓储

智慧仓储行业涉及的硬件、设备种类繁多,其中硬件包括芯片、RFID 标签等,设备包括叉车、AGV、穿梭车(rail guided vehicle,RGV)、码垛机器人、堆垛机、分拣机器人等。硬件在智慧仓储行业中有非常重要的地位,是实现自动化、智能化、数字化的重要支撑。

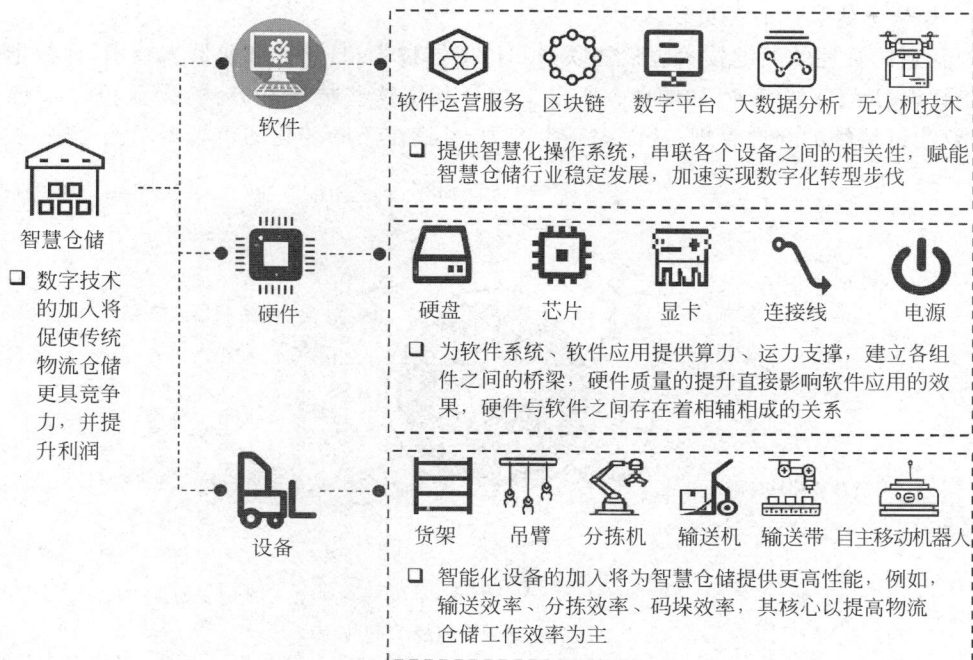

图 1-4 智慧仓储的软硬件及设备

智慧仓储管理系统软件架构主要划分为三个板块,分别为外部系统[如 ERP(enterprise resource planning)等]、仓储管理系统(warehouse management system,WMS)和仓储控制系统(warehouse control system,WCS),各板块紧密相连,从而建立起一套完整的智慧仓储管理系统。

3. 智慧仓储的优势与特点

智慧仓储相较于传统仓储的主要优势包括:空间利用率高,立体仓储,可节约 70% 以上的土地;动态存储,整合协调上下游资源;无人化机器操控,节约人力成本,提高准确率等。

智慧仓储的特点如下。

(1) 自动化。通过自动化设备,如 AGV、自动化立体仓库、智能分拣系统等,减少人工操作,提高作业效率。

(2) 信息化。利用 WMS、WCS 等软件系统,实现仓储管理的数字化,提高数据准确性和实时性。

(3) 智能化。应用人工智能、机器学习等技术,实现预测分析、智能决策支持。

(4) 透明化。通过实时数据更新,提高供应链透明度,便于追踪和追溯。

(5) 柔性化。系统设计灵活,能够适应不同的仓储需求和变化。

(二) 智慧仓储管理

智慧仓储管理基于先进的技术和系统,通过物联网设备、传感器、自动化设备和大数据分析等技术,实现仓库内部作业的智能化和自动化,包括自动化存储系统、智能拣选和装载、实时库存监控、智能路径规划等。

1. 智慧仓储管理的关键技术

智慧仓储管理的关键技术包括物联网和传感器技术、自动化和机器人技术、大数据分析和人工智能、RFID 技术等,如图 1-5 所示。综合利用这些技术和方法,企业可以实现更智能、高效和可持续的仓储管理,从而提高生产力,并满足不断变化的市场需求。

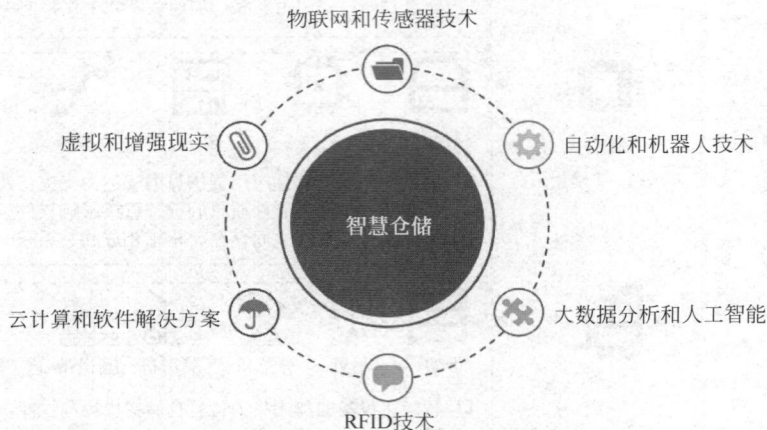

物联网和传感器技术

虚拟和增强现实

自动化和机器人技术

智慧仓储

云计算和软件解决方案

大数据分析和人工智能

RFID技术

图 1-5　智慧仓储管理的关键技术

（1）物联网和传感器技术。通过在仓库中安装传感器和物联网设备,可以实时监测库存的位置、状态和数量。这有助于优化库存布局和提高物流效率。传感器还能够监测环境条件,如温度、湿度,确保储存条件符合要求。

（2）自动化和机器人技术。自动化仓库系统和机器人可以执行货物的存储、拣选和装载任务。这种技术能够大幅减少人为错误,提高装卸速度,并在需要时 24 小时×7 天持续运行。

（3）大数据分析和人工智能。利用大数据分析和人工智能技术,仓储管理可以更好地预测需求、优化库存水平,并进行智能的货物分配和路径规划,从而降低成本并提高效率。

视频：物联网在物流中的应用

（4）RFID 技术。RFID 技术可用于跟踪和管理库存。每个货物都可以携带 RFID 标签,通过无线通信来快速识别和记录货物信息,大大提高库存管理的速度和准确性。

（5）云计算和软件解决方案。使用云端存储和基于云的仓储管理软件,可以实现实时数据共享、远程监控和管理,提高整个供应链的透明度和协同性。

（6）虚拟和增强现实。通过虚拟现实技术,可以进行培训、模拟操作和仓库布局设计;增强现实技术可提高工人的拣选准确性和效率。

2. 智能化技术对仓储管理带来的改变

智能化技术为仓储管理带来了诸多改变。

（1）自动化流程。利用自动化设备和机器人等实现货物拣选、存储和装载自动化,提高作业效率。

（2）实时监控与管理。基于物联网和传感器技术,实现对库存温湿度等数据的实时监控和管理,及时发现问题并采取措施。

（3）大数据分析。基于大数据分析和人工智能,优化库存布局、预测需求,降低库存成本。

（4）快速响应市场需求。智能化系统使企业能快速、精准地应对市场需求变化，提供定制化服务，缩短交付周期。

（三）智慧仓储发展现状

1. 行业总体情况

智慧仓储是现代仓储管理的重要组成部分，在医药、电商、服装、冷链和零售行业等多个涉及国计民生的重要领域得到广泛应用。随着物联网、大数据、云计算等新一代信息技术的广泛应用，智慧仓储行业正逐步实现从传统模式向智能化、自动化、信息化的转型升级，且不再局限于搬运、存取、输送、分拣等单一环节的智能化，而是在大规模应用堆垛机、分拣机、AGV 等智能化设备以及 MES、WMS、WCS 等系统软件的基础上实现全流程智能化，行业前景广阔。

在硬件设施方面，智慧仓储行业已经实现了仓储设备的智能化改造。自动化立体仓库、智能搬运机器人、无人叉车等智能化设备的广泛应用，极大地提高了仓储作业的效率和准确性。同时，通过引入物联网技术，实现对仓储环境、货物状态等信息的实时监测和智能调控，为仓储管理提供了更加便捷、高效的手段。

视频：智能仓储行业趋势

在软件技术方面，智慧仓储行业也在不断创新和突破。大数据分析和云计算技术对仓储数据的深度挖掘和智能分析，为决策提供有力支持。此外，人工智能、机器学习等先进技术的引入，使仓储管理系统更加智能化、自适应，能够自动优化作业流程，提高作业效率。

2. 行业发展政策

智慧仓储作为现代仓储管理的重要组成部分，得到了国家及地方政府的多项政策支持。例如，在《关于支持建设现代商贸流通体系试点城市的通知》中提出，提高骨干仓储加工配送能力和效率，布局一批区域应急保供中心仓；在《关于加快场景创新以人工智能高水平应用促进经济高质量发展的指导意见》中提出，物流领域优先探索机器人分流分拣、物料搬运、智能立体仓储及追溯终端等智能场景；在《"十四五"现代物流发展规划》中提出，仓储结构逐步优化，高端标准仓库、智能立体仓库快速发展。

3. 行业发展问题

尽管智慧仓储行业取得了显著的发展成果，但仍存在一些问题和挑战。一方面，部分传统企业对智能化转型的认识不足，投入不足，导致智能化水平提升缓慢；另一方面，智慧仓储技术的研发和应用还需进一步突破，特别是在复杂环境下的感知、决策和执行能力方面还有待提升。

（四）智慧仓储未来发展前景

随着全球经济的不断发展和贸易往来的日益频繁，智慧仓储行业将迎来更加广阔的发展前景。

1. 政策利好行业发展

近年来，国家大力引导发展智慧仓储、智慧物流、智能工厂、工业互联网等智能制造产品和行业，出台了一系列利好政策。2025 年《政府工作报告》指出，持续推进"人工智能＋"行动，打造具有国际竞争力的数字产业集群。"人工智能＋"行动通过赋能物流行业，将催生物流领域的新质生产力,加快物流产业数字化转型和智能化改造。同时,伴随着国内智能物流和智能制造市场需求的快速增加,国内出现了一批从事该行业的中小企业,已经基本形成了完整的智慧物流和智能制造系统产业链,行业进入快速发展时期。

2. 技术应用带动仓储系统智能化发展

随着计算机与通信技术的迅猛发展,智慧仓储物流系统也逐步完善和进步,无论是仓储、运输,还是配送各环节,都融入了前沿的技术,极大地提高了仓储物流的效率和服务质量。基于互联网技术,智慧仓储物流系统可以对物流各环节进行实时监测和分析,随着互联网技术的应用,仓储物流管理将更加精准、高效;物联网技术可以对物品进行跟踪识别以及监控维护等,利用物联网技术可完成物流环节中标签信息的流转,实现物流节点与物品之间智能化、交互式的通信;通过赋能仓储物流各环节,人工智能实现智能配置物流资源、优化物流环节、减少资源浪费,大幅提升仓储物流运作效率;智慧仓储物流数字化产生大量数据,在大数据技术的保障下,仓储物流大数据支持多种决策辅助应用,提升仓储物流运营质量和管理效率;云计算技术已经被应用于仓储物流云平台建设,依托仓储物流云平台,智慧仓储物流系统将各个流程包含的数据进行连接整合,并根据数据分析进一步调整仓储物流管理。

链接:2025 年
《政府工作报告》

任务案例

浪潮信息的智能立体仓库建设

浪潮电子信息产业股份有限公司(以下简称"浪潮信息")是全球领先的 IT(信息技术)基础设施产品、方案和服务提供商,拥有 8 个研发中心、10 个生产基地、26 个分支机构,业务遍及 120 多个国家和地区,为客户提供云计算、大数据、人工智能等各类创新 IT 产品和解决方案。

一、需求改变,服务器制造业面临降本增效难题

对于服务器行业而言,随着新一轮 AI 浪潮席卷全球,各行各业对于作为 AI 算力底层支撑的服务器的需求也呈现出爆发式增长。由于企业各自需求不同,服务器用途不同,造成对服务器定制化程度要求较高。市场需求多样化和个性化需求的增加,对服务器制造业也提出了更高的要求,服务器从原先的小批次、大批量的制造模式,逐步转向多批次、小批量、多品种物料支持的模式,需要采用大规模定制化敏捷制造模式才能满足客户对服务器敏捷交付的需求。

浪潮信息有 200 款产品、11.5 万个配置,在生产制造过程中,需要海量品种的物料支持。而随着定制化程度的提升,客户对于产品交付周期的要求越来越高,平均交付周期为5~7 天,这就对生产周期、物料出口时间提出了更高的要求。在此背景下,浪潮信息需要一个更加庞大、复杂和敏捷的仓储系统以应对行业带来的新的挑战,同时推动服务器制造业实现降本增效。

二、"软硬结合",智能仓库这样"炼成"

面对上述挑战,浪潮信息采用自建的方式,建设了服务器智能立体仓库。该仓库占地1.2 万平方米,高 24m,在建设智能立体仓库的过程中,浪潮信息从软件与硬件两个方面都做了充分的考虑。

1.硬件

硬件层面,建设立体仓库首先需要综合考量基本存储单元的尺寸设计。浪潮信息采用了两种基本存储单元设计——1.4m×1.2m 的托盘和 0.8m×0.6m×0.35m 的料箱。其中,托盘用来承载大尺寸物料,料箱用来容纳小尺寸散件物料。

考虑完设计后,因为采用"黑灯"的模式,在选择硬件的时候,也需要精挑细选。在 AGV方面,浪潮信息智能立体仓库的 AGV 设备在业内处于领先水平,而堆垛机、感应器等设备也均采用了国内一流品牌。整个仓库共采用了 12 台托盘堆垛机、5 台料箱堆垛机、6 部提升机、40 余台 AGV。

2.软件

除在硬件层面的精心设计外,软件也是一个智能仓库是否智能的关键。

在建设智能立体仓库管理系统的过程中,浪潮信息将 WMS 与 ERP、智能制造系统MES 等八大系统全面打通,实现了从出库需求到操作的全自动流转,具体的物料存放、物料存取、自动配送等环节的算法同浪潮信息业务融合,进一步提高了进出库效率。

从客户订单到生产订单,再到生产备料订单,整个流程完全自动化,WMS 能够处理 82种业务场景,并会综合多个优先序因子,排序、配置 500 笔出入库单据。通过 WMS,辅以算法的加持,对物料的存放进行科学统一的规划,不同的存放策略会对出库效率产生影响,例如,同类物料分布式存放,出库时就可以多个堆垛机同时出库,从而提高效率。而在这个过程中,WMS 会自动对入库物料进行称重、测量尺寸,对物料的重量、尺寸等信息,结合该物料历史使用情况及库内存储状况等信息,做出实时决策,确定存放位置。

三、降本 3000 万元/年、增效 4 倍,无人化在路上

正是基于这一套"软硬结合"的智能立体仓库管理体系,整个仓库的运营实现了降本增效。据估算,应用该智能立体仓库后,年均可节省运营成本 3 000 万元;增效方面,通过前期预演、仿真等测试,以及近 2 个月的实践,整体仓库运营效率可提升 4 倍左右。

具体到场景中,在配送环节,应用 AGV 无人配送后,最快可 3 分钟配送到位,整体效率提升了 65%;在出库环节,相比人工叉车出库,利用堆垛机后,效率提升了近 10 倍,平均控制在 1 小时内,最快可 5 分钟完成物料出库。据浪潮信息统计,自智能立体仓库投产以来,服务器生产周期明显缩短,紧急订单生产周期最大缩短 20%以上。

资料来源:https://baijiahao.baidu.com/s?id=18046974390006263249&wfr=spider&for=pc。

案例思考:

(1) 浪潮信息为什么要建设智能立体仓库?

(2) 浪潮信息智能立体仓库在软硬件配置方面应用了哪些智能化技术或设备?

(3) 浪潮信息智能立体仓库为企业带来了哪些效益?

🌸 任务实训

智慧仓储发展现状调研

一、实训目的

通过调研我国智慧仓储业发展现状,了解我国在智慧仓储行业的发展成就,分析智慧仓

储目前的优势与劣势,以及未来发展趋势。

二、实训内容

仓库是存放、保管、储存物品的场所。随着现代制造业和商贸流通业的发展,人们对仓库管理的要求不断提升。仓储装备制造技术和信息技术的革新推动着仓库管理技术持续升级。近年来,随着互联网、物联网、大数据、人工智能等技术的发展,仓储管理正逐渐进入智慧化时代。伴随着我国制造业及商贸流通行业规模的持续扩张及仓储环节降本增效需求攀升,仓储的数字化、智能化技术水平不断提升,为智慧仓储行业打开了广阔的市场空间,国内智慧仓储市场规模呈现快速增长态势。相关数据显示,2025年,我国智慧仓储市场规模将达1 954.1亿元。

智慧仓储产业链上游为软硬件供应商,主要提供AGV、堆垛机、穿梭车、分拣机等硬件设备和WMS、WCS等软件设备。产业链中游是智慧仓储系统厂商,基于对上游产品的研究和对下游客户需求的深入了解,使用多种智慧仓储硬件设备和智慧仓储软件系统搭建智慧仓储系统,为客户提供定制化的解决方案。产业链下游是智慧仓储应用需求客户,涉及任何需要仓储流通的行业,市场空间广阔,是智慧仓储行业未来开启高速发展的基石。

通过网络调研与实地调研相结合的方式,分析我国智慧仓储行业发展现状,可主要从以下几方面着手。

1. 智慧仓储技术现状与应用

调研当前主流的智慧仓储技术,如物联网、大数据、云计算、人工智能、自动化设备等。分析这些技术在仓储管理、货物追踪、库存控制、拣选包装等环节的具体应用案例。

2. 市场趋势与需求分析

研究智慧仓储市场的增长趋势、市场规模及预测。调查不同行业(如电商、制造业、零售业)对智慧仓储的需求差异。分析客户对智慧仓储服务的期望和主要关注点。

3. 成功案例与最佳实践

收集并分析国内外智慧仓储的成功案例,包括技术实施路径、投资回报、运营效率提升等方面。总结最佳实践,提炼可借鉴的经验和教训。

三、实训步骤

(1) 教师通过在线学习平台发布实训任务。

(2) 以网络与实地相结合的形式调研分析我国智慧仓储发展现状。

(3) 撰写《人工智能在仓储中的应用分析报告》。

(4) 小组互评与总结反馈。

任务小结

通过本任务的学习,了解仓储与智慧仓储的概念、仓储管理的概念,明确仓储的分类、仓储的功能、仓储管理的原则,掌握智慧仓储的特点、发展现状及未来的发展前景。

任务二   智能配送认知

任务导入

在当今快节奏的生活中,配送行业已成为人们日常生活中不可或缺的一部分。从美食外卖到生鲜蔬果,从日用百货到医药用品,配送服务几乎无所不包。配送行业作为现代物流体系的重要组成部分,近年来发展迅速,市场规模持续扩大,技术不断创新。物联网、大数据、人工智能等新技术的不断应用,提高了配送效率和准确性。例如,北斗卫星导航系统、物联网、云计算和大数据分析等技术,实现了高效调度、路线优化和实时监控等功能。随着电子商务、新零售等新型商业模式的兴起,智能配送行业迎来了新的发展机遇。同时,政府对物流行业的支持力度不断加大,出台了一系列政策措施,为智能配送的发展提供了有力保障。党的二十届三中全会《中共中央关于进一步全面深化改革、推进中国式现代化的决定》提出"完善流通体制,加快发展物联网,健全一体衔接的流通规则和标准,降低全社会物流成本"。配送中心是现代物流体系的核心,扮演着连接生产与消费的重要角色,它不仅是货物的集散地,更是优化物流流程、提升服务质量的关键。

📜 任务知识

一、配送基本知识

(一)配送的定义

1935 年,美国销售协会给出了配送(physical distribution,PD)的概念:"货物配送是包含于销售之中的物质资料和服务在从生产场所到消费场所的流动过程中所伴随的种种经济活动。"

中华人民共和国国家标准《物流术语》(GB/T 18354—2021)中对配送的定义:根据客户要求,对物品进行分类、拣选、集货、包装、组配等作业,并按时送达指定地点的物流活动。配送不仅是单纯的运输和输送,而且处于"末端运输"或"二次运输"的位置,强调时效性和满足用户需求,提供"门到门"的服务。配送的目的是在时间、速度、服务水平、成本、数量等多方面寻求最优,实现合理化。

(二)配送的要素

(1)集货。集货是将分散的或小批量的物品集中起来,以便进行运输、配送的作业。集货是配送的重要环节,它可以提高运输工具的利用率,降低运输成本。

(2)分拣。分拣是将物品按品种、出入库先后顺序进行分门别类地堆放的作业。分拣是配送的核心环节,它直接影响配送的效率和准确性。

文档:《物流术语》
(GB/T 18354—2021)

(3)配货。配货是使用各种拣选设备和传输装置,将存放的物品,按客户要求分拣出来,配备齐全,送入指定发货地点。配货是分拣的后续环节,它主要是根据客户订单进行物品的组合和搭配。

(4)配装。配装是在单个客户配送数量不能达到车辆的有效载运负荷时,把多个客户的物品集中起来,进行搭配装载,以充分利用运能、运力的作业。配装可以提高车辆的利用率,降低配送成本。

(5)运输。运输是将物品从供应地运输到需求地的作业。运输是配送的重要环节,它直接影响配送的及时性和准确性。

(6)送达服务。送达服务是将物品送达客户指定地点,并与客户进行交接的作业。送达服务是配送的最后环节,它直接影响客户的满意度。

（三）配送的作用

配送活动作为物流系统中重要的功能要素,不论是对于整个社会经济还是对于物流系统本身,都具有重要的作用。

1. 有利于物流运动实现合理化

配送不仅推动物流专业化、社会化,更重要的是,它能以其特有的运动形态和优势调整流通结构,使物流实现规模化,以规模优势取得较低的运输成本。通过配送,不仅减少了车辆的空驶,提高了运输效率和经济效益,而且实现了节能减排的目的。

2. 完善了运输和整个物流系统

利用配送,可以在一定范围内,将干线、支线运输与仓储等统一起来,使干线输送过程及功能体系得以优化和完善,形成一个大范围运输与局部配送相结合的、完善的物流体系。

3. 提高了末端物流的效益

以合理的配送组织形式对单个、需求量比较小的用户进行集中配送,实现规模经济,代替向不同用户分别发货的不经济运输,使末端物流经济效益得到提高。

4. 通过集中库存使企业实现低库存或零库存

发展配送,实行集中库存,整个社会的物资库存总量必然低于各企业分散库存总量,且能发挥规模经济的优势,降低库存成本。同时,配送有利于灵活调度,并按不同企业的需求进行调整,有利于最大限度地发挥物资的作用。

5. 简化事务,方便用户

采用配送方式时,用户只需向配送中心订货,就能够达到多处采购的目的,减轻了用户的工作量和负担,节省了订货成本。

6. 提高供货保证程度

生产企业自己保持库存来维持生产,由于受到库存费用的制约,提高供应的保证程度很难,保证供应和降低库存成本存在着二律背反。采取配送方式,配送中心可以集中存货来调节企业间的供需关系,降低企业因断货、缺货影响产生的风险。

7. 为电子商务的发展提供了基础和支持

电子商务的发展速度非常迅猛,但是完成交易必须要有物流的配合。如果没有商品的配送,则电子商务不能充分发挥其方便快捷的优势。

（四）配送的分类

1. 按配送商品种类及数量划分

(1) 少品种、大批量配送。一般来讲,对于工业企业需要量较大的商品,由于单独一个品种或几个品种就可达到较大输送量,可以实行整车运输,这种情况下,就可以由专业性很强的配送中心实行配送,往往不需要再与其他商品进行搭配。

(2) 多品种、少批量配送。多品种、少批量配送是根据用户的要求,将所需的各种物品(每种物品的需要量不大)配备齐全,凑整装车后,由配送据点送达用户。这种配送作业水平要求高,配送中心设备要求复杂,配货送货计划难度大,因此需要有高水平的组织工作来保证和配合。

(3) 配套成套配送。这种配送方式是指根据企业的生产需要,尤其是装配型企业的生产需要,把生产每一台件所需要的全部零部件配齐,按照生产节奏定时送达生产企业,生产企业随即可将此成套零部件送入生产线以装配产品。

2. 按配送时间及数量划分

（1）定时配送。定时配送是指按规定时间间隔进行配送，如数天或数小时一次等。而且每次配送的品种及数量可以根据计划执行，也可以在配送之前以商定的联络方式通知配送的品种及数量。

（2）定量配送。定量配送是指按照规定的批量，在一个指定的时间范围内进行配送。这种配送方式中，数量固定，备货工作较为简单，可以根据托盘、集装箱及车辆的装载能力规定配送的定量，能够有效利用托盘、集装箱等集装方式，也可做到整车配送，配送效率较高。

（3）定时、定量配送。定时、定量配送是指按照规定的配送时间和配送数量进行配送。这种方式兼有定时、定量两种方式的优点，但是其特殊性强，计划难度大，因此适合采用的对象不多，不是一种普遍的方式。

（4）即时配送。即时配送是指完全按照用户突然提出的配送要求的时间、数量，随即进行配送的方式。这是有很高的灵活性的一种应急的方式，采用这种配送方式的配送品种可以实现保险储备的零库存，即用即时配送代替保险储备。

（5）定时、定路线配送。定时、定路线配送是指在规定的运行路线上，制定到达时间表，按运行时间表进行配送，用户则可以按规定的路线及规定的时间接货以及提出配送要求。采用这种方式有利于计划安排车辆及驾驶人员。

3. 按配送组织形式划分

（1）集中配送。集中配送是由几个物流据点共同协作制订计划、共同组织车辆设备，对某一地区的用户进行配送。在具体执行配送作业计划时，可以共同使用配送车辆，提高车辆实载率，提高配送经济效益和效率，有利于降低配送成本。

（2）共同配送。共同配送是指为提高物流效率，在对某一地区的用户进行配送时，由多个配送企业联合在一起进行的配送。它是在配送中心的统一计划、统一调度下展开的。共同配送的运作形式有以下两种。

① 由一个配送企业对多家用户进行配送，即由一个配送企业综合某一地区内多个用户的要求，统筹安排配送时间、次数、路线和货物数量，全面进行配送。

② 仅在送货环节上将多家用户待运送的货物混载于同一辆车上，然后按照用户的要求分别将货物运送到各个接货点，或者运到多家用户联合设立的配送货物接收点。这种配送有利于节省运力，提高运输车辆的货物满载率。

（3）协同配送。协同配送是把过去按不同货主、不同货物分别进行的配送，改为不区分货主和货物集中运货的"货物及配送的集约化"。也就是把货物都装在同一条路线运行的车上，用同一台卡车为更多的用户运货。

（五）配送的发展趋势

1. 技术应用不断深化

（1）智能化发展。人工智能、大数据、物联网等技术在配送领域的应用日益广泛和深入。例如，利用大数据分析可以精准预测配送需求，提前做好运力调配和库存准备，实现更高效的资源配置；通过人工智能优化智能调度系统，综合考虑订单信息、路况、车辆状态等多因素，为配送员或车辆规划最佳配送路线，提高配送效率。

（2）无人化技术推进。无人配送技术，如无人车、无人机等，将逐渐从试验阶段走向实际应用。在一些特定场景，如封闭的园区、偏远地区、夜间配送等，无人配送能够发挥独特优势，降低人力成本，提高配送的及时性和准确性。

2. 绿色环保成为重要方向

（1）新能源车辆推广。随着环保政策的推进和人们环保意识的提高，新能源配送车辆，如电动汽车、氢能源汽车等，将在配送行业得到更广泛的应用。新能源车辆具有零排放或低排放的特点，能够减少对环境的污染，同时能降低运营成本，因为电力或氢能的使用成本相对较低。

（2）绿色包装应用。可循环利用、可降解的包装材料将受到更多关注和推广。配送企业将积极采用环保包装，减少一次性包装材料的使用，降低包装废弃物对环境的影响。例如，使用可折叠的周转箱、环保塑料袋等，既方便配送，又能减少资源浪费和环境污染。

3. 服务模式多元化和个性化

（1）服务多元化。配送企业不仅提供简单的货物运输服务，还拓展更多的增值服务。例如，为客户提供货物的分拣、包装、安装、调试等一站式服务；开展冷链配送、医药配送等专业化的配送服务，满足不同行业的特殊需求；提供定时配送、预约配送、夜间配送等多样化的配送时间选择。

（2）个性化定制服务。消费者对于配送服务的个性化要求越来越高，配送企业将根据客户的需求提供定制化的服务。例如，消费者可以指定配送的时间、地点、方式等，配送企业根据这些要求进行个性化的安排，提高客户的满意度和忠诚度。

4. 配送效率持续提升

（1）分钟级配送普及。尤其是在城市的核心区域和特定场景下，如城市商圈、写字楼密集区等，分钟级配送将逐渐成为常态。消费者对于快速获取商品的需求不断增加，配送企业需要不断提高配送速度，缩短订单的响应时间和交付时间，以满足消费者的即时需求。

（2）共同配送发展。共同配送模式将得到进一步推广和应用。通过整合多个企业的配送需求，实现资源共享和优化配置，可以提高车辆的满载率，降低配送成本，同时也能减少交通拥堵和环境污染。例如，多个电商平台或商家可以合作，共同使用一个配送网络，提高配送效率。

5. 渠道下沉与市场拓展

（1）三四线及以下城市市场增长。随着互联网的普及和物流基础设施的不断完善，三四线及以下城市的配送市场将迎来较大的发展机遇。这些地区的消费者对于便捷的配送服务需求日益增长，配送企业将加大在这些地区的布局和投入，拓展市场份额。

（2）农村配送市场完善。农村地区的配送网络将不断健全，农村电商的发展将带动农村配送业务的增长。政府和企业将加强合作，加大对农村物流的投入，建设更多的农村物流配送中心和网点，提高农村地区的配送覆盖率和服务质量，促进城乡物流一体化发展。

6. 跨界融合与合作加强

（1）配送行业与其他行业合作创新。配送行业将与更多的行业进行跨界合作，创造新的商业模式和服务场景，实现资源共享、优势互补，拓展业务领域。例如，配送行业与餐饮行业合作推出餐饮外卖的定制化服务；配送行业与零售行业合作开展线上线下融合的新零售配送服务；配送行业与医药行业合作提供药品的冷链配送服务等。

（2）配送企业与物流上下游企业协同发展。配送企业将与物流的上游供应商和下游客户加强合作，实现供应链的协同优化。配送企业与供应商合作，可以更好地掌握货物的供应情况，提前做好配送计划；配送企业与客户合作，可以深入了解客户的需求，提供更符合客户需求的配送服务，提高供应链的整体效率和竞争力。

二、配送中心

（一）配送中心的定义

配送中心是一种专门从事货物配送活动的物流节点，它接收并处理末端用户的订货信息，对上游运来的多品种货物进行储存、分拣、加工、组配、包装等作业，并根据用户的订货要求进行货物配送。

《物流术语》（GB/T 18354—2021）中对配送中心（distribution center，DC）的定义：具有完善的配送基础设施和信息网络，可便捷地连接对外交通运输网络，并向末端客户提供短距离、小批量、多批次配送服务的专业化配送场所。

根据配送中心的概念，可以从以下角度进一步理解配送中心。

（1）配送中心的"配送"工作是其主要独特的工作，是全部由配送中心完成的。

（2）配送中心为了实现配送，要进行必备的货物储备。

（3）配送中心可以按一定的配送辐射范围自行完成送货，也可以利用社会运输企业完成送货，配送中心是配送的组织者。

（4）配送中心利用配送信息网络实现其配送活动，将配送活动与销售或供应等经营组织活动相结合，因此不是单纯地从事物流配送活动。

（5）配送中心具有集货中心、分货中心的职能。为了更有效地配送，配送中心往往还有比较强的流通加工能力，配送中心实际上是集货中心、分货中心、加工中心的综合。

（6）配送中心是兼有商流、物流全功能的流通设施。由此可见，配送中心是从供应者手里接收多种大量的货物，进行倒装、分类、保管、流通加工和情报处理等作业，然后按照众多需求者的订货要求备齐货物，针对特定的用户，以令人满意的服务水平进行配送的设施。

（二）配送中心的功能

1. 货物集散功能

（1）集中货物。配送中心从众多供应商处收集各种货物，将分散在不同地点的小批量货物集中起来，形成较大的批量。这样可以提高运输效率，降低运输成本。例如，连锁超市配送中心，可以从不同的食品生产商、日用品供应商那里收集各类商品，集中存放在配送中心，然后统一进行配送。

（2）分散货物。根据客户需求，将集中起来的货物进行分拣、配货，然后分散配送到各个客户手中。配送中心可以根据不同客户的订单要求，将货物进行组合，满足客户的个性化需求。例如，电商配送中心会根据不同消费者的订单，将各种商品进行分拣、包装，然后分别配送到不同的地址。

2. 储存保管功能

（1）储备库存。配送中心通常会储备一定数量的货物，以满足客户的需求波动。当市场需求增加时,可以及时从库存中调出货物进行配送,避免缺货现象的发生。例如,在销售旺季来临之前,配送中心会提前储备一些畅销商品,以满足市场的需求。

(2)暂存货物。在货物运输过程中,配送中心可以作为货物的暂存地。当货物需要中转或者等待配送时,可以暂时存放在配送中心。例如,一批货物从外地运往本地,在到达本地配送中心后,等待分配到各个销售网点。

3. 分拣配货功能

(1)订单分拣。订单分拣是指根据客户的订单要求,对货物进行分拣。配送中心会配备先进的分拣设备和系统,如自动分拣机、电子标签分拣系统等,提高分拣效率和准确性。例如,一个快递配送中心会根据不同的快递单号,将快递包裹进行分拣,然后分配到不同的配送区域。

(2)配货作业。配货作业是指将分拣好的货物进行配货,按照客户的订单要求进行组合。配送中心会根据客户的需求,将不同的货物进行搭配,提高配送的效率和客户满意度。例如,一个生鲜配送中心会根据客户的订单,将不同的蔬菜水果、肉类、海鲜等进行搭配,然后配送到客户手中。

4. 流通加工功能

(1)包装加工。包装加工是指对货物进行包装,以满足运输、储存和销售的要求。配送中心可以根据客户的需求,对货物进行不同形式的包装,如普通包装、礼盒包装等。例如,一个水果配送中心会对水果进行包装,以提高水果的保鲜度和美观度。

(2)分割加工。分割加工是指对一些大型货物进行分割,以满足客户的需求。例如,一个肉类配送中心可以将整头猪进行分割,然后根据客户的订单要求,将不同部位的猪肉进行配送。

(3)组装加工。组装加工是指将一些零部件组装成成品,然后进行配送。例如,一个家具配送中心可以将家具的各个部件进行组装,然后配送到客户家中。

5. 信息处理功能

(1)订单处理。订单处理是指接收客户的订单,对订单进行审核、录入和处理。配送中心会通过信息系统,将客户的订单信息及时传递给各个部门,确保订单的准确执行。例如,一个电商配送中心会通过网络平台接收客户的订单,然后对订单进行处理,安排货物的分拣、配货和配送。

(2)库存管理。库存管理是指对库存货物进行管理,包括库存数量的监控、库存位置的管理、库存盘点等。配送中心会通过信息系统,实时掌握库存情况,以便及时补货和调整库存结构。例如,超市配送中心通过库存管理系统,对商品库存进行监控,当库存数量低于一定水平时,及时向供应商订货。

(3)配送跟踪。配送跟踪是指对货物的配送过程进行跟踪,及时掌握货物的位置和状态。配送中心通过物流信息系统,将货物的配送信息实时反馈给客户,让客户随时了解货物的配送进度。例如,快递配送中心,可以通过手机短信、微信公众号等方式,将快递包裹的配送信息发送给客户。

6. 客户服务功能

(1)客户咨询。客户咨询是指为客户提供咨询服务,解答客户的疑问。配送中心会设立客户服务热线,由专业的客服人员为客户提供咨询服务,包括货物的配送进度、库存情况、价格等方面的问题。例如,一个电商配送中心会为客户提供在线客服服务,解答客户在购物过程中遇到的问题。

(2) 投诉处理。投诉处理是指处理客户的投诉,及时解决客户的问题。配送中心会建立投诉处理机制,对客户的投诉进行及时处理,确保客户的权益得到保障。例如,当客户收到的货物有质量问题或者配送不及时,可以向配送中心投诉,配送中心会及时进行处理,给客户一个满意的答复。

(3) 售后服务。为客户提供的售后服务,包括退换货、维修等。配送中心会根据客户的需求,为客户提供售后服务,确保客户的满意度。例如,一个家电配送中心会为客户提供家电的安装、维修等售后服务,提高客户的满意度。

(三)配送中心的类型

1. 按配送中心的设立者分类

(1) 制造商型配送中心。制造商型配送中心是以制造商为主体的配送中心。这种配送中心的物品完全由制造商自己生产制造,用以降低流通费用、提高售后服务质量和及时地将预先配齐的成组元器件运送到规定的加工和装配工位。

(2) 批发商型配送中心。批发商型配送中心是由批发商或代理商所成立的配送中心,即以批发商为主体的配送中心。批发是物品从制造者到消费者手中之间的传统流通环节之一,一般是按部门或物品类别的不同,把每个制造商的物品集中起来,然后以单一品种或搭配向消费地的零售商进行配送。

(3) 零售商型配送中心。零售商型配送中心是由零售商向上整合所成立的配送中心,即以零售业为主体的配送中心。零售商发展到一定规模后,就可以考虑建立自己的配送中心,为超级市场、百货商店、建材商场、粮油食品商店、宾馆饭店等提供服务,其社会化程度介于前两者之间。

(4) 专业物流配送中心。专业物流配送中心是以第三方物流企业(包括传统的仓储企业和运输企业)为主体的配送中心。这种配送中心有很强的物流配送能力,地理位置优越,可迅速将到达的货物配送给用户。

2. 按服务范围分类

(1) 城市配送中心。城市配送中心是以城市范围为配送范围的配送中心,由于城市范围一般处于汽车运输的经济里程,这种配送中心可直接配送到最终用户。所以,这种配送中心往往和零售相结合,由于运距短,反应能力强,因而从事多品种、少批量、多用户的配送较有优势。

(2) 区域配送中心。区域配送中心是以较强的辐射能力和库存准备,向省(州)际、全国乃至国际范围的用户配送的配送中心。这种配送中心一般规模较大,且往往是配送给下一级的城市配送中心,也配送给营业所、商店、批发商和企业用户,虽然也从事零星的配送,但不是主体形式。

3. 按配送中心的功能分类

(1) 储存型配送中心。储存型配送中心具有很强的储存功能,储存规模及存储空间大。这种配送中心以储存功能为主,配送为辅,通过大规模仓储设施实现商品集中存储。我国目前建设的配送中心多为储存型配送中心,库存量较大。

（2）流通型配送中心。流通型配送中心包括通过型或转运型配送中心，这种配送中心基本上没有长期储存的功能，仅以暂存或随进随出的方式进行配货和送货。这种配送中心典型方式为大量货物整批进入，按一定批量零出。

（3）加工型配送中心。加工型配送中心是以流通加工为主要业务的配送中心。

4. 按配送货物的属性分类

根据配送货物的属性，配送中心可以分为食品配送中心、日用品配送中心、医药品配送中心、化妆品配送中心、家电品配送中心、电子（3C）产品配送中心、书籍产品配送中心、服饰产品配送中心、汽车零件配送中心及生鲜配送中心等。

（四）配送中心作业流程

配送中心的主要活动是进货、储存、订单处理、拣货、补货、流通加工、配货及送货等作业，其基本作业流程如图 1-6 所示。

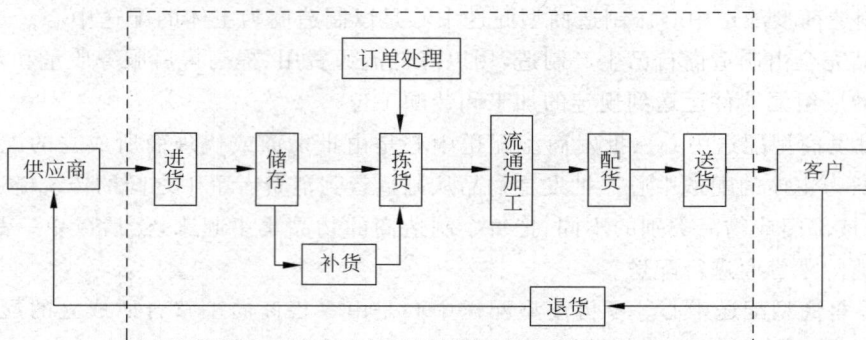

图 1-6　配送中心基本作业流程

1. 进货

进货是配送中心根据客户的需要，为配送业务的顺利实施而从事的组织商品货源和进行商品存储的一系列活动，是配送的准备工作。

2. 储存

储存是在配送中心进货后，根据货物特性（如温湿度要求、保质期等）分类存放，并借助信息化系统实现库存实时监控的过程。储存环节强调货物的安全保管与科学管理。

动画：某配送
中心作业环节
演示

3. 订单处理

从接到客户订单开始到着手准备拣货之间的作业阶段，称为订单处理。订单处理是与客户直接沟通的作业阶段，对后续的拣货作业、配货作业、送货作业产生直接的影响，是其他各项作业的基础。

4. 拣货

拣货作业是依据客户的订货要求或配送中心的送货计划，迅速、准确地将商品从其储位或其他区域拣取出来，并按一定的方式进行分类、集中，等待配装送货的作业过程。拣货过程是配送不同于一般形式的送货以及其他物流形式的重要的功能要素，是整个配送中心作业系统的核心工序。

5. 补货

补货是指将货物从仓库保管区域搬运到拣货区的工作,目的是确保拣货区有足够的货物供应,以满足客户需求。随着拣货作业的进行,当拣货区库存量低于补货点时开始补货。

6. 流通加工

流通加工是指物品在从生产领域向消费领域流动的过程中,流通主体(即流通当事人)为了促进销售、维护产品质量和提高物流效率而开展的一项活动,是衔接储存与末端运输的关键环节,但并非所有的配送中心都有流通加工作业。

7. 配货

配货是配送中心为了顺利、有序、方便地向客户送货,对拣选出的各种货物进行整理,并依据订单要求进行组合的过程。配货作业与拣货作业不可分割,二者一起构成了一项完整的作业。

8. 送货

配送业务中的送货作业包含将货物装车并实际配送,送货通常是一种短距离、小批量、高频率的运输形式。它以服务为目标,以尽可能满足客户需求为宗旨。

9. 退货

退货或换货在物流活动中不可避免,但应尽量减少,因为退货或换货的处理,会大幅增加物流成本,减少利润。发生退货或换货的主要原因包括瑕疵品回收、货物损坏、送错退回、过期退回等。

三、智能配送及发展

(一)智能配送的含义

智能配送是指通过大数据、人工智能等技术,优化配送路线、提高配送效率、降低配送成本的一种新型物流模式。它涵盖了从订单处理、仓配管理、配送路线规划到最后一公里配送等各个环节。智能配送通过集成全球定位系统、配送路径优化模型、多目标决策等技术,把配送订单分配给可用的车辆,实现配送订单信息的电子化、配送决策的智能化、配送路线的实时显示、配送车辆的导航跟踪和空间配送信息的查询显示,协同仓库部门一起完成配送任务。

智能配送的核心模块包括智能订单管理、智能配送车辆管理、智能配送路径规划等,通过算法原理实现订单的高效处理、车辆的智能调度以及最优配送路径的规划。

(二)智能配送发展现状

智能配送技术近年来取得了显著进展,尤其是在无人配送、自动化配送系统和大数据分析等方面。随着技术的不断进步和消费习惯的改变,智能配送服务在物流行业中的应用越来越广泛。

1. 无人配送发展迅速

无人配送是指利用无人驾驶的交通工具,如无人车、无人机等,进行商品或服务的配送。这种配送方式具有自动化、智能化、高效化的特点,能够在一定程度上解决传统配送方式中存在的效率低下、成本高昂等问题。无人配送的应用场景非常广泛,包括快递、外卖、B2C零售、商超便利、生鲜配送需求等,特别适合偏远山区配送、应急配送等场景。无人配送作为一种环保、低碳的配送方式,符合当前社会对环保的需求。随着环保意识的提高,无人配送市场将得到进一步的发展。

2. 自动化和大数据技术广泛应用

自动化和大数据技术在配送中的应用也极大地提高了配送效率和准确性。通过自动化拣货系统、智能运输技术等的应用,物流业务实现了数智化和精细化管理。此外,大数据分析用于实时路径优化和订单分配,确保配送过程高效、精准。例如,美团外卖的智能配送系统就是基于大数据和人工智能算法,通过实时分析订单数据和交通状况,智能计算出最优配送路线,从而实现高效配送。

视频:偏远山区无人机配送

3. 即时配送市场不断扩大

随着国家对新兴产业的支持力度不断加大,即时配送行业迎来了前所未有的机遇。近年来,随着城市生活节奏的加快和消费者对便捷服务需求的增加,即时配送成为日常生活中不可或缺的一部分。随着技术的进步和消费习惯的改变,零售线上化趋势愈发明显。消费者越来越倾向于通过线上平台购买商品,而即时配送则成为连接线上零售和消费者的关键桥梁。

4. 政策支持力度不断加大

国家及各地政府纷纷出台政策支持智能配送的发展。例如,2024年国家发展和改革委员会等部门印发的《关于打造消费新场景培育消费新增长点的措施》提出,支持餐饮消费智能升级,推进餐饮外卖点单和配送智能化升级,有条件的地方推广无人配送;2023年商务部等12部门联合印发的《关于加快生活服务数字化赋能的指导意见》提出,加强生活服务数字化基础设施建设,支持立体库、分拣机器人、无人车、无人机等智能物流设施铺设和布局,优化生活服务数字化供应链体系,降低渠道成本。

5. 企业积极布局智能配送

众多物流企业、电商企业以及科技公司都在积极布局智能配送领域。例如,美团、新石器等企业在成为首批无人配送车获牌企业后,仍不断加大在无人配送技术研发和应用方面的投入。同时,一些创业公司也专注于智能配送技术的研发,推出了各种具有创新性的智能配送解决方案。国内无人配送车、配送无人机相关企业布局情况分别见表1-1、表1-2。

文档:关于加快生活服务数字化赋能的指导意见

表1-1　国内无人配送车相关企业布局情况

重点企业	无人配送车业务介绍
美团	自2020年起,美团自动无人配送车已在北京、深圳等多地进入常态化试运营阶段,运营车辆超500台,日均运营超16小时,自动驾驶里程占比超过98%
新石器	新石器无人车已在物流、零售、教育创新等多个领域成功实现商业化落地,覆盖全球13个国家、40个城市、100多个场景,累计安全行驶里程超过620万公里,累计交付部署车辆超过2 000辆
毫末智行	2023年5月,毫末智行发布了其基于Snapdragon Ride平台的第三代末端物流自动无人配送车——小魔驼3.0,这是全球首款9万元内中型末端物流自动无人配送车,具备更高性价比、L4级自动驾驶、领先模块化设计、更强扩展性等优势
智行者	智行者的无人配送车采用了多线机关雷达和超声波雷达、摄像头等多传感器融合方案,并配以差分GPS,通过多场景的数据采集优势,不断优化、提升算法,进行更加准确的目标行为和轨迹预测,更好地实现自动驾驶及精准避障

表 1-2　国内配送无人机相关企业布局情况

重点企业	配送无人机业务介绍
美团	美团自 2017 年开始自研无人机技术,并于 2021 年在深圳用配送无人机送出第一单订单,开启常态化运营。2023 年 7 月,美团无人机对外发布第四代新机型,该机型研发历时两年多,是专注于城市低空物流配送场景的全新多旋翼机型。截至目前,美团无人机已经在深圳、上海等多个城市的多个商圈、景区、居民区等落地运营,累计配送近 17 万单,可配送品类近 2 万种
顺丰	2022 年 1 月,顺丰旗下大型无人机公司丰鸟科技正式取得了中国民航局颁发的支线物流无人机试运行许可和经营许可,标志着丰鸟科技成为全国首家可在特定场景下开展吨级大业载、长航时支线物流无人机商业试运行的企业,也成为全球首个运用特定场景运行风险评估方法获得监管方批准进入支线物流商业试运行的大型无人机企业
京东	京东早在 2015 年就开始探索无人机送货技术,此后建立了干线、支线、终端三个层次的无人机物流配送和通航物流体系。最终将构建"空地一体化"的智能物流网络,以满足不同应用场景下降本增效的目标

6. 智能配送应用场景广泛

(1) 电商领域。各大电商平台纷纷布局智能配送。例如,京东、天猫等电商巨头在一些城市推出了无人配送车服务,将消费者购买的商品从仓库直接配送到消费者居住的小区或家门口,提高了配送的及时性和便利性。同时,电商平台还通过智能算法对订单进行分析和预测,提前将商品调配到离消费者更近的仓库,缩短配送距离和时间。

(2) 餐饮外卖领域。智能配送在餐饮外卖行业的应用也越来越广泛。一些餐饮企业开始使用智能电动送餐车,这种车辆具有零排放、低噪声、低成本等优点,并且能够通过智能调度系统实现高效配送。此外,一些外卖平台也在探索无人配送技术,如使用无人机将外卖食品送到消费者手中。

(3) 校园与社区场景。在校园和社区,无人配送车和配送机器人可以为师生和居民提供便捷的快递、外卖等配送服务。例如,一些高校校园内引入了无人配送车,学生可以通过手机应用程序(App)下单购买商品,无人配送车会将商品送到指定的地点,方便学生取货。

(4) 政务服务领域。部分地区的政务部门也开始尝试使用智能配送技术,如将一些文件、证件等通过无人配送车或无人机进行派送,提高政务服务的效率和便捷性。

(三) 智能配送面临的挑战

1. 技术方面

(1) 技术融合难度。智能配送涉及物联网、大数据、人工智能、机器学习、自动驾驶等多种技术,将这些技术有效地融合并协同工作存在一定难度。不同技术的标准、接口、通信协议等可能不一致,导致系统集成和数据交互存在障碍,影响智能配送系统的整体效率和性能。

(2) 数据质量与安全。智能配送依赖大量的数据,包括用户信息、货物信息、交通信息等。数据的准确性、完整性和实时性对配送决策来说至关重要,但在数据采集、传输和存储过程中,可能会出现数据丢失、错误或被篡改等问题。此外,数据安全也是一个重大挑战,配送过程中产生的数据包含用户隐私和商业机密,一旦泄露,可能会给用户和企业带来严重的损失。

（3）人工智能的局限性。尽管人工智能在路径优化、智能调度等方面取得了显著进展，但在复杂的实际配送场景中，仍然存在一定的局限性。例如，在面对突发的交通状况、恶劣的天气条件或特殊的配送需求时，人工智能算法可能无法做出准确的决策，还需要进行人工干预和调整。

（4）硬件设备的可靠性。智能配送需要依赖各种硬件设备，如传感器、无人机、无人车、智能快递柜等。这些设备在使用过程中可能会出现发生故障、损坏或电池续航不足等问题，影响配送的正常进行。因此，需要提高硬件设备的可靠性和稳定性，同时建立完善的设备维护和管理体系。

2. 法规政策方面

（1）监管政策不完善。智能配送是一个新兴领域，相关的法规政策和监管制度还不够完善。例如，自动驾驶配送车辆的上路许可、无人机配送的空域管理、智能快递柜的布局和使用等方面，都缺乏明确的规定和标准，导致企业在开展智能配送业务时面临不确定性和合规风险。

（2）责任界定不清晰。在智能配送过程中，如果出现货物损坏、丢失、延误或安全事故等问题，责任的界定比较困难。由于涉及多个参与方，包括物流企业、技术供应商、设备制造商等，各方面的责任划分不明确，容易引发纠纷和法律诉讼。

（3）隐私保护问题。智能配送过程中会收集大量的用户信息，如姓名、地址、联系方式等，如何保护用户的隐私是一个重要的问题。企业需要遵守相关的隐私保护法规，建立严格的隐私保护制度，确保用户信息不被滥用或泄露。

3. 成本方面

（1）初始投资成本高。智能配送需要投入大量的资金用于技术研发、设备购置、系统建设和人才培养等。例如，建设自动化仓库、购买自动驾驶车辆和无人机、开发智能配送软件等都需要巨额的投资，这对于一些小型物流企业来说是一个巨大的负担，可能会限制智能配送的普及和推广。

（2）运营维护成本高。智能配送系统的运营和维护也需要较高的成本。例如，硬件设备的维修和更换、软件系统的升级和优化、数据中心的运营和管理等都需要投入大量的人力、物力和财力。此外，智能配送系统的复杂性也增加了运营管理的难度和成本。

4. 社会接受度方面

（1）公众信任问题。智能配送涉及新技术的应用，公众对其安全性和可靠性可能存在疑虑。例如，自动驾驶配送车辆和无人机的安全性、智能快递柜的使用便捷性等，都需要得到公众的认可和信任。企业需要加强宣传和教育，提高公众对智能配送的认知和理解，增强公众的信任度。

（2）就业影响问题。智能配送的发展可能会对传统的物流行业就业产生一定的影响，例如，自动驾驶配送车辆和无人机的应用可能会导致部分司机和快递员失业。这可能会引发社会的关注和担忧，需要政府和企业共同采取措施，加强对从业人员的培训和转岗安置，促进就业的稳定和可持续发展。

5. 环境方面

（1）能源消耗与污染。智能配送的硬件设备，如自动驾驶配送车辆、无人机等，需要消耗大量的能源，并且在使用过程中可能会产生一定的污染。随着智能配送业务量的增加，能源消耗和环境污染问题可能会日益突出。因此,需要开发和应用更加节能环保的技术和设备,减少智能配送对环境的影响。

（2）城市交通与空间管理。智能配送的发展可能会对城市交通和空间管理带来一定的挑战。例如,大量的无人机和自动驾驶配送车辆在城市中运行,需要合理的空域和道路规划,以避免交通拥堵和安全事故。同时,智能快递柜的布局也需要考虑城市的空间利用和美观等因素。

（四）智能配送的发展趋势

1. 技术应用深化

（1）人工智能与机器学习的广泛应用。智能配送将越来越依赖人工智能和机器学习技术。通过对大量历史配送数据的学习和分析,系统能够更精准地预测订单需求、配送时间、交通状况等,从而优化配送路线规划和调度决策。例如,在高峰时段或交通拥堵时,智能系统可以自动调整配送路线,避开拥堵路段,提高配送效率。

（2）物联网技术的全面渗透。物联网技术将进一步与智能配送深度融合。传感器、RFID标签等设备将广泛应用于配送环节,实现对配送过程的全面感知和实时监控。例如,通过在货物包装上安装传感器,可以实时监测货物的温度、湿度、震动等状态,确保货物在运输过程中的质量。

（3）自动驾驶技术的成熟与普及。自动驾驶技术是智能配送的关键技术之一,未来将不断成熟并得到更广泛的应用。自动驾驶配送车辆和无人机将逐渐成为城市配送的重要力量,尤其是在最后一公里配送和偏远地区配送中发挥重要作用。

（4）5G及新一代通信技术的推动。5G通信技术的高速率、低时延、大连接特性将为智能配送提供更强大的网络支持。它能够实现配送车辆、无人机、仓储设备等之间的实时通信和数据传输,使配送系统的协同运作更加高效。例如,配送车辆可以实时接收云端的调度指令,与其他车辆和交通设施进行信息交互,提高行驶安全性和配送效率。

2. 配送模式创新

（1）众包配送模式的发展。众包配送模式将继续发展壮大。这种模式通过整合社会闲置运力,实现快速、灵活的配送服务。随着智能配送平台的不断完善,众包配送的管理将更加规范、高效,配送人员的素质和服务质量也将不断提高。

视频:京东5G智能配送

（2）无人配送站与自提柜的普及。无人配送站和自提柜将成为智能配送的重要基础设施。无人配送站可以作为配送车辆和无人机的中转站点,实现货物的快速分拣和暂存;自提柜则可以为客户提供方便的自取服务,减少配送人员的上门配送次数,提高配送效率。

（3）多式联运的协同配送。多式联运将在智能配送中得到更多的应用。不同的运输方式,如公路、铁路、航空、水运等,将通过智能配送平台进行协同运作,实现货物的无缝衔接和快速运输。例如,对于长途运输,可以采用铁路或航空运输,然后在城市周边通过公路运输进行末端配送。

3. 绿色可持续发展

（1）新能源配送车辆的推广。为了减少配送过程中的碳排放和环境污染,新能源配送车辆将得到更广泛的推广和应用。电动汽车、混合动力汽车等新能源车辆的性能将不断提

升,续航里程将不断增加,充电设施也将不断完善。

(2)绿色包装与循环利用。绿色包装将成为智能配送的重要发展方向。物流企业将采用可降解、可回收的包装材料,减少包装废弃物的产生。同时,通过建立包装回收体系,实现包装的循环利用,降低包装成本。例如,一些电商企业已经开始推行"无胶带纸箱""可循环快递箱"等绿色包装措施。

4. 服务个性化与定制化

(1)满足多样化的客户需求。客户对配送服务的需求将越来越个性化和多样化。智能配送系统将能够根据客户的要求,提供定制化的配送服务,如指定配送时间、配送地点、配送方式等。例如,客户可以选择在上班前将货物送到公司,下班后将货物送到家中,或者选择在周末等特定时间配送。

(2)智能配送与其他服务的融合。智能配送将与其他服务进行深度融合,为客户提供更加综合的解决方案。例如,智能配送与生鲜电商合作,提供生鲜食品的快速配送和保鲜服务;智能配送与医疗行业合作,提供药品的及时配送和冷链服务;智能配送与餐饮行业合作,提供外卖食品的智能配送和食品安全保障服务等。

视频:数智化
助推企业发展

5. 全球化与跨境配送拓展

(1)跨境电商推动智能配送国际化。随着跨境电商的快速发展,智能配送将在全球范围内得到更广泛的应用。跨境电商企业需要高效、可靠的国际物流配送服务,智能配送技术将为跨境物流提供有力的支持。例如,通过智能仓储管理、优化配送路线、实时物流追踪等技术,提高跨境配送效率。

(2)国际合作与标准化推进。各国政府和企业将加强在智能配送领域的国际合作,推动相关技术标准和规范的制定和统一。这将有助于解决跨境配送中的技术兼容性、数据安全、隐私保护等问题,促进智能配送的全球化发展。

视频:新疆跨
境电商全货机
首飞成功

📖 任务案例

武汉开启"跨境电商+低空物流"配送新模式

2024年9月10日,武汉跨境电商进口商品无人机直达配送首飞活动在武汉新港空港综合保税区东西湖园区举行,由此开启"跨境电商+低空物流"配送新模式。当日在现场,保税区仓库接到客户的香薰订单,经拣货、打包、海关审核清关等步骤后,一台多功能无人机携带货品从保税区起飞,前往收货点——武汉东西湖区金银湖万达广场。在该保税区的无人机控制电子屏上可以看到,无人机精准避开高楼、障碍,平稳降落在收货点,从发货到收货,仅需20分钟。保税区距离收货点13km,在不堵车情况下,开车需要近40分钟。

若按照传统物流方式配送跨境商品,完成收货、分拨、海关清关,将货物送到消费者手中的流程需1~2天。而跨境电商进口商品无人机直达配送模式能够跨越围网,实现海关监管从载物到卸货全流程覆盖,将配送时间缩短至30分钟内,效率得到了极大的提升。据了解,首次完成华中地区进口商品直达配送的这架无人机飞行半径可达15km,巡航速度最快可达每秒23m,载重能力为5kg以内,单次配送成本为15~20元,相当于每公里1元。同时,无人机按申请线路低空飞行,能够避开学校、医院、高速公路、高层建筑等公共区域,避免了陆路交通耗时过长的影响,安全高效,真正实现下单后"分钟达",消费者既能享受免税价格,还能体验更加优质、快捷的服务。

低空经济是全球竞逐的新兴产业,将逐渐融入人们的生活,在外卖配送、医疗救护、空中游览等领域均能运用。武汉海关副关长李燕表示,无人机直达配送为跨境电商发展注入新动能,不仅提高了物流配送的效率和精准度,降低了成本,还给消费者带来更加便捷、快速的购物体验。

2024年以来,低空经济在我国各地进入发展加速期,作为新质生产力的重要代表,低空经济对区域经济发展贡献突出,面对这一潜力巨大的赛道市场,多地政府政策频出,积极抢抓低空经济产业密集创新和高速发展的战略机遇期。位于武汉经开区的武汉通用机场,空中游览、飞行运动等项目自开放以来,订单持续火爆。据湖北省无人机行业协会数据显示,截至2024年7月,湖北省以无人机为主营业务的企业和院校约150家,其中超80家注册地在武汉东湖高新区。

资料来源:https://www.wuhan.gov.cn/sy/kwh/202409/t20240911_2453528.shtml.

案例思考:

(1) 低空物流的优势及应用领域有哪些?

(2) 分析低空经济背景下无人机配送的发展趋势。

任务实训

家家悦物流配送中心现状调研

一、实训目的

通过网络调查家家悦配送中心相关情况,了解家家悦集团业务背景、配送中心建设运营情况,掌握配送中心的含义、作用及分类,明确配送中心的功能。

二、实训内容

家家悦集团股份有限公司(以下简称"家家悦")是以超市连锁为主业,以区域一体化物流为支撑,以发展现代农业生产基地和食品加工产业链为保障,以经营生鲜为特色的全供应链,多业态的综合性零售渠道商。公司拥有上千家门店,网络覆盖山东、北京、河北、内蒙古、安徽、江苏6个省(自治区、直辖市),是山东省快速消费品领域连锁零售的龙头企业。

家家悦建立了全球统一直采、集中生产加工、物流统一配送的供应链模式,通过厂家直供和基地直采模式,从源头上控制商品质量,用标准化保证品质,用差异化提升竞争力,构建更加符合消费者需求的供应链体系,为公司发展提供强有力的保障。

常温物流方面,家家悦公司目前设立了威海、烟台、青岛、莱芜、张家口、淮北6处常温物流配送中心,目前已建成了东西结合、布局合理、中央物流与区域物流优势互补、智能联动的配送体系,形成了山东省内2.5小时配送圈,杂货日均吞吐量达21万件。

生鲜物流方面,公司目前设立了威海、烟台、青岛、莱芜、宋村、张家口、淮北7个生鲜物流中心,分别对覆盖区域内连锁超市提供生鲜配送服务,生鲜日均吞吐量超过3 400t。其中烟台、高密、莱芜生鲜物流中心只具备水果、蔬菜类农产品的分拣、配送功能,宋村、威海两处生鲜配送中心还兼具农产品的初加工与深加工能力。

云通科技是以冷链物流为特色的公共物流信息平台。云通科技是由家家悦集团于2016年12月投资成立的第三方公司,整合家家悦现有500多辆冷链运输车和自有货源、库源,通过北斗定位系统、电子温控等技术,对公司700多辆冷链物流车进行全程定位监控,统一指挥调度,实现生鲜商品一站式订货、仓储管理、仓库温度检测、车辆调度、车货匹配、实时车辆位置定位、实时车辆管理等一系列物流功能,既保障物流配送过程的食品安全,又有效提升了物流管理效率。

三、实训步骤

(1) 教师通过在线学习平台发布实训任务。

(2) 以网络调研的形式分析家家悦物流配送中心的类型及功能。

(3) 撰写《家家悦物流配送中心调研报告》。

(4) 小组互评与总结反馈。

任务小结

通过本任务的学习,掌握配送与配送中心的含义、作用及类型,掌握配送中心基本作业流程及组织结构,了解我国智能配送的发展现状、面临的挑战及未来的发展趋势。

任务三　智能仓配设备认知

任务导入

工欲善其事,必先利其器。现代化智能仓配离不开各种软硬件设备支持,而且仓储物流工作人员也需要借助各种各样的设备来保障人、财、物的高效配置。仓配设备是现代化仓储配送中心的重要组成部分,它决定了智能仓配的作业效率和自动化水平。智能仓配设备的应用不仅提高了各行业的运营效率和服务质量,还可通过降低人力成本和优化资源配置,大大提升企业的竞争力和促进产业的发展。在配置设备时,要根据仓储配送的实际情况和作业需求进行综合考虑。例如,对于需要频繁搬运货物的仓库,可以配置电动叉车、堆高车等搬运设备;对于需要实现自动化、智能化作业的仓库,可以配置AGV/RGV机器人等智能设备。同时,还要考虑设备的兼容性、可维护性和成本效益等因素,确保设备的实用性和经济性。

任务知识

一、存储技术设备

(一)货架的含义及作用

1. 货架的含义

仓储保管设备主要是货架,货架是指专门用于存放成件货品的保管设备。《物流术语》(GB/T 18354—2021)中对货架(rack)的定义是:由立柱、隔板或横梁等结构件组成的储物设施。

2. 货架的作用

货架不仅是仓储管理中不可或缺的设备,也是提高仓储效率和质量的重要工具,其主要作用如下。

(1) 充分利用仓库空间。货架采用立体结构,能够有效地提高仓库的容量利用率,扩大储存能力。

(2) 货物存取方便。货架上的货物可以方便地存取,实现先进先出的原则。

(3) 减少物资损耗。存入货架中的货物互不挤压,有助于减少物资损耗。

(4) 便于管理。货架上的货物一目了然,便于清点、计量以及进行重要的管理工作。

(二) 货架的种类

1. 托盘货架

(1) 托盘货架的含义。托盘货架又称横梁式货架,通常为重型货架,在国内的各种仓储货架系统中最为常见,如图 1-7 所示。托盘货架既适用于多品种、小批量物品,又适用于少品种、大批量物品。此类货架在高位仓库和超高位仓库中应用最多。

图 1-7　托盘货架

(2) 托盘货架的特点及用途。托盘货架的优势主要体现在利用率高,存取灵活方便,是最常用、经济、安全的一种货架,适用于各种类型的仓库。同样也可以组成多种储存方式,承载能力强,稳定性好。

托盘货架主要特点如下。

① 托盘货架跨度大,承载高。

② 托盘货架结构稳定。

③ 托盘货架层数可自定。

④ 托盘货架利用率高,存取灵活方便。

2. 贯通式货架

(1) 贯通式货架的含义。贯通式货架又称通廊式货架或驶入式货架,如图 1-8 所示。贯通式货架可供叉车驶入通道存取货物,适用于品种少、批量大的货物储存。与横梁式货架相比,贯通式货架空间利用率可提高 30% 以上。

视频:托盘
货架

(2) 贯通式货架的特点及用途。

① 货物存储通道又为叉车作业通道,是存储密度较高的一种货架形式。

② 通常被用于品种较少但批量大,且对货物拣选要求不高的货物存储。

图 1-8　贯通式货架

③ 货物存取从货架同一侧进出，先存后取、后存先取，平衡重及前移式叉车可方便地驶入货架中间存取货物，无须占用多条通道。

3. 阁楼式货架

（1）阁楼式货架的含义。阁楼式货架是将储存空间做上、下两层规划，利用钢架和楼板将空间间隙隔为两层，下层货架结构支撑上层楼板，在仓库面积有限的情形下，可作立体规划，有效利用空间，如图 1-9 所示。

视频：贯通式货架

图 1-9　阁楼式货架

（2）阁楼式货架的特点及用途。

① 可提升货架高度，充分利用仓储高度，更好地利用仓储空间。

② 人性化设计，安装、拆卸方便，可根据实地灵活设计。

③ 适合存取一些轻泡及中小件货物，也适用于多品种大批量或多品种小批量货物储存，人工存取货物。

4. 重力式货架

（1）重力式货架的含义。重力式货架采用先进先出的存储方式，结构与横梁式货架相似，只是在横梁上安装辊筒式轨道，轨道呈 3°～5°倾斜，利用货物的自重，使得货物在重力作用下，从货架的一端滑动到另一端，如图 1-10 所示。重力式货架适用于少品种、大批量同类货物的存储，空间利用率高。

视频：阁楼式货架

（2）重力式货架的特点及用途。

① 货物遵循先进先出原则，具有存储密度高、柔性化特点。

② 适用于以托盘为载体的存储作业，仓储空间利用率在 75% 以上。

图 1-10　重力式货架

③ 采用无动力形式,无能耗,噪声低,安全可靠,可满负荷运作。

5. 悬臂式货架

(1) 悬臂式货架的含义。悬臂式货架是在立柱上装设杆臂构成,悬臂常用金属材料制造,其尺寸一般根据所存放物料尺寸的大小确定,如图 1-11 所示。

视频:重力式
货架

图 1-11　悬臂式货架

(2) 悬臂式货架的特点及用途。

① 适用于存放长条状或长卷状货品。

② 具有结构稳定、载重能力好、空间利用率高等特点。

③ 需配合叉距较宽的搬运设备,如侧面式叉车。

④ 货架高度受限,一般在 6m 以下。

6. 穿梭式货架

(1) 穿梭式货架的含义。穿梭式货架属于高密度存储系统,可大大提高仓库空间利用率,主要由货架片、穿梭式连接支撑梁、导轨、连接板、可调节地脚、交叉连杆等组成,如图 1-12 所示。穿梭式货架配合穿梭车、提升机,构成高密度储存系统,可实现货物的自动存取、拣货、自动盘点等功能。

(2) 穿梭式货架的特点及用途。

① 穿梭式货架是贯通式货架和穿梭车的结合体,是实现仓库货物高密度托盘存放的一种货架类型。

动画:穿梭式
货架

图 1-12　穿梭式货架

② 穿梭式货架在使用中可实现无人作业,遥控操作、无须驶入、进出货物效率高。

③ 货架设计有防止硬物碰撞装置、激光定位防护系统。

二、集装技术设备

（一）托盘的含义及作用

1. 托盘的含义

托盘是物流作业中最为基本的集装单元。《物流术语》(GB/T 18354—2021)中对托盘(pallet)的定义是:在运输、搬运和存储过程中,将物品规整为货物单元时,作为承载面并包括承载面上辅助结构件的装置。作为与集装箱类似的一种集装设备,托盘已广泛应用于生产、运输、仓储和流通等领域。

2. 托盘的作用

托盘作为物流运作过程中重要的集装设备,与叉车配套使用,并在现代物流中发挥着巨大的作用,可实现物品包装的单元化、规范化和标准化作业,保护物品,方便物流和商流,使装卸机械化水平大幅度提高。目前常用的托盘尺寸分为 1 200mm 与 1 100mm 两大尺寸系列。1 200mm×1 000mm 托盘在全球应用最广,在我国也得到最广泛的应用。

（二）托盘的种类

通常,按托盘的适用性可分为通用托盘和专用托盘;按托盘的结构可以分为平托盘、箱式托盘、柱形托盘等类型。其中,平托盘是托盘中使用比较广泛的一种,一般所说的托盘主要指平托盘。平托盘还可以进一步分类,具体如下。

（1）按照底部外形,托盘可分为川字形、田字形、九脚形等。

（2）按承载货物台面,托盘可分为单面使用型、双面使用型等。

（3）按叉车叉入方式分类,托盘可分为双向叉入型、四向叉入型等。

（4）按制造材料分类,托盘可分为木质、塑料、金属、复合材料等,如图 1-13 所示。

三、搬运技术设备

（一）叉车的含义及作用

1. 叉车的含义

仓储搬运设备主要指各种类型的叉车。《物流术语》(GB/T 18354—2021)对叉车(fork lift truck)的定义是:具有各种叉具及属具,能够对物品进行升降和移动以及装卸作业的搬

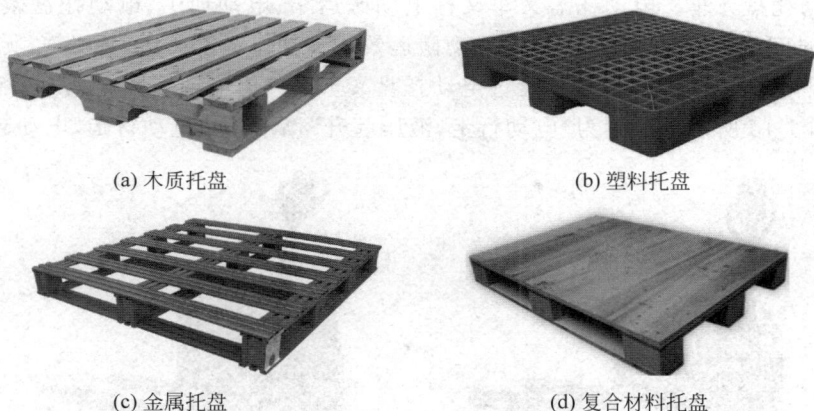

(a) 木质托盘

(b) 塑料托盘

(c) 金属托盘

(d) 复合材料托盘

图 1-13 各种材料托盘

运车辆。叉车以货叉作为主要的取货装置,可以自由地插入托盘取货和放货,依靠液压、发动机等装置升降货物,由行驶系统实现货物的水平搬运。

2. 叉车的作用

叉车与其他搬运机械一样,能够减轻装卸工人繁重的体力劳动。除能提高装卸效率,缩短车辆停留时间,降低装卸成本以外,它还具有通用性、机械性、灵活性等特点。此外,叉车还可以"一机多用",在配备和使用各种取货装置(如货叉、铲斗、臂架、吊杆、货夹、抓取器等)的条件下,可以适应各种品种、形状和大小货物的装卸作业。

(二)叉车的种类

为了更加清楚地认识叉车,按照不同的分类标准,将叉车分成多个不同的类别。通常可分成四个系列,即低举升托盘叉车、平衡重式叉车、前移式叉车和高架堆垛机。

1. 低举升托盘叉车

低举升托盘叉车的行走速度通常限制在 5km/h 以下,单向搬运距离在 100m 以内,低举升托盘叉车通常可以分为手动液压托盘叉车和电动托盘叉车两种。

(1)手动液压托盘叉车。手动液压托盘叉车俗称"地牛",具有升降平衡、转动灵活、操作方便等特点,在使用时将其承载的货叉插入托盘孔内,由人力驱动液压系统来实现托盘货物的起升和下降,并由人力拉动完成搬运作业,如图 1-14 所示。目前,地牛是托盘运输工具中最简便、最常见的装卸搬运工具。

图 1-14 手动液压托盘叉车

（2）电动托盘叉车。电动托盘叉车又称电动搬运车、电动地牛、电动托盘搬运车，适用于重载及长时间货物转运，可大大提高货物搬运效率。动作轻便灵活，无噪声，无污染，一次充电工作时间长，性能可靠，应用广泛。电动托盘叉车又分为电动液压托盘叉车和全电动托盘叉车，如图1-15所示。前者为"电动行走，液压起升"，后者为"电动行走，电动起升"。

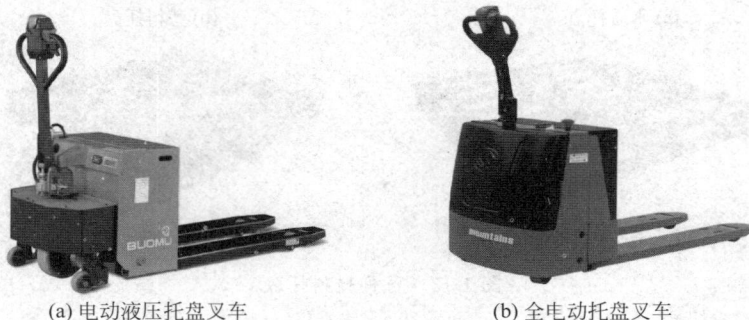

(a) 电动液压托盘叉车   (b) 全电动托盘叉车

图1-15　电动托盘叉车

2. 平衡重式叉车

平衡重式叉车是使用范围最广的叉车。货叉位于前轮中心线以外，尾部安装平衡重，用以克服货物产生的倾覆力矩。这种叉车适用于在露天货场作业，一般采用充气轮胎，运行速度较快，爬坡能力较好。门架可前后移动，前移时便于货叉插入，方便取货或卸货，取货后门架后倾，以便保持货物的稳定。根据动力分为内燃机式叉车和蓄电池式叉车，如图1-16所示。

(a) 内燃机式叉车   (b) 蓄电池式叉车

图1-16　平衡重式叉车

3. 前移式叉车

前移式叉车是指对成件托盘货物进行装卸、堆垛和短距离运输作业的前移轮式搬运车辆，通常使用电池驱动，如图1-17所示。前移式叉车的门架或者货叉架可以前后移动，其中门架前移式叉车是指作业时门架带动货叉前移，伸出到前轮之外叉取或放下货物，行走时货叉带货物收回，使货物重心落在支撑面内；而货叉前移式叉车是指叉架带动货叉前移至前轮之外进行作业，行走时叉架带动货叉缩回支撑平面内。

4. 高架堆垛机

高架堆垛机又称高位叉车，可分为上人式和不上人式两种，如图1-18所示。驾驶舱作为主提升并随门架同时上升的装置称为上人式，其优点是在任何高度操作者都可以保持水

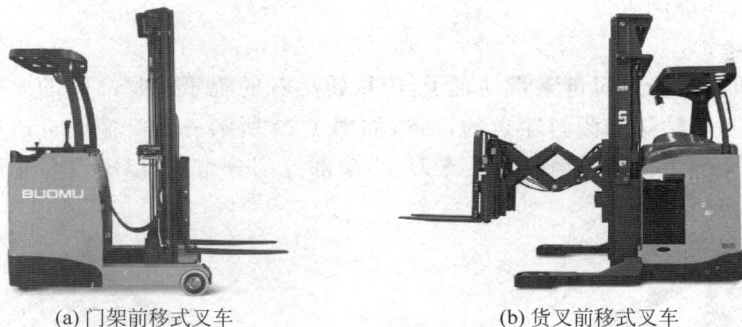

(a) 门架前移式叉车　　　　　　　(b) 货叉前移式叉车

图 1-17　前移式叉车

平操作视线,保证最佳视野,以提高操作安全性。同时,由于操作者可以触及货架任何位置的货物,故上人式高架堆垛机可以同时用于拣货及盘点作业。

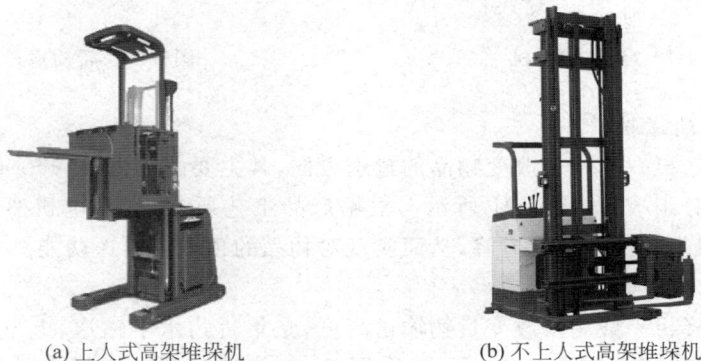

(a) 上人式高架堆垛机　　　　　　(b) 不上人式高架堆垛机

图 1-18　高架堆垛机

四、输送技术设备

(一)输送技术设备的含义及作用

1. 输送技术设备的含义

物流输送技术设备是一种以连续、均匀、稳定的方式,沿着一定的线路搬运或输送散状物料和成件物品的机械装置。

2. 输送技术设备的作用

物流输送技术设备在现代物流系统中扮演着至关重要的角色,它能够在一个区间内连续搬运物料,具有运行成本低、效率高、易于控制等特点。输送技术设备是现代装备传输系统实现物料输送搬运的最主要的基础装备,可实现物料的自动存取、信息自动处理等功能。

(二)输送技术设备的种类

1. 链式输送机

链式输送机是一种常用的输送设备,主要用于托盘类货物的水平输送以及与其他设备的货物交接,如图 1-19 所示。链式输送机主要由框架、输送机构、支腿等部件组成。其功能是根据控制系统的指令,控制驱动电机正转、反转或停止和制动,电机带动链条转动,以实现货物的水平输送和准确定位。

2. 辊筒输送机

辊筒输送机是电机通过链条带动辊子，依靠转动着的辊子和物品间的摩擦使物品向前移动，主要用于水平输送和倾斜输送的设备，如图 1-20 所示。辊筒输送机适用于底部是平面的物品输送，主要由传动辊筒、机架、支架、驱动部等部分组成，以实现货物的水平输送和准确定位。

图 1-19   链式输送机

图 1-20   辊筒输送机

3. 顶升移载输送机

顶升移载输送机一般用于改变物品的输送方向，其主要由主机架、升降机架、辊筒、电机及传动系统等部分组成，如图 1-21 所示。根据产品工艺要求，运用电机驱动，带动辊筒转动，另外一台电机带动凸轮实现升降，从而实现对物品的顶升和输送功能。

4. 辊道牙叉升降机

辊道牙叉升降机一般用来改变货物输送高度，是集货物水平输送、上下升降、智能监控于一体的智能输送设备，如图 1-22 所示。采用 PLC（可编程逻辑控制器），在辊道提升机驱动下运动，配合升降驱动装置完成托盘升降，能配合各种托盘搬运工具完成货物从地面到相应输送高度的出入库作业。

图 1-21   顶升移载输送机

图 1-22   辊道牙叉升降机

五、智能仓配机器人

近年来，智能仓配机器人作为一种智能物流核心设备呈现了爆发式的增长。在智能仓配机器人市场，RGV、AGV 都是在自动化物流领域迅速兴起的智能物流设备。

（一）RGV 搬运机器人

1. RGV 的含义

RGV 全称是 Rail Guided Vehicle，即有轨制导车辆，又称有轨穿梭车。RGV 常用于各类高密度储存方式的立体仓库，穿梭车通道可根据需要设计为任意长度，并且在搬运、移动货物时，无须其他设备进入巷道，速度快、安全性高，可以有效提高仓库系统的运行效率。其主要特点是通过地面或货架上的有形轨道，沿着固有轨道行走，路线相对单一。

2. RGV 的功能及特点

RGV 在物流系统和工位制生产线上都有广泛的应用，可以十分方便地与其他物流系统实现自动连接，如立体仓库的出/入库站台、各种缓冲站、输送机、升降机、线边工位和机器人等，按照计划和指令进行物料的输送，可以显著降低运输成本，提高运输效率。

RGV 由于是有轨行驶，其应用场合相对简单，通常可按照两种方式进行分类识别：一是按照功能分为装配型 RGV 和运输型 RGV 两大类型，主要用于物料输送、车间装配等；二是根据运动方式分为环形轨道式和直线往复式，其中，环形轨道式 RGV 系统效率高，可多车同时工作，直线往复式一般只有一台 RGV，做直线往复式运动。

3. 托盘四向穿梭车

托盘四向穿梭车是一种典型的 RGV 机器人，是指能在平面内四个方向（前、后、左、右）穿梭运行的存储机器人，可在穿梭车货架上对货物进行托取、运送、放置等操作，并可与上位系统进行通信，实现单次存取、连续存取等功能，如图 1-23 所示。托盘四向穿梭车搬运能力强，具有自动化程度高、节省人力和时间、作业方便快捷、提高作业效率等优点。

图 1-23 托盘四向穿梭车

（二）AGV 搬运机器人

1. AGV 的含义

AGV 全称是 Automated Guided Vehicle，即自动导引运输车。AGV 是装备有电磁、光学或其他自动导引装置，能够沿规定的导引路径行驶，具有安全保护以及各种移载功能的运输小车。AGV 系统自动化程度和智能化水平较高，在电商仓储及制造业中应用较为广泛，也是很多制造型企业提高生产效率、降低生产成本的最佳选择。

视频：RGV 搬运机器人

2. AGV 的功能及特点

AGV 以轮式移动为特征，与步行、爬行或其他非轮式的移动机器人相比，具有行动快捷、工作效率高、结构简单、可控性强、安全性好、错误率低等特点。此外，AGV 的活动区域

无须铺设轨道、支座架等固定装置,不受场地、道路和空间的限制。因此,最能充分体现其自动性和柔性,实现高效、经济、灵活的无人化生产。

3. 潜伏式 AGV

潜伏式 AGV 通过驮举来移载物料,一般移载机构位于潜伏式 AGV 上方,作业时潜伏式 AGV 停在货物正下方,通过升降机构的驮起或降下实现货物的移载,动作简单,作业效率高,安全性好。潜伏式 AGV 在电子商务行业应用广泛,如图 1-24 所示。

视频:AGV 搬运机器人

图 1-24　潜伏式 AGV

(三)其他仓配机器人

1. 垂直搬运机器人

垂直搬运机器人是智能仓库中垂直运动的重要设备,通过操作载货台的升降将货物提升到相应高度,常用来配合托盘四向穿梭车完成货物的搬运,实现货物的智能化存取作业,如图 1-25 所示。垂直搬运机器人省去了传统仓库高位叉车的存取货操作,巷道空间转化为自动化密集库的储货空间,极大提高了仓储空间利用率和出入库效率。

动画:垂直搬运机器人

图 1-25　垂直搬运机器人

2. 码垛机器人

码垛机器人是一种高效智能的装货设备,广泛应用于物流仓储等行业,如图 1-26 所示。码垛机器人搭载先进的感应器和控制系统,能够根据预先设定的程序,将货物从一个位置转移到另一个位置,完成码垛任务。通常由机械臂、传感器、计算机及控制系统组成,可以根据用户的需求进行灵活的

视频:码垛机器人

工作安排,具备高度的智能化和自主性。

图 1-26　码垛机器人

3. 拆叠盘机器人

拆叠盘机器人一般用于多个托盘的放置、叠加、分离,具有方便快捷、结构简单、稳定可靠的特点,并可与输送机系统进行交互通信,实现托盘连续输送、自动升降、上下分离等功能,如图 1-27 所示。设备采用 PLC(可编程逻辑控制器)控制,依靠电池供电,在辊道提升机驱动下运动,配合拨叉装置完成托盘升降。

图 1-27　拆叠盘机器人

4. 无人叉车

无人叉车是一种能够通过自主导航技术在无须人工操控的情况下进行操作的叉车设备,如图 1-28 所示。它借助激光雷达、摄像头、传感器等多种感知技术,能够实现自主避障、路径规划和精确定位,以完成物料搬运、仓储等任务,可以用于仓库、生产线等场所的货物搬运和装卸。

视频:无人叉车

图 1-28　无人叉车

5．无人配送车

无人配送车是指搭载先进的传感器、控制器、执行器等装置，并融合现代通信与网络技术，具备复杂环境感知、智能决策、协同控制等功能，可在无须人类主动操作情况下，实现自动、安全行驶，进行商超配送、外卖配送、快递配送等工作的新型运载工具，如图 1-29 所示。

图 1-29　无人配送车

六、低空物流无人机

（一）低空经济与低空物流

1．低空经济

低空经济是新质生产力的典型代表，是依托低空空域，以有人驾驶和无人驾驶航空器的低空飞行活动为牵引，辐射带动相关领域融合发展的综合性经济形态，具有产业链条长、应用场景复杂、使用主体多元、涉及部门和领域多等特点。低空经济相关产品主要包括无人机、eVTOL（电动垂直起降飞行器）、直升机等，广泛应用于农业、物流、交通、应急救援、文旅等领域，对构建现代产业体系具有重要作用。

2021 年 2 月，低空经济概念首次被写入国家规划。2023 年 12 月，中央经济工作会议中将低空经济进一步定义为战略性新兴产业。2024 年 3 月，全国两会召开，低空经济作为国民经济新增长引擎首次被写入政府工作报告。目前，低空经济已成为我国建立现代化产业体系、抢占发展机遇、推动高质量发展的重要布局。

2．低空物流

低空物流即"低空经济＋物流"的新商业模式，是指利用无人机等航空器进行货物运输的物流方式，是物流行业向自动化、智能化发展的典型代表之一。目前，低空物流已被初步应用于快递配送、农产品运输、医疗物资输送等领域，日益成为物流行业发展的重要方向。

近年来，各国政府普遍认识到低空物流在推动经济发展、提升物流效率、降低物流成本等方面的重要作用，因此纷纷出台相关政策以支持其发展。我国的低空物流正处于快速发展阶段，多部委联合发布了一系列政策文件，为低空物流的发展提供了政策指引，见表 1-3。

视频：无人机在物流中的应用场景

表 1-3　国家层面低空物流相关政策

时　间	发布单位	政策名称	内　容
2021 年 2 月	国务院	《国家综合立体交通网规划纲要》	推进交通与装备制造等相关产业融合发展。加强交通运输与现代农业、生产制造、商贸金融等跨行业合作,发展交通运输平台经济、枢纽经济、通道经济、低空经济
2021 年 12 月	民航局等	《"十四五"民用航空发展规划》	研究制定适应无人机物流等新兴业态发展的规章标准体系。鼓励无人机应用拓展,支持无人机在邮政快递物流、城市公共服务、应急救援、公共卫生等领域服务,推动无人机在城市、乡村和边远地区推广应用,融入县乡村三级物流网络体系
2022 年 12 月	国务院	《扩大内需战略规划纲要 2022—2035 年》	优化以综合物流园区、专业配送中心、末端配送网点为支撑的商贸物流设施网络。加快研发智能化产品,支持自动驾驶、无人配送等技术应用。加快培育海岛、邮轮、低空、沙漠等旅游业态
2023 年 6 月	工信部	《民用无人驾驶航空器系统安全要求》	规定了电子围栏、远程识别、应急处置、结构强度、机体结构等 17 条强制性要求并提出相应的试验方法,进一步完善了现有民用无人驾驶航空器标准体系
2024 年 1 月	交通运输部	《民用无人驾驶航空器运行安全管理规则》	确定了无人航空器分类、民航局管理范围、如何管理等监管内容
2024 年 3 月	工信部等	《通用航空装备创新应用实施方案(2024—2030 年)》	聚焦"干-支-末"物流配送需求,在长三角、粤港澳、川渝、内蒙古、陕西、新疆等重点地区,鼓励开展无人机城际运输及末端配送应用示范,形成量大面广的航空物流配送装备体系。支持研究低空物流解决方案,探索智慧物流新模式,推动大型无人机支线物流连线组网以及城市、乡村、山区、海岛等新兴场景无人机配送大规模应用落地,推动构建航空物流配送网络

(二) 无人机物流

1. 无人机物流的含义

无人机(unmanned aerial vehicle,UAV)是指不搭载操作人员,能够自主、自动或遥控飞行,可一次性或多次重复使用的有动力航空器。无人机主要分为军用和民用两种类型,其中民用无人机又可分为工业级无人机与消费级无人机,主要用于物流配送、摄影、灯光表演、应急、巡查等场景,如图 1-30 所示。

无人机物流是指主要使用无人机技术方案,为实现实体物品从供应地向接收地的流通而进行的规划、实施和控制的过程。无人机物流的本质是使用先进的生产工具去发展生产力,是物流业机械化、自动化和智能化发展的结果,也可看作是智慧物流体系中的一个重要的分支。

2. 无人机物流的类别

无人机物流可细分为支线无人机运输、无人机快递(末端配送)、无人机救援(应急物流)

图 1-30 物流无人机

及无人机仓储管理(盘点、巡检等)等类别,其中以支线无人机运输和无人机末端配送为主要形式。

无人机运输(一般指货运)是无人机物流的重要组成部分,是通过自备的程序控制装置或无线电遥控设备,操纵无人机进行货物运送的过程,依据运输距离、运载重量及续航时间区分为支线无人机运输、无人机末端配送等类型。

(1) 大载重、中远距离的支线无人机运输。送货的直线距离一般 100~1 000km,吨级载重,续航时间达数小时。这方面的应用主要有跨地区的货运、边防哨所、海岛等物资运输,以及物流中心之间的货运分拨等。

(2) 无人机末端配送。空中直线距离一般在 10km 以内,载重范围为 5~20kg,单程飞行时间在 15~20 分钟(受天气等因素影响)。这方面的应用包括派送急救物资和医疗用品、派送果蔬等农土特产物品等。

(3) 无人机仓储管理。无人机仓储管理包括:大型高架仓库,高架储区的检视和货物盘点;集装箱堆场、散货堆场(如煤堆场、矿石堆场和垃圾堆场)等货栈堆场的物资盘点或检查巡视。

3. 无人机物流的优势

视频:京东无人机医药配送

(1) 模式创新提升城市物流时效性。无人机末端配送在城市环境中的平均速度可达 40~60km/h,而传统快递车辆的速度仅为 20~30km/h,此外,无人机物流减少了中转环节,节省了物流流转的时间,提高了物流时效性。

(2) 减少人力投入,降低物流成本。在物流行业人力成本不断上升的情况下,无人机物流因其所需人力投入较少,相对于传统运输在人力成本上优势明显,通过自动化飞行以及无人化装卸等智能化手段,可以大幅地减少人力投入,有效降低物流人工成本。

(3) 能源清洁,可实现低碳环保发展。党的二十大报告指出,坚持"绿水青山就是金山银山"的理念,坚持绿色化、循环化、低碳化发展。因无人机大多采用电力驱动或清洁能源驱动,对于小型包裹的递送,无人机比汽车能减少 60% 以上的能源消耗及碳排放。

(4) 产能协同和运力优化。在科学规划的基础上,综合利用互联网+无人机、机器人等技术和方式,能实现产能协同和运力优化。例如,亚马逊和沃尔玛等企业规划了智能、高效的无人机城市配送中心(如亚马逊的无人机塔)以及"无人机航母"(空中配送基地)等。

任务案例

蒙牛乳业的自动化立体仓库

内蒙古蒙牛乳业泰安有限公司的乳制品自动化立体仓库,是蒙牛乳业公司委托太原刚玉物流工程有限公司(以下简称"刚玉公司")设计制造的第三座自动化立体仓库,库内主要存放成品纯鲜奶和成品瓶装酸奶。库区面积为 8 323m²,货架最大高度为 21m,托盘尺寸为 1 200mm×1 000mm,库内货位总数为 19 632 个。入库能力为 150 盘/小时,出库能力为 300 盘/小时。

1. 工艺流程及库区布置

根据用户存储温度的不同要求,该库划分为常温和低温两个区域。常温区保存鲜奶成品,低温区配置制冷设备,恒温 4℃,存储瓶装酸奶。按照生产—存储—配送的工艺及奶制品的工艺要求,经方案模拟仿真优化,最终确定库区划分为入库区、储存区、托盘(外调)回流区、出库区、维修区和计算机管理控制室 6 个区域。

入库区由 66 台链式输送机、3 台双工位高速穿梭车组成,负责将生产线码垛区完成的整盘货物转入各入库口。双工位高速穿梭车则负责向各巷道入库口的分配生产线端输送机输出的货物及空托盘回送。

储存区包括高层货架和 17 台巷道堆垛机。高层货架采用双托盘货位,完成货物的存储功能。巷道堆垛机则按照指令完成从入库输送机到目标的取货、搬运、存货以及从目标货位到出货输送机的取货、搬运、出货任务。

托盘(外调)回流区分别设在常温储存区和低温储存区内部,由 12 台出库口输送机、14 台入库口输送机、巷道堆垛机和货架组成,分别完成空托盘回收、存储、回送、外调货物入库等工作。

出库区设置在出库口外端,分为货物暂存区和装车区,由 34 台出库输送机组成。叉车司机通过电子看板、RF 终端扫描来完成装车作业,反馈发送信息。

维修区设置在穿梭车轨道外一侧,在某台空梭车更换配件或处理故障时,其他穿梭车仍可正常工作。

计算机管理控制室设在二楼,用于出入库登记、出入库高度管理和联机控制。

2. 设备选型及配置

(1) 货架。主柱:常温区选用刚玉公司自选轧制的 126 型异型材,低温区采用 120 型异型材。横梁:常温区选用刚玉公司自轧制异型材,低温区采用 5BB 型异型材。天、地轨:地轨采用 30kg/m 钢轨;天轨采用 16# 工字钢。

(2) 有轨巷道堆垛机。有轨巷道堆垛机主要由多发结构、超升机构、货叉取货机构、载货台、断绳保护装置、限速装置、过载与松绳保护装置以及电气控制装置等组成。

(3) 输送机。整个输送系统由 2 套 PLC 控制,与上位监控机相连,接收监控机发出的作业命令,返回命令的执行情况和子系统的状态等。

(4) 双工位高速穿梭车。其中,一个工位完成成品货物的接送功能,另一个工位负责执行空托盘的拆卸分配。

(5) 计算机管理与控制系统。该系统主要包括仓储物流信息管理系统和仓储物流控制与监控系统两部分。仓储物流信息管理系统实现上层战略信息流、中层管理信息流的管理，包括入库管理、出库管理、库存管理、系统管理、配送管理、质量控制、批次管理、配送装车辅助、RF 信息管理系统等功能模块；仓储物流控制与监控系统实现下层信息流与物流作业的管理，包括作业管理、作业高度、作业跟踪、自动联机入库、设备监控、设备组态、设备管理等几个功能模块。

　　资料来源：https://www.docin.com/p-1795990343.html.

案例思考：

（1）结合本案例分析自动化立体仓库由哪些设施组成？

（2）自动化立体仓库的特点是什么？

（3）分析蒙牛采用的此立体化仓库的优越性在哪？

任务实训

人工智能在仓储中的应用分析报告

一、实训目的

通过网络调研人工智能发展现状及趋势，分析我国人工智能在智慧物流仓储中的应用案例，完成人工智能在仓储中的应用分析报告。

二、实训内容

随着科技的不断发展，人工智能（AI）技术在各个领域都取得了显著的成果。在物流仓储行业中，AI 技术的应用也日益广泛，为仓储管理带来了诸多便利。

（一）AI 技术在仓储管理中的应用

1. 自动化拣选系统

传统的拣选方式通常需要人工在仓库内穿梭，耗时且容易出错。而 AI 技术可以通过图像识别和机器学习算法实现自动化拣选。例如，亚马逊的"机器人拣选"系统就是一个典型的例子。在这个系统中，机器人会根据订单信息自动在仓库内寻找商品，并通过传送带将商品送到分拣区，从而大大提高了拣选效率和准确性。

2. 智能库存管理

AI 技术可以帮助企业更准确地预测库存需求，从而降低库存成本。例如，阿里巴巴的"智能预测"系统可以根据历史销售数据、季节性因素和市场趋势等因素，预测未来的库存需求。此外，AI 技术还可以实时监控库存水平，提醒管理人员及时补货，避免缺货或积压现象的发生。

3. 仓库布局优化

AI 技术可以帮助企业优化仓库布局，提高空间利用率。例如，京东的"智能仓库规划"系统可以根据商品的销售数据和拣选频率，自动调整商品的存放位置，使得高频拣选的商品更容易被找到，从而缩短拣选时间。

4. 智能物流配送

AI 技术还可以应用于物流配送环节，提高配送效率。例如，顺丰的"智能调度"系统可以根据订单信息和配送路线，自动分配快递员和车辆，确保货物能够按时送达。此外，AI 技术还可以通过实时分析交通状况,为快递员提供最佳的配送路线,减少拥堵带来的时间损失。

(二)典型应用场景

1. 亚马逊的"机器人拣选"系统

亚马逊为了解决拣选效率和准确性不高的问题,开发了一套基于 AI 技术的自动化机器人拣选系统。机器人会根据订单信息自动在仓库内寻找商品,并通过传送带将商品送到分拣区。据统计,这个系统可以将拣选效率提高 5 倍,同时将拣选错误率降低到 1% 以下。

2. 阿里巴巴的"智能预测"系统

阿里巴巴为了解决库存效率问题,开发了一套基于 AI 技术的智能预测系统。该系统可以根据历史销售数据、季节性因素和市场趋势等因素,预测未来的库存需求。通过这套系统,阿里巴巴成功地将库存周转率提高了 30%,降低了库存成本。

3. 京东的"智能仓库规划"系统

京东为了解决仓库布局优化问题,开发了一套基于 AI 技术的智能仓库规划系统。该系统可以根据商品的销售数据和拣选频率,自动调整商品的存放位置。通过这套系统,京东成功地将拣选时间缩短了 20%,提高了仓库的整体运营效率。

4. 顺丰的"智能调度"系统

顺丰为了解决物流配送效率问题,开发了一套基于 AI 技术的智能调度系统。该系统可以根据订单信息和配送路线,自动分配快递员和车辆。通过这套系统,顺丰成功地将配送时效提高了 20%,客户满意度也得到了显著提升。

三、实训步骤

(1)教师通过在线学习平台发布实训任务。

(2)网络调研分析人工智能在仓储中的应用场景。

(3)撰写《人工智能在仓储中的应用分析报告》。

(4)小组互评与总结反馈。

任务小结

通过本任务的学习,掌握存储技术、集装技术、搬运技术、输送技术装备的含义及分类,掌握不同类型智能仓配机器人在现代物流中的应用,了解低空经济及低空物流发展背景,掌握无人机物流的类别及优势。

项目二

智慧仓配规划设计

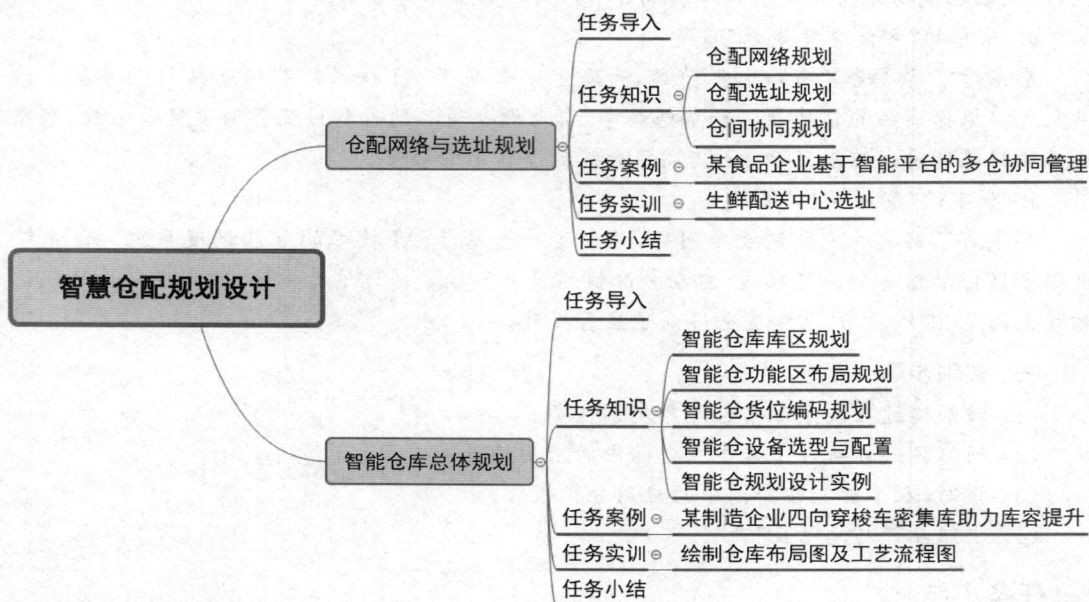

智慧仓配规划设计思维导图，包含：

仓配网络与选址规划
- 任务导入
- 任务知识：仓配网络规划、仓配选址规划、仓间协同规划
- 任务案例：某食品企业基于智能平台的多仓协同管理
- 任务实训：生鲜配送中心选址
- 任务小结

智能仓库总体规划
- 任务导入
- 任务知识：智能仓库库区规划、智能仓功能区布局规划、智能仓货位编码规划、智能仓设备选型与配置、智能仓规划设计实例
- 任务案例：某制造企业四向穿梭车密集库助力库容提升
- 任务实训：绘制仓库布局图及工艺流程图
- 任务小结

任务一　仓配网络与选址规划

📋 任务导入

仓配网络与选址规划是指在一定区域内,对仓储配送中心的平面布局、数量、规模、地理位置等各要素进行科学的规划和整体设计。有效的仓配网络规划目标是最大限度地提高空间利用率,同时提供从收货到拣选和发货的高效物流。一个经过精心规划和设计、高效组织的仓配网络是确保供应链成功和平稳运行的关键,一个经过精心策划和选择的仓储配送中心位置是确保仓配各项业务高质量运作的前提。在仓配网络与选址规划方面,为了保证物流供应链运行顺畅,实现仓储和配送中心高效率运行,需要考虑很多因素。

任务知识

一、仓配网络规划

(一) 仓配网络规划概述

1. 仓配网络规划的含义

仓配网络规划是通过构建和调整供应链网络中点和线的布局,制订合理的物流仓库和配送网络布局方案,以提高整个供应链的效率、降低成本,并更好地服务于客户需求。其中,"点"主要是指物流仓库或配送中心、物流中心等物流节点;"线"主要是指干线运输线路、配送线路。

仓配网络规划的目的是通过科学的规划和设计,确保货物能够高效、准时地从供应商到达消费者手中。仓配网络规划涉及仓库的选址、数量、面积、布局等方面,以及配送中心的位置、服务范围、路线规划等内容。

从社会宏观角度来说,合理的仓储配送网络是确保产业链供应链稳定的基础,而产业链供应链稳定是中国经济转向高质量发展的必然要求。因此必须贯彻新发展理念,实现从高速度增长向高质量发展的转变。高质量发展要求从依靠要素投入量扩大为主转变为依靠效率提升为主,确保产业链供应链稳定畅通正是提升生产效率的必然要求。党的二十大报告指出,要加快构建以国内大循环为主体、国内国际双循环相互促进的新发展格局。确保产业链供应链稳定正是畅通国民经济循环的基础,是形成以国内大循环为主体、国内国际双循环相互促进的新发展格局的基础。因此,供应链在整个国民经济发展中具有重要地位,而仓配网络作为供应链中的重要节点和线路,为供应链顺畅运行提供了坚实基础。

2. 仓配网络规划的类型

仓配网络规划的核心内容是网点规划,是指仓储配送物流节点在一定体制下按照特定的组织形式在特定地域范围内的分布与组合,可按照集中和分散的维度分为集中式布局和分散式布局。最集中的集中式布局是指一仓发全国,应对不同地区、不同渠道的销售需求。最分散的分散式布局,是直接把库存铺到零售终端。

文档:健全提升产业链供应链韧性和安全水平制度

大部分企业的仓储配送中心网点布局都是在集中和分散之间的中间地带。按照从集中到分散的维度,大致可分为以下几种:一个工厂一份库存的一仓发全国,多个工厂一份库存的一仓发全国,一个工厂多份库存的多平行仓发各地,多个工厂多份库存的多平行仓发各地,一个工厂多份库存的多级仓发各地,多个工厂多份库存的多级仓发各地。

(二) 仓配网络节点的类型

仓配网络节点是仓配系统网络中连接物流线路的结节处,是进行仓储、装卸、包装、流通加工和信息处理等物流活动的场所,主要包括 CDC、RDC、FDC 等类型,见表 2-1。

1. CDC

中央配送中心(central distribution center,CDC)是指一个组织或者公司的最核心的且统管其旗下其余配送中心的配送中心。作为最核心的配送

文档:京东物流仓配网络

表 2-1　仓储网络节点类型

类　　型	规　　模	功　　能	流通货物
CDC	组织或公司的最核心的配送中心,统管其旗下的其他配送中心	功能全面,存储能力大,调节功能强	综合性较强,处理各种类型的货物
RDC	较大规模的配送中心,具有较强的辐射能力和库存准备,主要服务于省际用户	功能健全,具有一定的存储能力和调节功能	在某个领域具有综合性和专业性,处理特定领域的货物
FDC	规模较小,主要服务于城市生活或某一类型生产企业,专业性较强	功能较为单一,以配送功能为主,存储功能为辅	主要面向城市生活或某一类型生产企业,专业性很强,处理特定类型的货物

中心,中央配送中心负责管理和协调下属的各个配送中心,通常负责跨区域或全国范围内的货物调配,确保整个物流系统的顺畅运行。

2. RDC

区域配送中心(regional distribution center,RDC)是以较强的辐射能力和库存准备,向省(州)际用户配送的配送中心。这种配送中心配送规模较大,一般而言,用户较多,配送批量较大,而且,往往是既配送给下一级的城市配送中心,也配送给营业所、商店、批发商和企业用户,虽然也从事零星的配送,但不是主体形式。

3. FDC

前端配送中心(front distribution center,FDC)是指以大、中城市为依托,有一定规模的,经营商品储存、运输、包装、加工、装卸、搬运的场所,一般配有先进的物流管理信息系统,其主要功能是促使商品更快、更经济地流动。FDC 是企业内部仓储系统内,距离门店最近、最前置的物流配送节点,通过集中储存来提高物流调节水平。

视频:某服装行业区域配送中心

（三）仓配网络规划的内容

1. 网络规划设计

网络规划设计是对企业战略发展有长远影响的一项决策,其主要内容涉及供应链配置和基础设施。供应链配置包括供应商的选择和采购策略、生产工厂和交货方式、仓储和配送中心的选址及库存管理模式、产品配送、零售店分布等。网络设计关注设施的数量、位置、规模、容量及采购需求等。

2. 库存策略

从生产企业角度看,库存的对象主要有原材料、半成品、产成品三类。不同类别的库存适用不同的库存控制策略。库存策略包括库存点的设定、供货商的选择等,从而保证能够满足一定期间内生产工厂所需的材料库存量或销售所需的成品库存量。

视频:供应链的含义与发展

3. 资源分配

企业在生产、运输、库存等资源的合理分配上具有很大的挑战性。在客户需求具有很强的季节性、周期性或者其他类型的不确定性时,或者在生产商的生产能力受限、市场竞争相对激烈的环境下,企业确定生产周期、产量、库存分配、仓库租用或者自建等方面的决策都影响着供应链的表现。

（四）仓配网络规划的步骤

（1）目标设置。仓配网络规划决定了物流仓配网络的发展方向，因此应在充分了解企业总体发展战略、企业业务信息和企业在相关供应链上的地位之后再进行规划设计，首先确定规划目标。

（2）数据收集。数据收集是定量分析的基础。数据收集涉及物流仓配网络的方方面面，包括原材料信息、供应商信息、需求信息、仓储信息、运输信息等。

（3）建模分析。定量分析通常需要借助数学模型或计算机仿真技术。通过构建数学模型确定最优或较优几个解决方案，再利用计算机仿真技术从中选择最合适的解决方案。

（4）决策制定。评价由模型得到的解决方案，若符合目标要求，则制订实施计划。

（5）方案实施。根据计划执行方案，执行过程中要跟踪反馈，及时进行必要的修正。

二、仓配选址规划

（一）仓配选址规划概述

1. 仓配选址的概念

仓配选址是指在一个具有若干供应点及若干需求点的经济区域内，选一个地址建立仓储配送中心的规划过程。合理的选址方案应该使商品通过仓储配送中心的汇集、中转、分发、送达到需求点的全过程的效益最好。因为仓库的建筑物及设备投资太大，所以选址时要慎重，如果选址不当，损失不可弥补。

2. 仓配选址的目标

（1）成本最小化。这是仓配选址决策的最主要目标，与选址相关的成本主要如下。

① 运输成本。运输成本取决于运输距离与运输单价，运输单价主要受运输方式、仓储或配送中心所在地的交通运输条件、客户所在地的交通运输条件，以及国家有关政策的影响。

② 仓储成本。取得土地使用权的费用及仓库建设费用与选址的地点直接相关，即使采用租赁经营方式，仓配成本也会在租金中体现出来。

③ 库存成本。仓储配送中心的数量和布局直接决定物流系统的库存成本。

（2）物流量最大化。物流量反映了仓配作业能力，对于多品种、小批量、高频次出入库作业的流通型仓储配送中心，可采用吞吐量、频次作为选址目标。

（3）服务最优化。速度和准时率都是与仓配选址决策直接相关的服务指标。一般来说，仓配中心与客户距离越近，则送货速度越快，订货期越短，而订货期越短，准时率越高。

（4）综合多目标。当单独考虑成本、服务和物流量不能满足投资决策者的需要时，可以采用多目标决策方法进行综合分析。

3. 仓配选址的原则

（1）适应性原则。仓配选址要与国家及地区的产业导向、产业发展战略相适应，与国家的资源分布和需求分布相适应，与国民经济及社会发展相适应。

（2）协调性原则。仓配选址应将国家的物流网络作为一个大系统来考虑，使仓储配送中心设施设备在区域分布、物流作业生产力、技术水平等方面相互协调。

（3）经济性原则。仓配选址的结果要保证建设成本和物流成本最低,如选定在市区、郊区,还是靠近港口或车站等,既要考虑土地成本,又要考虑将来的运输成本。

（4）战略性原则。仓配选址要有大局观,一是要考虑全局,二是要考虑长远。要有战略眼光,局部利益要服从全局利益,选址应满足当前及未来企业发展的战略需要。

（5）可持续发展原则。仓配选址要遵循可持续发展原则,在环境保护上,充分考虑长远利益,维护生态环境,促进城乡一体化发展。

（二）仓配选址的影响因素

仓储配送中心选址规划需要考虑的因素如下。

1. 客户的分布

仓储配送中心在选址时先要考虑的就是客户的分布。对于零售商型配送中心来说,其主要客户是超市和零售店,它们大多分布在人口密集的地方或大城市。为了提高服务水平及降低配送成本,仓储配送中心多建在城市边缘接近客户集中分布的地区。

2. 供应商的分布

仓储配送中心选址时,也要考虑供应商的分布。因为物流的商品全部是由供应商所供应的,仓储配送中心离供应商越近,其商品的安全库存越可以控制在较低的水平上。但由于国内进货物流的成本一般是由供应商负担,因此有时不太重视此因素。

3. 交通条件

交通条件是影响物流仓储配送成本及效率的重要因素之一,交通运输的不便将直接影响配送效率。因此配送中心在选址时必须考虑对外的交通运输,以及未来交通与邻近地区的发展状况等因素。选定的地址宜临近重要的运输线路,以方便配送运输作业的进行。

4. 土地条件

对于土地的使用,必须符合相关法规及城市规划的限制,尽量将仓储配送中心的地址选在物流园区或经济开发区。建设用地的形状、长宽、面积与未来需求扩大的可能性,则与规划内容有密切的关系。另外,还要考虑土地面积与地价,在考虑现有地价及未来增值的情况下,配合未来可能扩大的需求程度,决定合适的面积。

5. 自然条件

在物流用地的评估当中,自然条件也是必须考虑的,事先了解当地自然环境有助于降低建设的风险。例如,有的地方靠近山地湿度较高,有的地方靠近海边盐分较高,这些都是影响商品储存条件的因素,尤其是服饰产品或3C产品等对湿度及盐分都非常敏感。另外,台风、地震等自然灾害,对于配送中心的影响也非常大,必须特别留意。

6. 人力资源条件

由于一般物流作业仍属于劳动力密集型作业,在仓储配送中心内部必须要有足够的作业人员,因此在决定仓储配送中心位置时必须考虑劳动力的来源、技术水平、工资水平等因素。人力资源的评估条件有附近人口状况、交通状况、薪资水平等几项。

7. 政策环境

现在物流用地的取得很困难,如果有政府政策的支持,则更有助于物流业的发展。政策环境条件包括企业优惠措施(土地提供、减税)、城市规划(土地开发、道路建设计划)、地区产业政策等。许多交通枢纽城市(如深圳、武汉等地)都在规划建设现代物流园区,园区中除提供物流用地外,还有税赋方面的减免,有助于降低物流企业的营运成本。

（三）仓配选址的步骤

1. 业务分析

凡事预则立,不预则废,选址也不例外,在做实际选址前,收集和分析信息是非常必要的。第一步要做的就是业务分析,业务分析的目的是要明确被选址的仓储能力。仓库的实际生产能力,包括不同维度的订单处理能力、不同维度的货量吞吐能力、分拣生产能力等。

2. 仓库画像

完成业务分析后,下一步就要根据分析结果确定出仓库的画像。根据业务的不同,大体需要明确以下九项内容。

（1）面积要求。仓配中心的面积是最基本的参数,锁定多大面积的库房可以满足日常作业的要求,是选择仓库的第一标准。

（2）温层要求。根据操作商品的不同,需要明确对于温层是否有要求。是否是单温层?是否是多温层?需要几个温层?每个温层需要的温度区间是多少?这几个问题对于有温层需求的业务,是需要明确的。

（3）层高要求。不同的仓库,建设的层高区别很大,在选择仓库时,需要明确业务对于层高是否有要求?业务没有要求的话,在成本相同或相近的情况下,也应尽量选择层高较高的库房,可以增加可利用空间,对于后期拓展库位有一定的好处。

（4）卸货平台的要求。业务涉及的货物是重货还是泡货?是整托运输,还是周转箱运输?卸货的方式是怎样的?有无叉车设备?这些问题关系到仓库卸货平台的选择,是选择高台库还是平库。选择库房的卸货平台需要满足业务需求。

（5）库外场地的要求。仓配运营离不开运输车辆,送货接货车辆都需要在仓库停留。因此库房外的车辆使用场地,需要根据库房的吞吐量预估作业车辆数量,尤其是同时在库的车辆数,以及高峰时期、低谷时期的车辆数,确定卸货位、停车位的需求数量。

（6）仓库出入口数量。依据货物吞吐量明确进出货物所需的入货口和出货口数量,以保证货物进出的顺畅,不至于因出入口数量不够,造成仓储配送中心运营效率低下。

（7）库内地面承载能力要求。如果存储的货物是超重类重货,则需要考虑库内地面的承载能力,如果承载能力不够,地面易损坏,则无法承担运营要求,影响仓内运营。库房地面不但要能承载货物,还要能承载叉车在运输货物时所产生的对地面的压力。

（8）物业要求。租赁库房,一定要谨慎选择物业,确认物业服务的能力,避免在实际运营中,无法提供充足的物业服务,影响仓配中心运营。

（9）其他要求。除了上述八项之外,在实际业务中可能还会有一些其他要求,选择库房时,都需要对其进行充分的考量,以便确定最佳的库房需求。

3. 区域划定

在完成仓库画像,明确了目标指导后,就可以收集信息,划定区域了。划定区域是为了让仓储选址的方向性更集中,在相对最合适的位置上去寻找仓源,以满足覆盖区域的物流需求。划定区域需要进行三次定位,由粗到细把区域缩小。

第一次定位是覆盖区域定位,这是在仓配网络布局规划的大框架下进行细化,对目标区域内的各类型仓库所要服务的范围进行细化圈定。这样就有了第一次的定位,明确了仓库和其服务范围的相对位置。

视频:自营
仓库选址

第二次定位是仓库到服务区域内各点的距离测算,这是在区域内的几处目标位置中做对比,选择总里程最短的位置,或者是综合成本最低的位置,作为核心目标。

第三次定位是以实际仓库资源作为参数的定位,在目标区域内,确定出哪一部分的仓源更符合需求。进行第三次定位,基本就是对仓源有了明确的划分,在这类型区域内存在的合适仓源越多,越适合进行下一步筛选。

4.仓源筛选

划定区域是明确仓源目标,明确了仓源目标后,就需要对这些仓源的各项条件进行筛选,以明确是否具备建设仓储配送中心的条件。

(1)仓源地政策信息。首先要做的就是对仓源地政策信息进行收集,政策信息对仓库建设的否定作用极强。一旦当地政策不支持企业在此建仓,那么方案就难以落地,即便勉强落地,也会造成很多风险,得不偿失。政策性信息的收集,包括但不限于法律法规信息、区域发展规划、营商政策及环境、环保政策、城市规划等。通过对政策性信息的收集,了解当地政府对仓储物流行业是否支持,了解附近是否有拆迁及关停风险等。如果当地政策对仓储物流行业友好度不够,在做选址评估时,就要充分考虑对应风险,必要时可放弃该地选址,重新圈定其他区域。

(2)地质及环境信息。除了政策信息外,还需要收集仓源地的地质及环境信息,尤其是针对某些特殊的行业,如大型机械设备行业、带污染性行业、高值品行业等,对于地质和环境的要求较高,普通库房环境难以承接。地质及环境信息主要包括地质环境、地形环境、自然环境及人文环境四种环境信息。

通过对地质环境进行分析,确认区域的地质环境是否符合目标仓库要求,是否在地质上存在地震、沉降、塌陷等隐患,尽量将仓库选址在地质结构稳定,地质成分坚实,无地下水脉的区域内。

通过对地形环境进行分析,应避免仓库处于低洼地或较高的高地及坡地,洼地地形容易形成积涝,对运营和库内商品储存均有较大影响;而高地或坡地容易产生滑坡,且对于货运车辆来说,这两种地形均不利于车辆进出,降低运输效率。

通过对自然环境进行分析,要确认仓库周边的自然环境情况,是否有河流经过;若河流在汛期容易产生内涝,对仓库的存储和车辆进出有较大影响。另外,林地或山地也会对仓库产生一些隐患风险,在选择目标区域时,应尽量避开相应的自然环境。

人文环境是非常重要的一环,要清楚目标仓库周边的企业情况,明确是否有污染企业,避免商品被污染或受政策影响。另外,还要了解当地的民风民情,避免和当地居民产生冲突,否则对运营非常不利。

5.仓源信息收集

当政策、地质及环境等硬性条件满足企业建仓需求时,即可开展仓源信息收集。仓源信息的收集可通过四个渠道来进行。仓库寻源是一项基本的信息收集工作,要多问、多找、多看,尽量多地收集信息,以便更好地选择适合的仓源建设库房。

(1)线上寻源。通过仓储租赁网站、信息发布平台、招投标网站等,收集仓源信息。

(2)线下寻源。通过线下走访,实地考察的形式,在目标区域寻访仓源。

(3)中介寻源。通过专业的仓库中介,寻找合适仓源。

(4)渠道寻源。通过自有人脉渠道,寻找仓源。

6. 评估对比

寻找到合适仓源后,就需要对目标仓源进行评估比对,形成仓源综合评定表,最终选择出要使用建仓的仓源。仓源的综合评定表可以分为三个部分。

(1) 仓源的基本信息,通过基本信息可以快速对仓源有一定的了解,建立基本框架。

(2) 对硬性评估条件的判断,这一部分是仓源是否可用的前提,如果在硬性评估条件中有一条不通过,那么这个仓源就要予以废弃,不再作为备选仓源参与评估。

(3) 技术性评估项,也就是对仓源关注的各项指标进行契合度评估,再根据权重系数进行加权,最后得出总的评估分数,与其他仓源进行评分对比,得分高者,作为拟选择仓源使用。

仓源综合评估的执行需要在企业内部成立专家小组,在相关的各个部门中挑选专家,对仓源进行打分,以保证结果的有效性。

7. 租赁实施

最终确认目标仓源后,就可以和仓库主磋商下一步的租赁流程,主要包括议价和商务条款两部分。这里的议价是在基础报价经评估已在可接受范围内的再次议价,以及对租金明细项的确定、租期内未来一段时间的浮动规则。

商务条款包括双方的资质信息、产权信息、租期的约定、租金付款形式约定、付款周期约定、双方责任、纠纷处理方式及解约条款等。完成商务条款的确认和签署,仓库的租赁过程基本结束。

8. 建档交接

经过以上各环节的筛选,仓库选址的主体工作基本就结束了,接下来是善后和交接流程。要将租赁好的库房建档,然后和使用部门或建设部门交接。交接主要分为以下四个部分。

(1) 场地交接,对实际的仓源场地进行交接,把仓库的现状情况,包括建筑、设备、设施、场地等现场情况进行巡视确认完成交接。

(2) 合约交接,将合约文件进行交接,对合约中的重要条款,逐一沟通明确,完成交接。

(3) 资质交接,将仓源业主或出租方备案的资质文件进行交接,明确类别和数量,确认资质齐全,无遗漏风险。

(4) 关系交接,针对业主、物业、地方政府和当地居民的对接沟通关系的交接,明确后续工作中的对接关系,保证双方可以形成对接沟通。

完成交接后,仓配中心选址的工作基本结束,接下来就是仓库的实际建设阶段,把仓库的实体建设起来,形成实实在在的生产和运营能力。

(四) 仓配选址的实施要点

关于仓配中心具体怎么选择的问题,主要从仓库定位、位置、面积、租金、仓库类型、硬件条件、资质证件、消防等级等方面来进行考虑。

1. 仓库定位

仓库选址中,需要明确仓库在企业整个供应链中的定位情况。

一般可以将仓库分为原材料仓、CDC 仓、RDC 仓、FDC 仓、配件仓、售后仓等。这决定了仓库位置适合选择的区域及城市。

2. 位置

(1) 仓库地理位置是否靠近公司的工厂、目标市场或战略节点。

（2）仓库周边交通是否便利，是否容易堵车。其与高速出入口、机场的距离情况。

（3）如果是电商类仓库，需要重点考虑仓库所在位置是否便于员工招聘、快递快运资源的接入程度等。

3．面积

（1）仓库内部面积是否足够大，是否有扩展空间，避免出现业务增长导致仓库不够用的情况，同时避免一次性租赁过大，面积浪费。

（2）仓库周边空间是否足够大，以便车辆停放及进出，避免出现拥堵。

4．租金

（1）合适的位置与硬件条件匹配合适的租金。

（2）租金结算方式选择少押少付为宜，减轻流动资金压力。

5．仓库类型

仓库选址需要考虑仓库的具体类型，结合其优缺点、适合场景以及需要存放的货物的要求及特征进行选择。

6．硬件条件

（1）仓库月台。仓库是否有月台，月台的形式是否方便装卸货物；装卸月台的高度是否合适；仓库是否有雨棚，雨棚的宽度是否方便雨天作业，防止货物因雨淋造成损失。

（2）仓库装卸口。装卸口数量是否能满足未来仓库进出货量的需求。

（3）仓库地坪。仓库是否有做地坪，地坪载荷是否满足仓库承重要求。

（4）仓库净高。仓库净高是否满足需求，仓库净高要求与仓库内货物的存储模式有关。

（5）柱间距。柱间距会直接影响未来货架的布局，不合理的柱间距会导致布局货架时，浪费很多场地，并影响未来的作业效率。

7．资质证件

仓库的产权证、房产证、消防安全许可证三证是否齐全，确保合法合规经营，防止后续麻烦。

8．消防等级

仓库的消防等级能否满足相应的货物存放等级要求。

视频：京东物流基地选址布局

三、仓间协同规划

仓配网络规划中还有一项比较重要的项目，就是仓间的协同工作。既然是仓网，理论上就不会只有一个仓库，而是由多个仓库共同组成。多仓在货物、流程和信息上的交互，就是仓间协同的主要内容。仓间协同是单仓能力不足的补充，可以有效地弥补单仓运营的短板，完成仓网任务，保障运营质量。仓间协同规划，就是要对仓网中的各个仓库可能遇到的需要合作的问题，规划好通路，以便更高效地完成仓间协同。整合各仓能力，确保订单履约的时效和质量，降低成本。

通常仓间协同有四类情况：第一类是流程传递，也是最常见的一种类型；第二类是仓间调拨，弥补单仓货量不足或实现特殊商品汇集；第三类是订单联合服务；第四类是数据协同共享。

(一)流程传递

流程传递是指需要协同的仓库在同一个流程链上,彼此为上下游的关系。例如,品类仓—分拣仓—转运仓—分拣中心—配送中心这个链条,品类仓按 SKU(stock keeping unit,最小存货单位)维度分拣加工打包,生产出订单包裹。包裹由分拣仓按不同的路由做第一次分货,同时流向订单运往转运仓。在转运仓再次按照流向进行分货,进一步集货后,再到目的地分拣中心进行分货。最后分配到目的地配送中心,由配送中心完成最后的配送工作。这是一个订单从生产到完成配送的大体过程,这其中涉及的仓库类型有四个,节点有五个。也就是说,这条流程链上的协同是在这五个节点之间进行的,所要达到的目的,就是让整个流程更加的顺畅,运营效率更高,运营成本更低。

(二)仓间调拨

仓间调拨是多仓协同中常见的一种类型,将货物在不同的仓库间进行调剂,以满足单仓货物不足、商品不集中等问题。通过多仓协同的方式,提升仓群能力,改善运营质量或降低成本。仓间调拨可以分为分拨调拨、缺货调拨、尾货调拨、退货调拨四类情况。

1. 分拨调拨

分拨调拨是指经由全国性的中心仓或区域性的总仓,向更下一级的区域性分仓或前置仓分拨货物的动作。区域性分仓和前置仓的设置,是为了能够在需求区域就近发货,从物理空间上减少履约时间。但通常为了节省仓库投入成本,区域性分仓或前置仓,都不会建设成规模非常大的仓储中心。而且区域本身的需求,也无法覆盖仓储中心的成本。因此受限于存储条件和仓储空间,通常能够备下的库存有限,品类和数量也都不足以长期覆盖区域的全部需求。

2. 缺货调拨

缺货调拨,顾名思义,就是在 A 仓的某类或某几类商品出现库存短缺无法完成履约时,需要从有货的 B 仓库将商品调剂到 A 仓库的过程。这是一种资源互助型的多仓协同,它可以在库存不足时获得他仓库存,以确保完成履约。缺货调拨是常规流程之外的补货模式,可以作为应急使用,但尽量避免其成为常态。因为会造成额外的运输及操作成本,也有可能造成调出仓的库存短缺。

3. 尾货调拨

尾货调拨的意思是将某些滞销的尾货商品,在各仓间调拨。这类调拨的逻辑是,在 A 仓滞销的尾货,在 B 仓是畅销品,或者至少是可以动销的。那么把这类商品在各仓间进行调剂,是可以帮助销售商品,解决滞销库存问题的。

4. 退货调拨

退货是逆向物流的一种,在各仓销售的商品,不可避免地因为各种各样的原因被退回或要求换货。被退回或换下来的这部分商品分散在各个区域仓或前置仓中,这些仓库受限于本身条件,不具备处理这些商品的能力。需要将其调拨到具备处理能力的仓库,例如中心仓或区域总仓,以便这些货物能够被妥善处理,尽可能地降低企业的损失。

(三)订单联合服务

订单共配多见于相邻的品类仓之间,对于客户订单,单仓商品无法满足客户需求,需要多仓间协同备货。货物备好后,统一调配一辆配送车辆,在仓间进行串点取货,订单所需商品配齐后,为客户配送。订单共配的要点是信息的协同,订单下达后,针对不同的仓库商品类型进行拆单。拆分后的订单,在各个仓库中进行操作,操作的进度要做到各仓协同。确保车辆取货时,各仓都已完成操作,或确保车辆到仓时完成操作。

这些信息都需要各仓及时反馈给 WMS,再由 WMS 汇总分类,下传 TMS,最终到达配送司机手中。如果某个仓操作不同步,车辆到仓还没有操作完毕,无法完成交接,必然影响整单的履约时效。而信息不准确,极易造成货物缺失,影响履约质量。

(四)数据协同共享

除了实物流的协同,信息流的协同在仓间也非常重要,最主要的一点就是库存数据的协同。不同仓库备货不同,备货量更不相同,要想在全局层面上做到库存最优,必须在各仓间实现所有库存数据的收集和整理。这需要满足两个条件:第一,原始数据要准确,对应仓库的仓库盘点、进出仓流程都需要严谨,需要确保库存数据是准确的;第二,信息的及时互通,准确的信息要能够及时在统筹部门汇总,同时各仓之间也能互查互看。在订单下达时,才能够快速地匹配库存,确认出货方式,使履约效率和履约质量得到最大的提升。

除库存数据以外,各仓间还可以对在仓商品的销售数据做共享分析,找出其中的畅销品、高周转品、滞销品和易退货品。把这些数据进行整理,分好类别,可以为前端的销售职能提供有力的参考。如果是物流公司的外租性仓库,还可以为客户提供定期的销售分析,帮助客户做销售决策,提升仓储配送的附加价值。

任务案例

某食品企业基于智能平台的多仓协同管理

湖南厚普食品有限公司(以下简称"厚普食品")是湖南省专业的快消品、糕饼(面包、蛋糕、粽子、月饼等)、中西餐饮(中式简餐、西餐、西式快餐)的原辅料供应商,下设各业务中心、物流中心、门市部,以及常德、郴州两个分公司,业务覆盖湖南全省及贵州、江西、湖北等周边省份。厚普食品总部位于长沙创新设计产业园,设置 1 个物流中心仓和 3 个区域仓,拥有 12 000 多平方米的常温高位货架仓库、1 万立方米的自建冷藏冷冻库、100 余台市内配送与干线运输车辆,可保障物流 24 小时内通达全省各地。

1. 厚普食品的发展痛点

厚普食品仅使用传统 ERP 的业务管理和财务管理,因此存在以下痛点。

(1)集团管理部门与物流中心分属异地,业务部门多处分布,沟通成本高。

(2)涉及常温仓库与冷链仓库,有常温仓、冷藏仓、冷冻仓,不同属性商品对应不同仓库,出入库难以管控;集货区域太小,集货难。

(3)日均订单量达 1 000 多单,订单量大,管理容易出现纰漏;难以实现先进先出,订单执行状态不明确,导致漏发订单;业务部门不能及时知晓订单进度,影响客户满意度。

(4)多仓协同拣货、集货作业难,经常时效不协调;集货装车困难,漏装、混装经常发生;整体作业依赖员工经验,难以实现责任到人。

(5)门店与仓库之间货物高频调拨,无实时数据支撑。

(6)配送影响库内拣货计划安排,不能有效做到波次管理、按车拣货;有长沙市区内配送与异地干线配送,车辆调度与配送线路规划过于依赖调度主管,排车难。

（7）公司升级了商业模式，开始面向社会提供第三方仓配共享物流服务，但无系统支撑。

上述问题表明，厚普食品的物流整体效率仍有大幅提升空间，供应链系统平台化建设势在必行。

2. 业务、物流、财务一体化智能平台

为解决上述问题，厚普食品决定采用智仓科技"B2B＋访销外勤管理＋OWMS＋TMS＋金蝶云星空ERP"的业务、物流、财务一体化解决方案，实现商流、信息流、物流、资金流四流合一。

（1）搭建B2B订货商城平台，营销活动和新品推广直达终端，客户可以自由分享商城至朋友圈，并产生收益。

（2）小程序端支持商品可用库存、代客下单、所属客户商城自助订单接入归集、订单状态跟踪、促销活动、检验报告、批次报告在线化管理。

（3）业务主管、财务主管可实现小程序在线审单。

（4）收货按商品属性，可实现系统自动分发至不同仓库，收货作业参照图片收货，效期预警管控，上架策略指引上架货位，减少错误率。

（5）多仓联动（常温、冷藏、冷冻）；库存先进先出；拣货任务自动下发，优化拣货仓位指引动线，拣货后由系统指引集货，避免同一客户发货漏装；多仓任务及时预警，协同合理时效完成。

（6）调度预配，仓库按车波次拣货，仓配协同，物流效率大幅提升30%；物流排车线上化、配送线路实现智能规划；司机依据App集货区指引完成装车、签收、回单；采用GPS管理车辆，实时跟踪定位和轨迹，实时关注任务完成进度，合理安排任务；整体配送流程可视化、智能化。

3. 平台价值

（1）企业发展战略角度：实现流程再造，供应链数字化、精细化；实现管理模式升级，打造阿米巴核算模式；实现商业模式升级，通过提供第三方物流服务，物流部升级为创收子公司；构建数字战斗力，实现可持续发展战略。

（2）决策领导层角度：解决了供应链上下游无法及时有效沟通的难题；极大减少中层管理者的常规工作，部门经理的工作重点向更高管理维度转变，"向管理要效益"得到真正体现；公司运营在线化、移动化，可及时掌控与预防管理风险。

（3）中层管理者角度："营销系统（前端）＋物流交付系统（中端）＋金蝶ERP系统（后端）"一体化的模式有效协同各部门工作，连接实时、在线、高效，互为支撑；专业的系统为部门工作导入新的管理方法，效率明显提升，数据加持，任务导向与下发绝大部分自动化，管理更简单、更及时；B2B线上订单占比达35%，业务增长取得骄人成绩，渠道下沉与新品推广的综合开源与客户裂变效果明显。

（4）基层员工角度：小程序业务在线下单、审单；多仓联动（常温、冷藏、冷冻）拣货后，由系统指引集货，避免同一客户发货漏装；物流任务自动接受、RF指引、语音指引作业辅以实景货物图片展现，作业快、准、狠；智能调度，配送、签收、回单全流程信息化管理，覆盖全信息流；绩效考核明确、实时查看，提高工作积极性和趣味性；去经验化工作，培训2小时即可上岗作业。

资料来源：http://chengpusoft.com/index.php/case/289.html.

案例思考：

（1）该食品企业的仓配网络体系是怎样的？在仓间协同方面有什么问题？

（2）业务、物流、财务一体化智能平台为仓间协同带来哪些好处？

任务实训

生鲜配送中心选址

一、实训目的

通过分析生鲜配送中心选址的关键因素，根据仓配中心选址步骤，在某城市城区范围内，确定生鲜配送中心的合理位置，掌握配送中心选址方法。

二、实训内容

对于生鲜配送中心而言，选址，这个看似简单的事情，却是一场关乎成败的棋局。配送中心的选址需要综合考虑多个因素，以确保能够有效支持业务需求并实现高效运营。

下面是选址时需要考虑的四大关键因素。

1. 土地条件

生鲜配送中心选址首先需要确认土地的使用性质是否符合生鲜配送中心的用途，以及土地使用年限是否足够支持长期运营，在租赁之前，先确认土地使用证，以避免日后纠纷。

对于土地的利用，必须符合相关的法规及城市计划的限制，尽可能选在物流园区或经济开发区。如果土地属于计划改建区域，则要放弃该地点，开发区或城乡结合区域为最佳选址地点。

2. 城市区位和交通条件

众所周知，生鲜对于时效的要求非常严格，除影响消费体验以外，还严重影响货损。

由于 B 端企业有多品种、大批量、频率高的需求特点，所以生鲜配送中心选址应尽量选择在交通方便的高速公路、国道及快速道路附近，便于随时补货、降低采购运输成本等。

在城市群密集分布的区域，还需要考虑辐射周边城市群的需求、运输时间与运输成本、租金电价等因素，从而选择最优地点。

3. 政策环境

政策环境条件也是配送中心选址评估的重点之一。

需要深入了解地方政府的支持程度（税费优惠），城市区域规划，避开改建区域、避开有污染加剧趋势地区，了解税收制度以及是否需要注册落税。

了解该区域的农产品生产情况以及政策扶持力度（补贴），将大大增强配送中心的市场竞争力。

4. 自然条件

在配送中心用地选择进程中，自然条件也是必须考虑的一个因素，了解本地的自然条件有助于降低投资风险。

例如，在自然环境中有湿度、盐分、降雨量、台风、地震、河川等自然现象，有的地方靠近山边湿度较高，有的地方湿度较低，有的地方靠近海边盐分较高。

这些都会影响生鲜商品的储存品质,尤其是生鲜食物商品对盐分、温度和湿度都十分敏感。

三、实训步骤

(1)教师通过在线学习平台发布实训任务。

(2)分析生鲜配送中心选址的影响因素。

(3)结合百度地图或高德地图,选择某一大中城市,确定生鲜配送中心的合理位置。

(4)小组互评与总结反馈。

任务小结

通过本任务的学习,了解仓配网络规划的内容,明确仓储配送中心选址的主要影响因素,掌握仓储配送中心选址步骤和方法,能够分析仓间协同的不同类型。

任务二　智能仓库总体规划

任务导入

随着科技的进步和物流行业的发展,智能化仓库已成为企业提高运营效率、降低成本的重要手段。智能化仓库是一种集成物联网、云计算、大数据、人工智能等先进技术的仓储管理系统,旨在提高仓库的运作效率、降低运营成本并提升服务质量。在智能仓储系统的总体规划中,需要充分考虑自动化设备的运用,例如智能搬运机器人、自动化分拣系统等,根据不同的业务需求和设备特点,合理规划智能仓库空间及人员配置,实现货物从入库到拣货、包装、出库、发货等流程高效顺畅,降低物流成本,提高物流服务质量。

任务知识

一、智能仓库库区规划

(一)总体库区布局要求

智能仓库(简称智能仓)总体库区布局是指在城市规划管理部门批准使用地的范围内,按照一定的原则,把仓库的各种建筑物、道路等各种用地进行合理协调的系统布置,使仓库的各项功能得到充分发挥。智能仓库区总体布局的要求如下。

1. 有利于仓储企业生产正常进行

(1)最短的运输距离。

(2)最少的装卸环节。

2. 有利于提高仓储经济效益

(1)要因地制宜,充分考虑地形、地质条件,满足商品运输和存放要求。

(2)平面布置应与竖向布置相适应。

3. 有利于保证安全生产和文明生产

(1)库内各区域间、各建筑物间,应根据《建筑防火通用规范》(GB 55037—2022)的有关规定,留有一定的防护间距,并有防火、防盗等安全设施,经过消防部门和其他管理部门验收。

（2）总平面布置应符合卫生和环境要求。

（二）仓库库区的构成

一般来说,仓库库区由储运生产区、辅助生产区和行政商务区构成。

（1）储运生产区。储运生产区是仓库库区的主体部分,是商品储运活动的场所,主要包括储货区、道路、装卸台等。储货区是储存保管的场所,具体包括各类型库房、货棚、货场等。

（2）辅助生产区。辅助生产区是为商品储运保管工作服务的辅助车间或服务站,包括停车场、车库、配电室、油库、维修车间等。

（3）行政商务区。行政商务区是仓库行政管理机构和员工的生活区域。一般设在库区入口附近,便于业务接洽和管理,行政商务区与生产作业区应相对分开,并保持一定距离,以保证仓库的安全、行政办公和居民生活的安静。

（三）库区总体布局图示例

不同类型的库区,根据其功能需求不同,具体布置也有所区别,但基本构成是一样的。图 2-1、图 2-2 给出两种不同类型库区的总体布置图作为参考。

视频:普洛斯物流园区库区构成

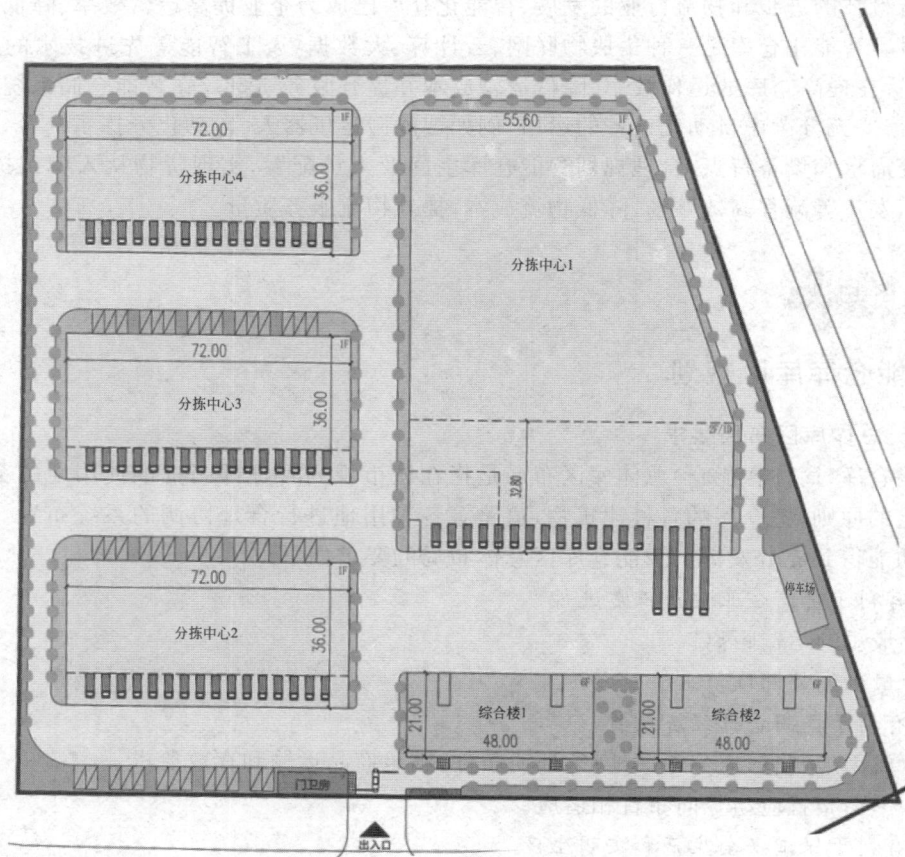

图 2-1 某医药智慧物流中心库区总体布置

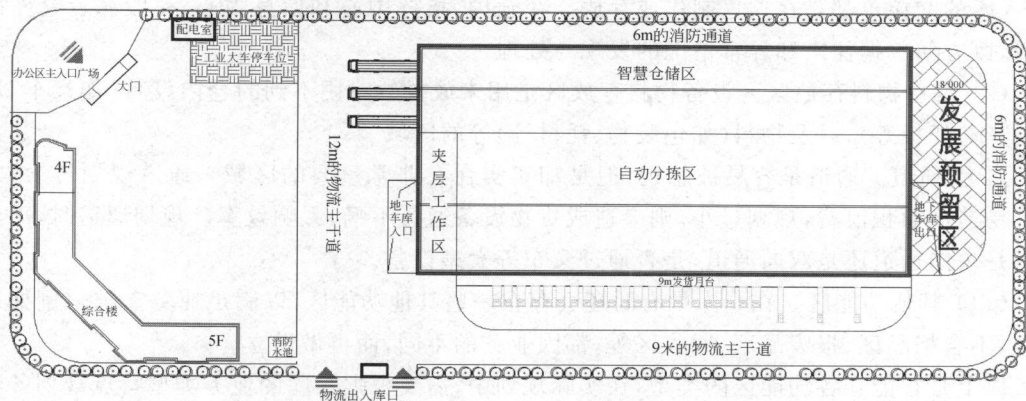

图 2-2 某卷烟智慧物流配送中心库区总体布置

二、智能仓功能区布局规划

（一）功能区的类型

在实际规划中，智能仓内部会被划分为不同的功能区域，以便更好地管理和利用仓库空间，提高仓库的工作效率。

（1）收货区。收货区是用来收货的区域。收货员在这个区域对货物进行检验和交接，收货区的位置一般是在仓库边缘的出入口处，或在月台上划分收货区，以方便车辆卸货。

（2）收货暂存区。收货暂存区是收货区和仓库内部的缓冲区域，对于一些已完成验收收货交接，但收货员暂时没有时间完成入库操作的货物，或者某些特殊货物，需要一定时间的静置才能入仓的，在此区域暂存。收货暂存区紧挨着收货区，需要做简单的货位划分，以方便暂存货物存入，也方便取出。

（3）存储区。存储区是仓库的主要功能区之一，是仓库完成物流中货物的时间位移的载体。在大部分的仓库中，存储区都是最重要的功能区，除它的功能性外，也在于仓库内的绝大部分货物都在这个区域，是仓库中市场价值最高的区域。常见的货物存储形式有地面堆放、重型货库、堆垛机立体仓库、穿梭车密集库等。

（4）拣货区。拣货区是用来进行订单拣选的区域，通常会根据订单的不同进行分区，以便提高拣货效率。拣货区通常与存储区相邻，当拣货区的货物不足以满足订单需求时，需要在存储区取货补货到拣货区。合理规划拣货区的布局和路径，可以有效降低拣货时间，提高拣货效率，减少拣选误差。

（5）复核打包区。复核打包区的主要功能是将分拣好的订单，按照标准进行重新打包封装，以便进行再次运输。在打包前，操作员需要对分拣好的订单进行复核，确认分拣的货物是否正确，有没有多拣、少拣、错拣或者货物破损等情况。

（6）发货暂存区。发货暂存区和收货暂存区有些类似，是对已包装好的订单货物进行暂存，以便等待运输的车辆到港。

（7）出货交接区。出货交接区是在车辆到港后，库房和运输工具交接货物的区域，由司机或跟单员对货物进行检验和核对，完成货物交接，并获取和下游环节交接所需单据。

（8）办公区。办公区是仓内文职人员办公的区域，分拣所需的分拣单、出货所需的运单、入库的交接单都是在这里制作或存放。在仓内,指挥中心和信息中心,一般靠近仓库出入口,以方便单据往来和异常情况的发现与处理。

（9）设备物料存放区。设备物料存放区是用来放置暂时用不到的仓内设备（如叉车、地牛、拉车、托板等），以及物料（如包装箱、耗材等）等的区域。

（10）通道。通道是容易被忽视,但是却实实在在非常重要的区域。通道规划过大,非常容易造成面积浪费,规划过小,则会造成货物设备通行不畅,影响效率。规划通道时,需要考虑是单向通道还是双向通道,是否通过叉车等大型设备。

（11）其他功能区。在仓库中有时还会存在一些其他功能区,以满足业务需求。例如退货区、不合格品区、报废品区、回收区等,都因业务的不同,而再做设立。

以上是智能仓各功能区的类型,在实际规划中,需要根据仓库的业务类型特点规划各功能区,不一定包含以上所有的分区,如图 2-3 所示的某仓储配送中心仓库功能区布局中,包括入库整理区、仓储区、分拣区、发货暂存区、现场办公区等功能分区。

（二）功能区布局形式

在智能仓功能区布局设计方面,应该考虑 U 形、I 形和 L 形三种常见设计,如图 2-4 所示。这些布局中的每一种都有自己的优点和缺点。

1. U 形仓库布局

U 形仓库布局是最常见的仓库设计类型,由于多种原因而流行。这种布局采用半圆 U 形,一端是收货区,另一端是装运区。这种布局可以很好地分隔进货和出货的区域。

U 形仓库布局的缺点是难以扩展,特别是对于较大的仓库,后期扩展可能性不大。

动画：U 形
仓库布局

2. I 形仓库布局

I 形仓库布局采用长长的线性形状,一端是收货区,另一端是装运区。由于有效利用了地面空间,这种布局通常被大型仓库使用。它也是存储和处理大量货物的理想选择,因为它允许足够的装载和运输区域。

I 形仓库布局的缺点是仓库的两侧需要完整的装卸区域,这可能使从一个位置访问整个仓库变得困难,同时可能导致效率较低。

动画：I 形仓
库布局

3. L 形仓库布局

L 形仓库布局结合了 U 形和 I 形布局的各个方面。这种布局采用 L 形,一侧是收货区,另一侧是装运区。这样可以有效地存储和组织货物,并轻松进入收货区和装运区。这种仓库布局不如其他两种常见。它仅在建筑结构呈 L 形或仓库需要分成多个部分时使用。

动画：L 形
仓库布局

（三）功能区布局方法

1. 功能区布局的影响因素

（1）仓内生产流程。仓内生产流程是功能区分布的决定因素,所有功能区都应该按照入、存、拣、出的基本流程来安排其分布情况。依其流程的先后顺序,安排各功能区的布局,使得货物的流转可以在各功能区内形成一条线。

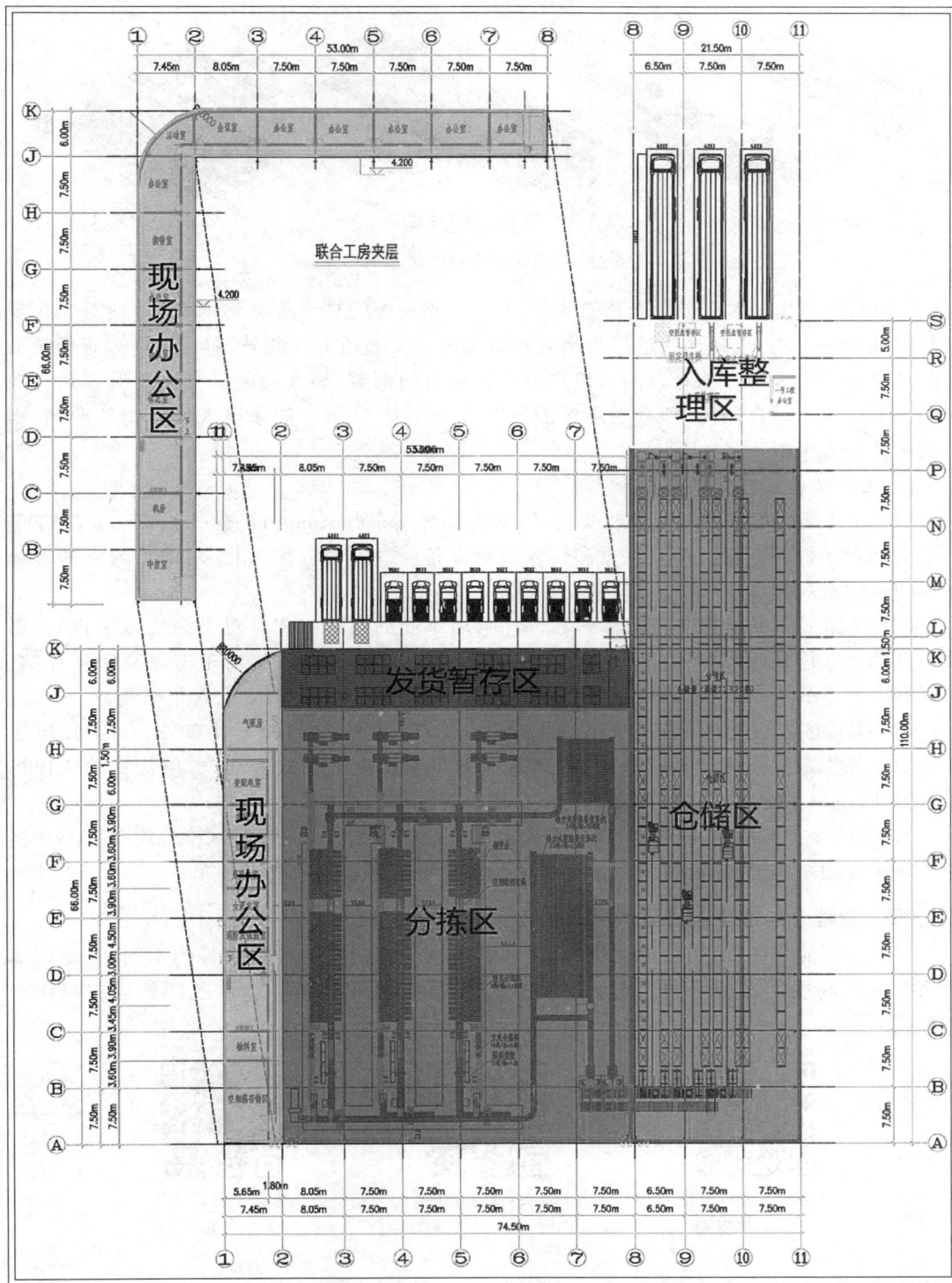

图 2-3　某仓储配送中心仓库功能区布局

图 2-3 彩图

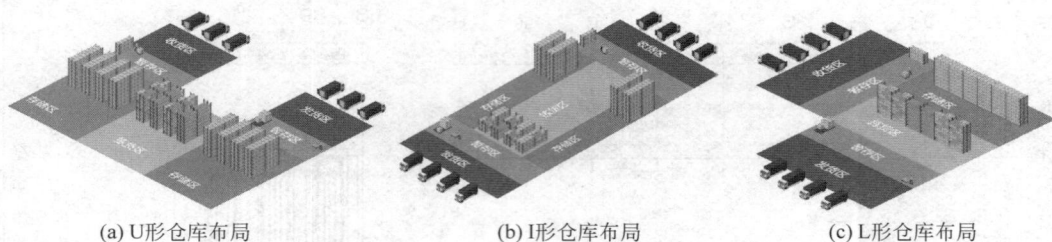

(a) U形仓库布局   (b) I形仓库布局   (c) L形仓库布局

图 2-4　常见的仓库功能区布局形式

（2）仓内结构。对于异形仓库或者有些较大或较多的柱子等异物的仓库,则需要在规划时将其考虑进去,避免这些遮挡物出现在货物的主要通道上。此外,对功能区分布影响最大的是仓库的出入口。如仓库的入口和出口在相对的两侧,那么功能区分布大概率是直线形的。如果出入口在同侧,那么功能区的分布大概率是 U 形。如果出入口在相邻两侧,则功能区的分布大概率呈 L 形。

2. 主要功能区布局方式

（1）收货区。配备自动化的收货设备,如自动导引车（automated guided vehicle,AGV）用于搬运货物,高精度的扫码、称重和尺寸检测设备。设置暂存区,用于对即将入库的货物进行初步检查和整理。

（2）存储区。根据货物的周转率和特性采用不同的存储方式。对于高周转率货物,可采用自动化立体仓库（AS/RS）,通过堆垛机实现货物的自动存取。对于需要高密度存储、高效率出入库的货物,可以采用密集穿梭式货架,实现仓库的智能化、无人化作业。

（3）拣货区。根据订单拣选的方式（如按单拣选、批量拣选等）设计布局。可采用电子标签辅助拣货系统或语音拣货系统,提高拣货效率。设置流利式货架,方便货物的快速拣取。另外,也可采用"货到人"AGV 拣选、穿梭车拣选等先进的拣货方式。

（4）发货区。与收货区类似,可配备自动包装设备、贴标设备和发货检验设备,AGV 将拣选好的货物搬运至发货区,也可配置自动装车设备实现货物的自动装车。

（四）智能仓功能区布局图示例

不同类型的仓库,由于其存储物料、存储形式、存储条件、业务需求等的不同,仓库内部的功能区布局也会有所不同。图 2-5～图 2-7 给出三种不同类型仓库的功能区布局作为参考。

视频:电商物流
中心仓库布局

动画:医药物流
中心仓库布局

动画:烟草物流
中心仓库布局

三、智能仓货位编码规划

（一）货位管理方式

一般来说,货位（库位）的管理方式可分为四种类型:定位存储、随机存储、分类存储、分

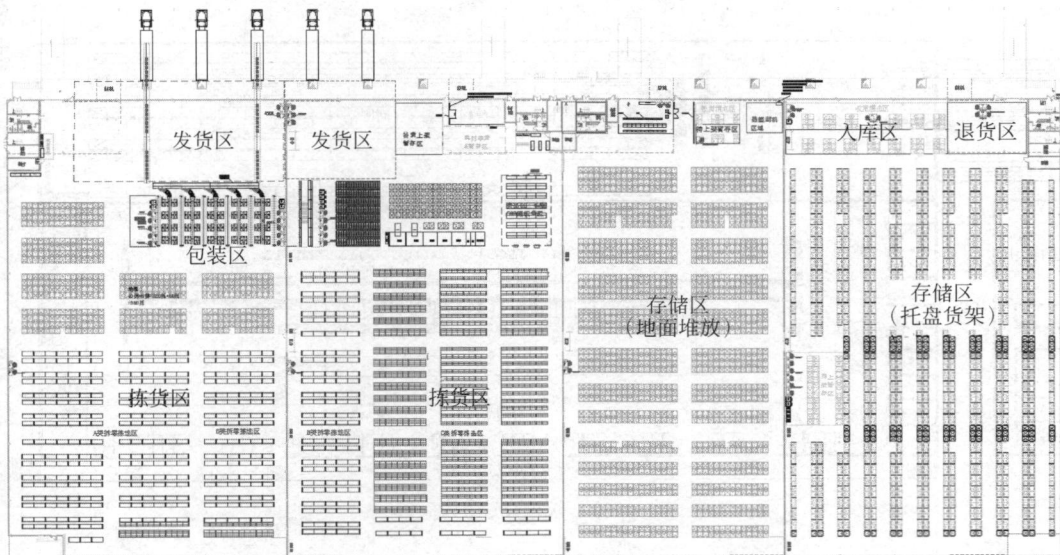

图 2-5 某电商物流中心仓库功能区布局(U形)

图 2-5 彩图

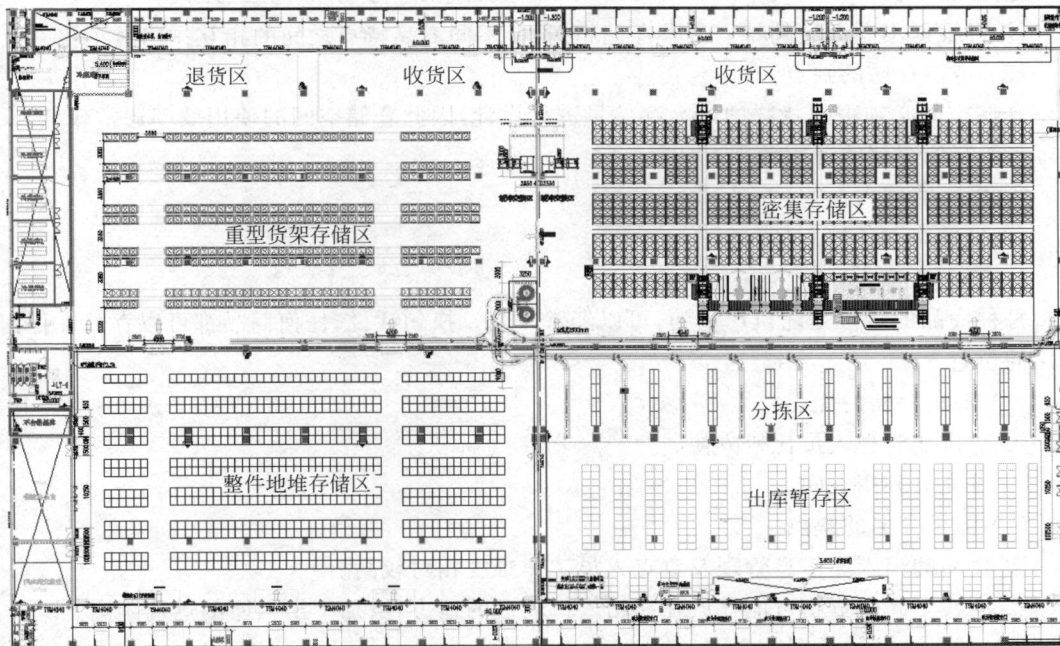

图 2-6 某医药物流中心仓库功能区布局(I形)

图 2-6 彩图

类随机存储。应根据仓库实际工作条件选择不同的货位管理方式,以满足仓储业务发展需求。

1. 定位存储

每个品种的货物都有一个固定的货位,货物不能随意变更货位。

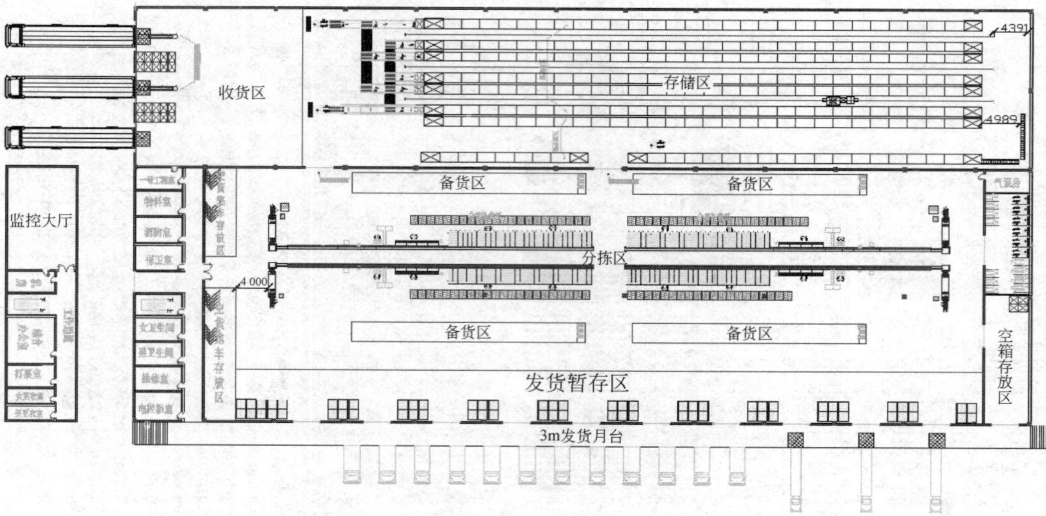

图 2-7　某卷烟物流配送中心仓库功能区布局(L形)

图 2-7 彩图

(1) 定位存储的优点。

① 每种货品都有一个固定库位,拣货人员很容易熟悉货品库位。

② 货品库位可按周转率或出货时间频率来安排,以缩短出入库搬运距离。

③ 可根据不同商品的特点调整存储布局,使不同商品特点之间的相互作用最小化。

(2) 定位存储的缺点。

仓储空间必须根据货物的最大存储量进行设计,因此仓储空间的使用效率通常较低。

(3) 定位存储的适用范围。

① 库房空间大。

② 少量储存各种商品。

2. 随机存储

每种商品的货位是随机产生的,可以经常改变。换句话说,任何商品都可以存放在任何可用的位置。

(1) 随机存储的优点。

① 对操作管理人员比较方便。

② 可充分利用空间。

(2) 随机存储的缺点。

① 货品的出入库信息管理及盘点人员工作难度相对较高。

② 周转率高的货物可能存放在离出入口较远的地方,增加了出入库的运输距离。

(3) 随机存储的适用范围。

① 库房空间有限,所以要充分利用仓储空间。

② 品种较少或体积较大的货物。

3. 分类存储

所有存储的商品都是按照一定的特性进行分类的,每一种商品都有固定的存储位置,属于同一类别的不同商品按照一定的规则被分配库位。

（1）分类存储的优点。

① 方便获取畅销产品，具有定位存储的各种优势。

② 可根据货物的特点对分类储存区域进行重新设计，有利于货物的储存管理。

（2）分类存储的缺点。

库位必须按照各类商品的最大现存量来设计，因此仓储空间的平均使用率较低。

（3）分类存储的适用范围。

① 出库频率有显著差异的产品。

② 外观尺寸大小差异很大的产品。

4．分类随机存储

每种类型的商品都有固定的存储位置，但是在每种类型的存储区域中，每个库位的分配是随机的。

（1）分类随机存储的优点。可吸收分类存储的部分优点，又可通过节省货位数量不断提高储区利用率。

（2）分类随机存储的缺点。货物进出仓库的管理和库存工作难度较高。

（3）分类随机存储的适用范围。兼具分类存储及随机存储的特点，需要的储存发展空间介于两者相互之间。

（二）货位编码规则

货位编码是仓储管理中非常重要的环节，它涉及仓库内货物的定位、管理和效率的提升。货位编码规则的设定需要根据仓库的具体条件、商品特性及管理需求来确定。下面是一些常见的货位编码规则和方法。

（1）区段方式。区段方式是指把保管区域分割成几个区段，再对每个区段编码。这种方式以区段为单位，每个号码所标注代表的货位区域将会很大，因此适用于容易单位化的货物，以及大量或保管周期短的货物。

（2）地址法。地址法利用保管区中的现成参考单位，如建筑物、区段、排、行、层、格等，按相关顺序编号。常用的编号方法为"四号定位"法，即用四个数字号码分别对应库房、排、列、层进行统一编号。

动画：四号
定位法

（3）品类群法。品类群法是指把一些相关性商品经过集合后，区分成几个品项群，再对每个品项群进行编码。这种方式适用于容易按商品群保管的场合和品牌差距大的货品。

（4）坐标法。坐标法是指利用 x、y、z 空间坐标对货位进行编码。这种编码方式直接对每个货位进行定位，在管理上比较复杂，适用于流通率很小且存放时间长的物品。

四、智能仓设备选型与配置

（一）设备选型与配置要点

智能仓储设备的选型与配置是确保仓库运营高效化、精准化和智能化的关键步骤。这一过程涉及多个方面，包括设备性能、适应性、可扩展性、安全性及智能化程度等。下面是一些关键的选型与配置要点。

（1）设备性能与适应性。首先，要根据仓库的规模和存储物品的种类来确定所需的设备类型和数量。设备的性能参数，如承重能力、存储密度、作业效率等，应满足实际需求。同时,考虑设备的适应性和可扩展性,以适应未来可能出现的存储需求变化。

(2)智能化与自动化。智能仓储设备的选型应注重设备的智能化程度,以确保仓库的安全和管理效率。自动化存储与搬运设备,如自动导引车(AGV)和自动导引叉车(AGF),应根据仓库的货物流量、搬运距离和承载能力选择合适的类型;针对自动化立体仓库,选择高速、高精度的堆垛机,需要考虑堆垛机的起升高度、运行速度、货叉伸缩速度及定位精度等参数,以满足不同货物的存储和存取要求;针对输送系统设备,如辊筒输送机、链式输送机、移载输送机等,需要根据货物的类型、重量和流量,设计输送系统的布局和速度,实现货物在不同区域之间的平稳、高效输送。

(3)感知层设备选型。在智慧仓储物联网调度管理系统中,感知层设备选型至关重要。这包括选择高精度、高可靠性的传感器和执行器,根据仓库的环境特点、货物特性以及兼容性与可扩展性等因素进行选择。

(4)网络层通信设计。网络层负责实现感知层设备与数据处理层之间的信息传输。需要设计高效、稳定的通信方案,确保数据的实时性和准确性。

(5)数据处理层构建。数据处理层是智慧仓储物联网系统的核心,负责对感知层采集的数据进行处理和分析。需要构建高效、稳定的数据处理平台,实现数据的存储、查询、分析和挖掘等功能。

(6)货物追踪与定位技术。采用条码技术、RFID技术、GPS/北斗定位技术等实现货物的自动识别和追踪,以及对货物在仓库内的精准定位。

(7)库存管理优化策略。通过数据分析技术,对货物移动轨迹和库存数据进行挖掘和分析,优化货物的存储和调度策略。

综上所述,智能仓设备的选型与配置是一个综合考虑多因素的过程,包括设备性能、智能化程度、适应性、可扩展性以及与现有系统的集成能力等。通过合理的选型与配置,可以实现仓库运营的高效化、精准化和智能化,从而提高企业的经济效益和竞争优势。

(二)智能仓信息管理系统

1. 系统架构

智能仓信息管理系统的架构分为物流管理层、任务调度层和设备执行层三个层次,如图2-8所示。

(1)物流管理层。物流管理层即智能仓储管理系统(WMS),主要实现智能物流系统的管理功能,同时,还是衔接自动化物流系统与企业信息管理系统(如ERP、MES、SAP等)的接口层。

(2)任务调度层。任务调度层即智能仓控制系统(WCS),是连接物流管理层和设备执行层的纽带。这一层的可靠性、完整性和集成度是首要考量因素。

(3)设备执行层。集成各种执行设备的工业控制网或专用控制系统。在智能仓储物流系统中包括自动化立体仓库控制系统、智能机器人控制系统、输送控制系统、智能识别系统等。

2. 功能模块

智能仓信息管理系统功能需要根据不同类型仓库的业务流程定制开发,图2-9展示了某智能仓储管理系统的主要功能模块。

(1)库存管理。实时监控库存水平,包括货物的数量、位置、存储时间

视频:智能仓WMS与WCS的关系

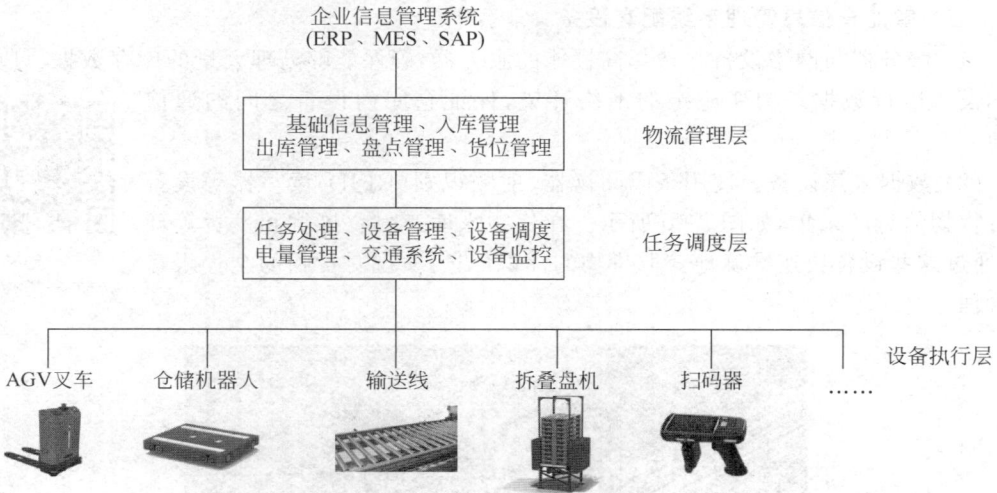

图 2-8 智能仓信息管理系统架构

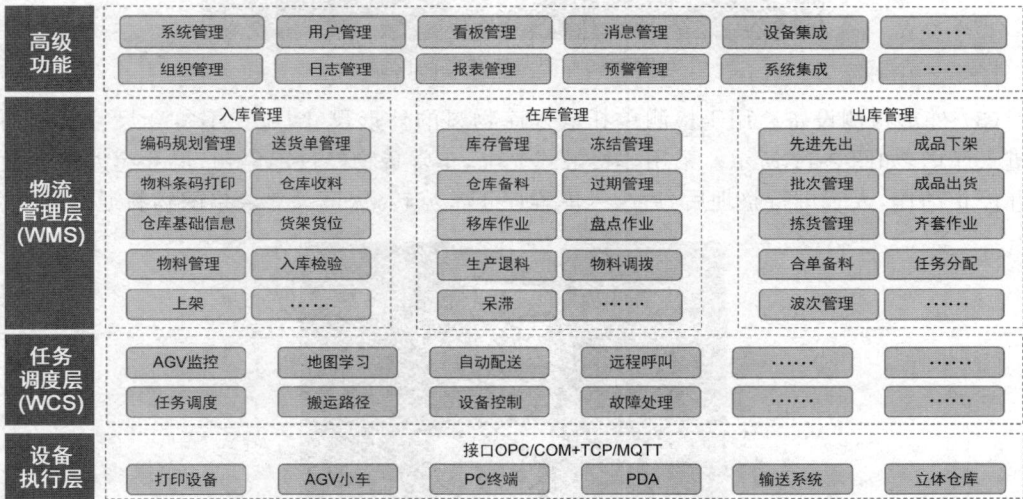

图 2-9 某智能仓储管理系统主要功能模块

等信息。实现库存的自动盘点,通过与自动化设备的结合,定期对仓库内的货物进行盘点,确保库存数据的准确性。

（2）入库管理。根据采购订单或生产计划,自动安排货物的入库操作。对入库货物进行检验、分类、分配存储位置,并更新库存信息。

（3）拣货管理。根据订单需求,生成拣货任务,优化拣货路径。可以与电子标签辅助拣货系统或语音拣货系统集成,提高拣货效率和准确性。

（4）发货管理。对拣选好的货物进行包装、贴标等操作的管理。根据发货计划,安排货物的装车发货,并更新库存和订单状态。

（5）报表与分析。生成各种仓储报表,如库存报表、出入库报表、货物周转率报表等。通过数据分析,为企业的库存管理、采购决策和供应链优化提供支持。

（三）智能仓信息管理系统配套设备

（1）服务器与网络设备。选择高性能的服务器，确保能够处理大量的库存数据、订单数据和设备运行数据。构建稳定的网络环境，保证仓库内设备之间的通信畅通。

（2）数据采集设备。使用条码阅读器、射频识别（RFID）读写器等设备进行货物信息的采集，如图2-10所示。在货物入库、存储、拣货和发货等环节，通过这些设备快速准确地获取货物的标识信息，实现对货物的全程跟踪和管理。

视频：智能仓
数据采集作业

图 2-10　固定式条码阅读器

（3）外形检测设备。用于检测单托盘入库物料的外形尺寸，避免不符合尺寸要求的货物进入库内，如图2-11所示。采用非接触式光电，正常货物经过不停顿，尺寸超差能有效报警并停止动作，人工进行整理后，后续入库程序正常流转，保证尺寸合格的物料通过。

图 2-11　外形检测设备

（4）自动称重设备。称重设备由传感器、顶板、底板、连接件等组成，具有传感器高精度、长期稳定性好的特点，常用于输送系统称重，可实现异常语音报警，如图2-12所示。

图 2-12　自动称重设备

（5）智能显示设备。智能显示设备一般使用 LED（发光二极管）显示屏或智能电视来显示当前出入库信息，智能电视也常用来展示整个智能仓的运行情况，如图 2-13 所示。

图 2-13 智能显示设备

（6）安全防护设备。某些智能仓在输送系统的出入口处安装安全光栅，当检测到入侵时，整个系统全部停止工作，保证人员安全，如 2-14 所示。

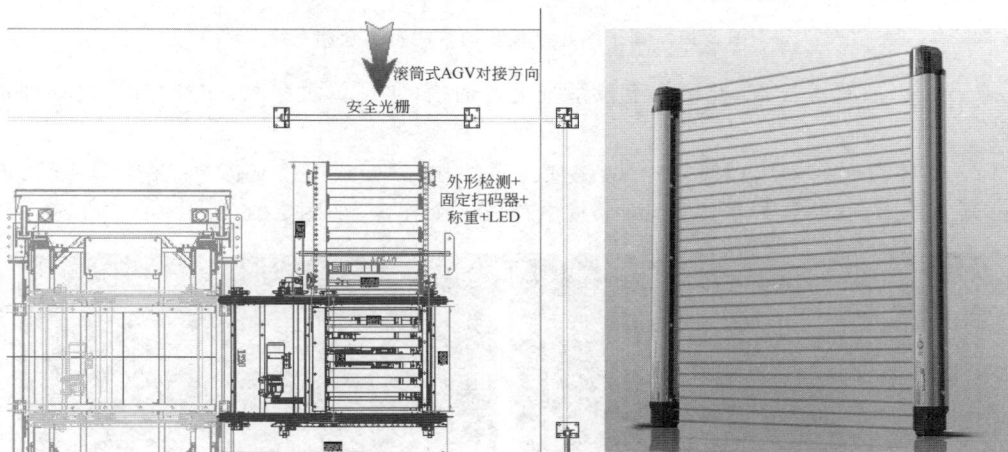

图 2-14 安全光栅

五、智能仓规划设计实例

（一）智能密集库概述

当前，已有越来越多的企业开展了基于四向穿梭车的密集仓储智能化升级，实现无人化管理和全产业链的数据对接，为高质、高效、高稳定性、低成本的运营管理提供可靠的后勤保障。这里以某行业仓库智能化升级改造为例，介绍智能密集仓库的规划设计。

基于四向穿梭车的智能密集仓储系统，由智能四向穿梭车（RGV 机器人）、立体货架、提升机、输送设备等设备组成，如图 2-15 所示。各类自动化设备相互配合，大幅提高仓库的储存密度和工作效率，节省人力和时间成本，提高物流管理的精度和可靠性。

（1）四向穿梭车。四向穿梭车也叫托盘搬运机器人，是集四向行驶、原地换轨、自动搬运、智能监控等多功能于一体的智能搬运设备，可对货物进

视频：某冷库
智能密集库
案例

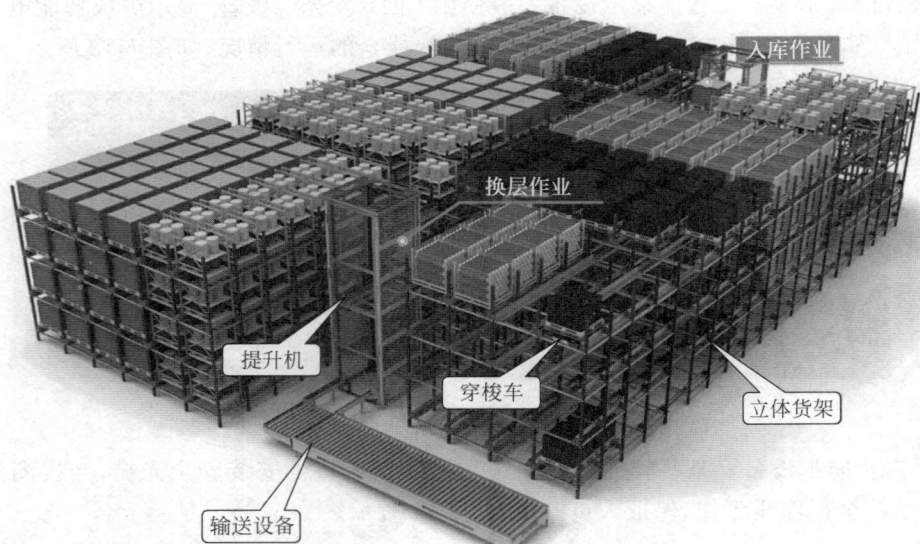

图 2-15　基于四向穿梭车的智能密集仓储系统

行托取、运送、放置等操作,并可与上位系统进行通信,实现单次存取、连续存取、自动理货等功能。

（2）立体货架。采用穿梭式货架,主要由货架片、穿梭式连接支撑梁、穿梭车导轨、连接板、可调节地脚、交叉连杆等组成,每个货格存放一个托盘,如图 2-16 所示。

图 2-16　基于四向穿梭车的立体货架

（3）提升机。提升机也叫垂直搬运机器人,是四向穿梭车系统中垂直运动的重要设备,通过操作载货台的升降将货物提升到相应高度,再由智能四向穿梭车实现货物的搬运,可实现货物的存取作业。通过四向穿梭车与提升机配合,可将货物搬运至任意货位。

（4）输送设备。输送设备包括链条输送机、辊筒输送机、移载输送机等,用于托盘货物的出入库连续输送。

（二）规划基础数据

库房尺寸:48 000mm(长)×17 000mm(宽)×6 500mm(高)(最低点)。

托盘尺寸:1 600mm(长)×1 200mm(宽)×150mm(高)。

托盘类型:川字托盘,塑料材质。

物料尺寸(含托盘):1 600mm(长)×1 200mm(宽)×1 650/1 150mm(高)。

物料重量（含托盘）：≤1 000kg/托。

仓库可利用净高：6.5m。

（三）智能密集库布局规划

本智能密集库采用专用四向穿梭车，主要设置出入库理货区、密集库区、办公区三大功能区域，如图 2-17 所示。

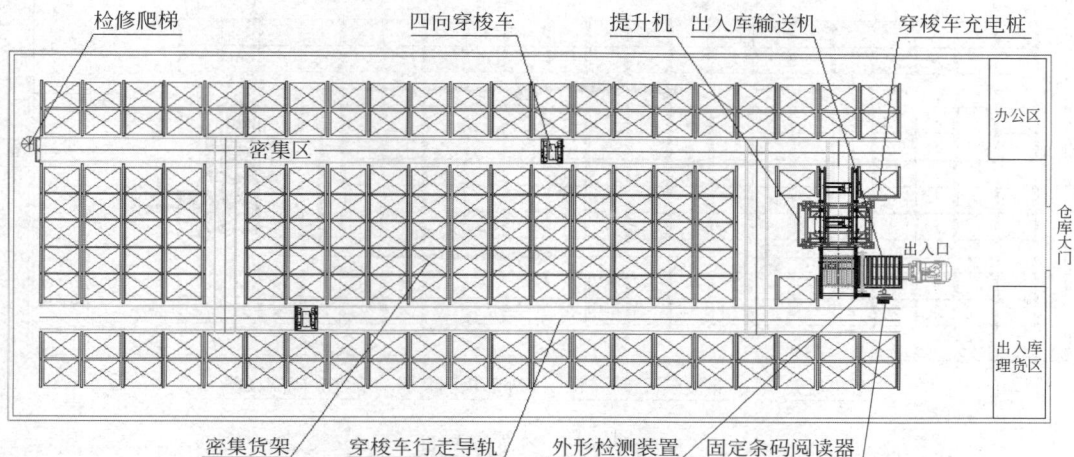

图 2-17 智能密集库平面布局

密集库区规划 3 层货架，如图 2-18 所示。其中，一、二层适用货物单元 1 600mm（长）×1 200mm（宽）×1 650mm（高），三层适用货物单元 1 600mm（长）×1 200mm（宽）×1 150mm（高）；二至三层通道下方铺设行走隔离网，方便人员维修。

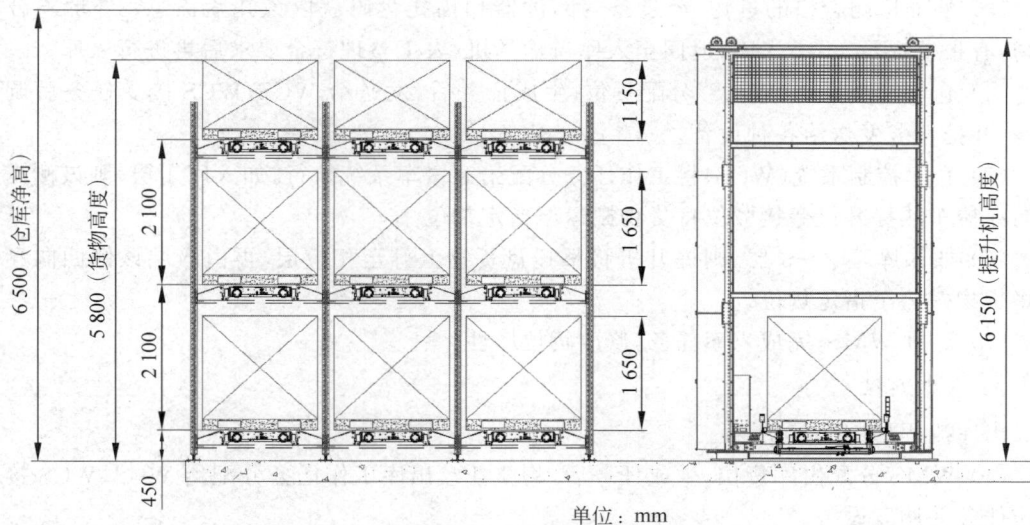

单位：mm

图 2-18 智能密集库立面布局

规划一个出入库口，出入库口设置固定条码阅读器、外形检测装置及智能显示屏。

货位数：每层有效货位 167 个，3 层共计 501 个有效货位。

设备配置：穿梭车 6 台（每层 2 台），提升机 1 台，输送机若干。

（四）智能密集库工艺流程规划

1. 入库流程

入库流程如图 2-19 所示。

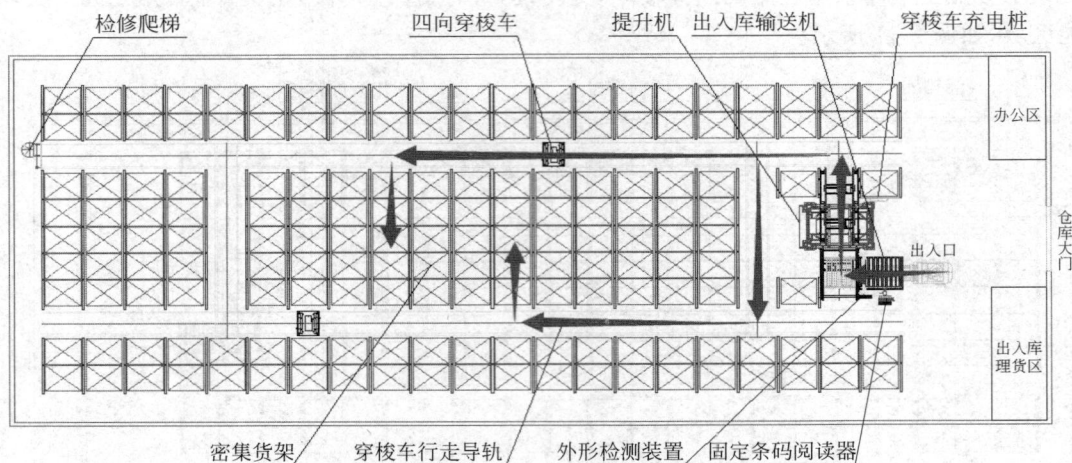

图 2-19 入库流程

（1）在入库前,工人在仓库月台将托盘上货物码放至入库标准(无超边、超高、超重),同时通过手持终端扫码绑定货物信息。

（2）叉车将托盘搬运至四向穿梭车智能密集库入库口,把托盘放在输送机上,由输送机输送经过外形检测装置。

（3）外形检测合格的货物,经过条码阅读器扫描托盘码获取该托盘信息;外形不合格货物,有报警提示,不予入库,退回至入库口输送机,人工整理符合要求后再进行入库。

（4）仓储管理系统(WMS)分配货位,生成任务后,发送给 WCS,WCS 接受任务后调度设备,并把任务发送给各种设备。

（5）仓库控制系统(WCS)将工作任务分配给穿梭车系统执行,如入库 1 层,则该侧 1 层四向穿梭车从提升机旁接驳位将货物搬运至指定货位。

（6）如入库至 2～3 层,则提升机将整托盘货物上升至相应层,再由该层该侧四向穿梭车将货物搬运至指定货位。

（7）上报 WMS,完成入库任务,修改货位属性。

2. 出库流程

出库流程如图 2-20 所示。

（1）WMS 分配出库货位,生成任务后,将整托盘出库工作任务分配给 WCS,WCS 接受工作任务并调度设备。

（2）1 层出库时,该层穿梭车接受工作任务,将货物搬运至相应出库接驳口,从接驳口由输送机送至叉车接货口输送机,然后人工用叉车将货物搬离,完成整托盘出库作业。

（3）2～3 层出库时由该层四向穿梭车接受工作任务,将货物搬运至相应提升机旁接驳口,再由提升机将货物搬运至 1 层出库接驳口,从接驳口由输送机送至叉车接货口输送机。

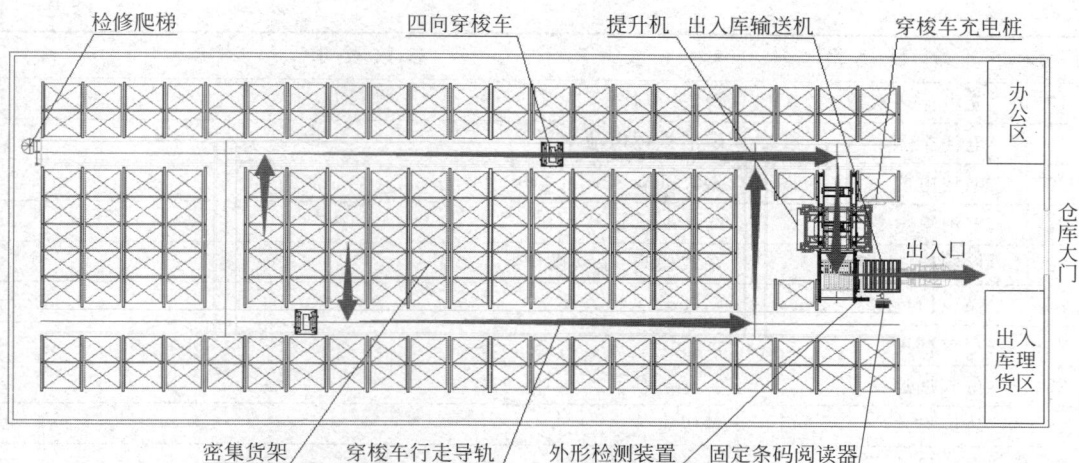

图 2-20 出库流程

（4）人工用叉车将货物搬离，完成整托盘出库作业。

（5）上报 WMS，完成出库任务，修改货位属性。

（五）核心设备技术参数

1. 四向穿梭车

表 2-2 所示为某智能四向穿梭车主要技术参数。

表 2-2 某智能四向穿梭车主要技术参数

序号	参 数 规 格	参 数 要 求
1	托盘尺寸	1 200mm×1 000mm
2	托盘材料及形状	木、钢、塑料托盘；托盘载货后变形量≤3mm；托盘支腿不能镂空
3	托板尺寸	1 000mm（长）×110mm（宽）×8mm（高）
4	额定载荷（T）	1.0t
5	行驶速度	1.2m/s
6	换向时间	3s
7	换向高度	38mm
8	托盘升/降时间	3s
9	托盘升/降行程	39mm
10	设备外寸	1 135mm（长）×980mm（宽）×146mm（高）
11	设备自重	300kg
12	行走电机功率	1.2kW
13	换向电机功率	688W
14	升降方式	齿轮齿条
15	供电方式	电池供电
16	充电时间	3～4h
17	续航时间	5～7h

续表

序号	参 数 规 格	参 数 要 求
18	充电循环次数	≥2 000 次
19	电池类型	磷酸铁锂电池
20	电池电能	≥2.8kW·h
21	电池重量	约 25kg
22	控制模式	在线模式/手动操作
23	噪声值(距离>1m)	≤75dB
24	定位精度	±2mm
25	行驶加速度	0.3m/s²
26	认址方式	条码定位
27	车轮尺寸	母道 115mm×50mm,子道 105mm×50mm
28	车轮数量	12 个

2. 往复式提升机

表 2-3 所示为某提升机主要技术参数。

表 2-3　某提升机主要技术参数

项 目		单 位	技 术 参 数
1	适用托盘	mm	1 200×1 000
2	载货单元尺寸	mm	1 200(长)×1 000(宽)×1 650/800(高)
3	额定载荷	kg	最大 2 000
4	升降速度范围	m/min	满载最大速度 37
			空载最大速度 54
5	升降加速度	m/s²	0.3
6	定位方式/精度	提升定位精度	mm	±2
		条码定位		—
		上下限位		行程开关
		探测货物		SICK 光电
7	提升主电机	功率	kW	13.2
		品牌		埃斯顿电机
		控制方式	套	伺服控制
		电机转速范围	r/min	50~2 000
8	编码器			—
9	光电(检测开关)品牌			SICK 品牌
10	限位开关			OMRON
11	供电方式			动力电缆,AC 380V,50Hz
12	提升机控制方式			手动/单机自动/联机自动

（六）智能密集库设备配置清单

根据以上布局规划,将硬件与软件系统集成,形成智能密集库设备配置清单,如表 2-4 所示。

表 2-4 智能密集库设备配置清单

项目	序号	设 备 名 称	数量	单位	功 能 描 述
货架部分	1	密集库货架(含通道)	500	个	有效货位数
	2	行走隔离网	155	m²	在 2～3 层通道下方铺设,是方便检修人员行走的通道
	3	检修梯	5	m	方便检修人员到密集库高层作业的通道
穿梭车系统	1	智能四向穿梭车	6	台	行走速度 1.2m/s,载重 1T
	2	充电桩	6	套	四向穿梭车专用充电桩
	3	定位码	500	套	四向穿梭车定位条码
	4	提升机	1	台	四向穿梭车专用升降机
输送系统	1	链式输送机	1	台	尺寸 2 500mm(长)×1 200mm(宽)×500mm(高)
	2	链式输送机	3	台	尺寸 1 800mm(长)×1 200mm(宽)×500mm(高)
	3	链式输送机(提升机内)	1	台	尺寸 1 700mm(长)×1 200mm(宽)×250mm(高)
	4	辊筒输送机	1	台	尺寸 2 000mm(长)×1 200mm(宽)×500mm(高)
	5	顶升移载输送机	1	台	尺寸 1 600mm(长)×1 200mm(宽)×500mm(高)
	6	外形检测装置	1	套	用于托盘货物尺寸超差检测
	7	固定式条码阅读器	1	套	用于入库扫码确认
	8	叉车挡及放货架	1	套	用于输送设备保护及货物传输导向
	9	电控系统	1	套	用于输送设备电气控制,含电控柜
	10	强电辅材	1	套	用于各类设备配电
信息系统配套设备	1	数据库服务器(机架式)	1	台	用于配置 WMS、WCS
	2	服务器不间断电源设备(UPS)	1	台	用于断电时提供不间断电源
	3	无线(无线网络的接入点,俗称"热点")(AP)	2	个	用于提供穿梭车无线通信连接
	4	液晶显示屏	1	片	用于出入库信息实时显示
	5	手持 PDA(掌上电脑)	2	个	用于入库信息绑定、拣货等作业
	6	条码打印机	1	台	用于托盘及货物条码打印
	7	报表打印机	1	台	用于出入库等各类报表打印
	8	网络交换机	1	个	用于提供 AP、控制柜等网络端口
	9	交换机柜	1	个	用于放置交换机
	10	弱电辅材	1	套	网线、光纤、电缆、KBG 管(扣压式薄壁钢管)等辅材及施工

项目	序号	设 备 名 称	数量	单位	功 能 描 述
软件系统	1	仓储管理系统(WMS)	1	套	用于出入库、盘点等作业的货位管理
	2	仓储控制系统(WCS)	1	套	用于设备控制与管理
	3	软件接口	1	套	与 MES、ERP 等外部系统接口
	4	操作系统	1	套	服务器操作系统
	5	数据库系统	1	套	用于出入库各类数据的存储及处理
其他	1	系统集成实施	1	套	软硬件的安装调试
	2	备品备件	1	套	穿梭车、提升机备品备件

（七）其他常见存储规划形式

1. 托盘地堆存储规划

托盘地堆存储方式是将货物直接堆码在托盘上,再将托盘直接放置于地面上,而不使用专用存储设备,如图 2-21 所示。通常对于同一 SKU 会划分一个或多个区域进行托盘紧挨托盘密集存储。对于托盘可叠垛码放的部分货物,可进行多层叠垛存储。

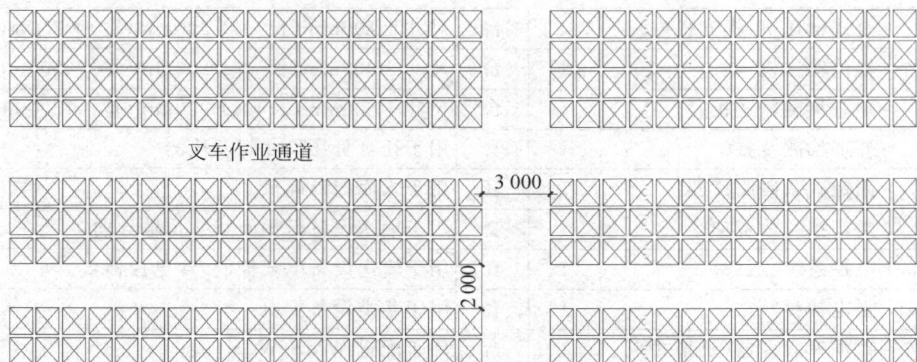

图 2-21   托盘地堆存储规划示意图

托盘地堆存储方式适用于周转期需求较短(快进快出)、SKU 数量较少的应用场景。

优点:设备成本较低(仅需叉车;无须货架、自动化设备等硬件)。

缺点:①自动化程度较低;②场地空间利用率较低;③无法随意存取指定的特定某一托盘。

2. 重型货架存储规划

重型货架又称横梁式货架,属于托盘货架类,是在国内的各种仓储货架系统中最为常见的一种货架形式。重型货架存储采用托盘式货架＋叉车存储的方式,将货物堆码在托盘上,再用叉车将托盘放置在横梁式货架上,如图 2-22、图 2-23 所示。

重型货架存储形式可随意存取指定的某一托盘,场地空间利用率相对地堆方式提高了,但自动化程度仍较低。同时货架之间要保留叉车作业通道,因此属于低密度存储。叉车作业通道宽度 3～4m,视叉车转弯半径而定。重型货架库设备成本较低(仅需叉车、货架;无须自动化设备等硬件),厂房高度空间利用可达 8～10m(具体按需设计)。

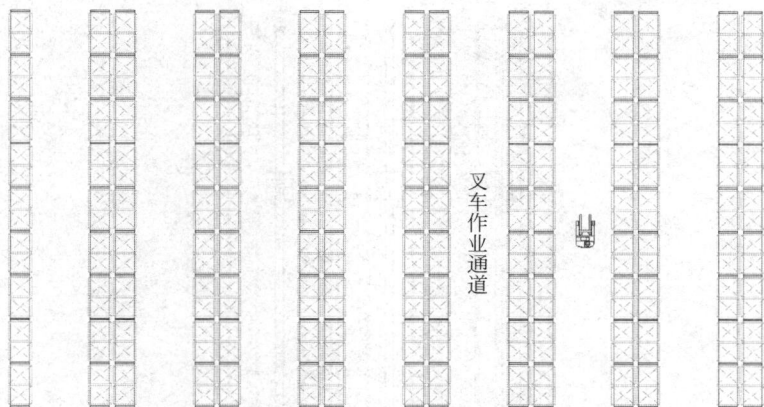

图 2-22　重型货架存储规划示意图(平面图)

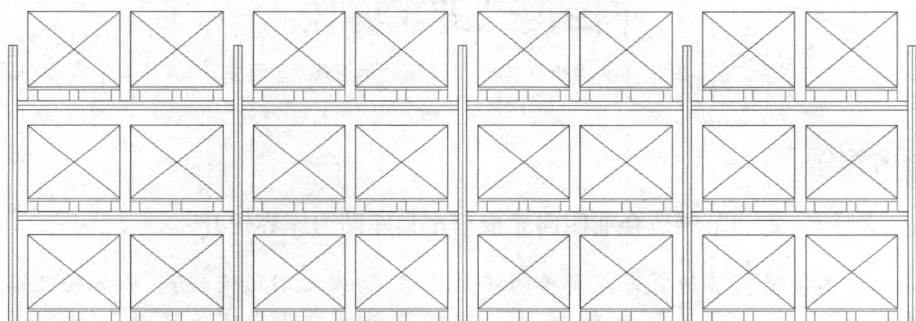

图 2-23　重型货架存储规划示意图(立面图)

3. 堆垛机立体库存储规划

堆垛机立体库是一种自动化立体仓库解决方案,主要通过堆垛机这一核心设备来实现货物的快速、准确存取和自动管理,如图 2-24、图 2-25 所示。

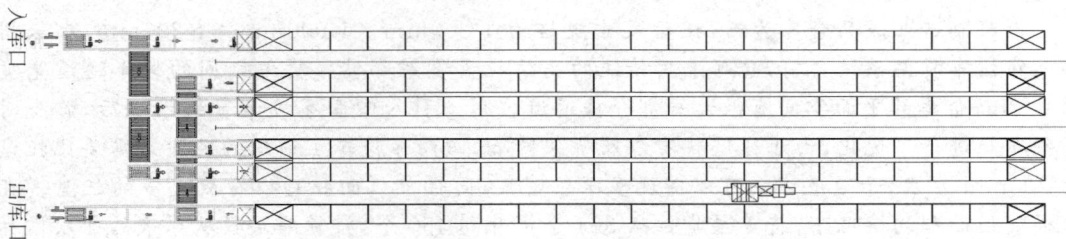

图 2-24　堆垛机立体库存储规划示意图(平面图)

堆垛机立体库主要由出入库输送系统、货架、水平运行机构、起升机构、货叉机构、安全保护装置、电控柜和电气控制系统等组成。堆垛机可以通过三维运动(水平行走、垂直升降和货叉伸缩)将指定货位的货物取出或将货物送入指定货位。在仓储管理系统的指挥下,堆垛机能够快捷地完成任意单元货物的实时存取和查询作业,显著提高作业效率、准确率、安全性,改善人员作业环境。

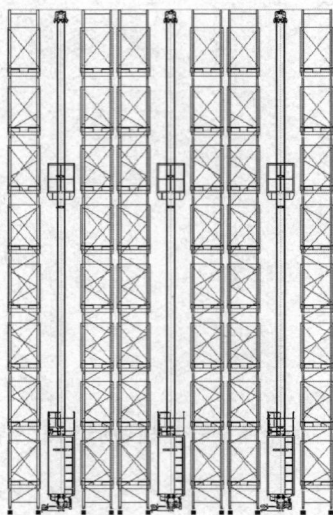

图 2-25   堆垛机立体库存储规划示意图(立面图)

任务案例

某制造企业四向穿梭车密集库助力库容提升

传统仓库通常采用普通货架或简单的托盘货架,货架之间通道较宽,以方便叉车等搬运设备转弯和操作。叉车通道宽度为 3~4m,这使得仓库平面空间有很大一部分被通道占用。在垂直空间利用方面,受限于叉车的举升高度和操作安全因素,传统货架高度相对有限,不能完全利用仓库的高度空间。

四向穿梭车密集库的货架布局可以更加紧凑,通过精确的定位系统和更紧凑的车身设计,四向穿梭车能够在更窄的通道中安全运行。这样可以在仓库平面面积不变的情况下,增加货架的列数和排数,从而提高存储密度,增加库容。

以某制造业成品仓库为例,托盘尺寸规格为 1 200mm×1 000mm×1 200mm,在采用四向穿梭车货架系统之前,仓库采用传统的高位托盘货架存储。货架之间的叉车通道宽度约 3.2m,仓库的平面空间有很大一部分被通道占用。引入四向穿梭车货架系统后,首先对货架布局进行了优化,由于通道狭窄以及货架紧凑,四向穿梭车主通道的尺寸只需要比托盘大 200mm 左右,子通道方向可以实现多深位密集,同样单位面积可以存放更多的托盘。在同样使用面积的情况下,将单层货位从 324 个提升到 450 个,将货架层数从原来的 4 层增加到 5 层,总货位数从 1 296 个提高到 2 250 个,库容提升了近 74%,完美实现了仓库库存提升,如图 2-26 所示。

资料来源:https://baijiahao.baidu.com/s?id=1820101267681802629&wfr=spider&for=pc.

案例思考:

(1)四向穿梭车的特点有哪些?

(2)四向穿梭车密集库与传统仓库相比,存储量提升的原因有哪些?

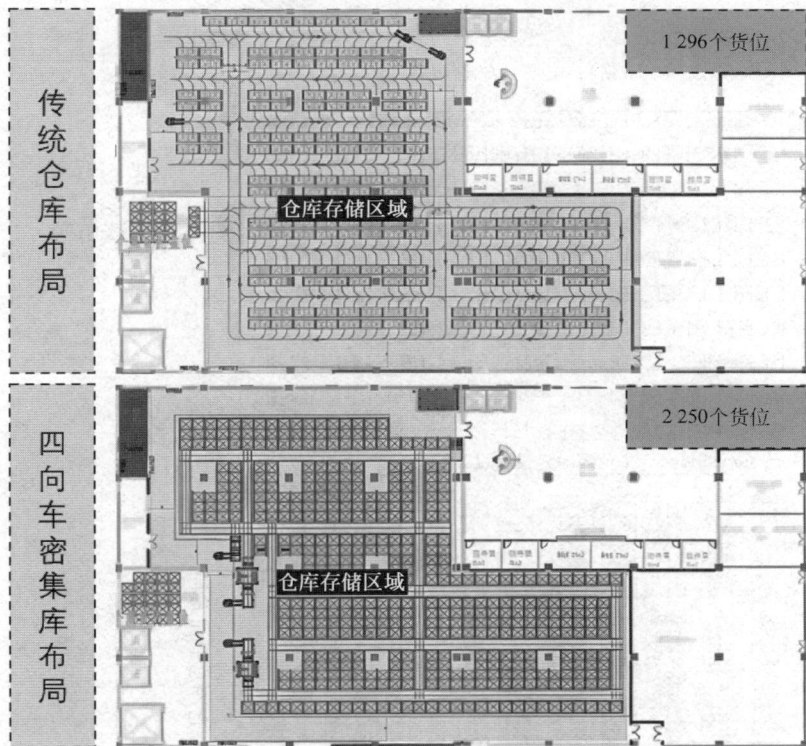

传统仓库布局

1 296个货位

仓库存储区域

四向车密集库布局

2 250个货位

仓库存储区域

图 2-26 彩图

图 2-26 某制造企业传统仓库与四向穿梭车密集库布局对比

任务实训

绘制仓库布局图及工艺流程图

一、实训目的

通过分析某电商智慧物流仓库总平面布局,绘制仓库功能分区图、工艺流程图,掌握电商物流仓库各功能区名称、布局及业务流程。

二、实训内容

2016 年 5 月 5 日,浙江菜鸟供应链管理有限公司与深圳越海全球供应链股份有限公司共同投资成立深圳市北领科技物流有限公司(简称"北领物流")。北领物流是基于一体化供应链管理模式、提供"B2B＋B2C＋供应链金融"的一体化供应链解决方案的专业第三方供应链服务提供商,在国内华南、华北、华东、华中、西南、西北六大区域设立了 11 个分仓,仓储面积近百万平方米,是阿里巴巴集团旗下天猫商超的核心仓储管理服务提供商。

北领物流托管的某天猫商超物流中心仓库长约 220m,宽约 100m,装卸货站台宽4.5m,规划入库理货区、存储区、拣选区、包装区、发货暂存区、设备存放区、销售退货区、辅助功能区等多个功能分区。其中,存储区包括地面堆放和货架存储两种形式,拣选区根据物动量 ABC 分类设置不同的拣选区域。请根据该电商仓库总平面布局(图 2-27),绘制功能分区图(图 2-28)及工艺流程图(图 2-29)。

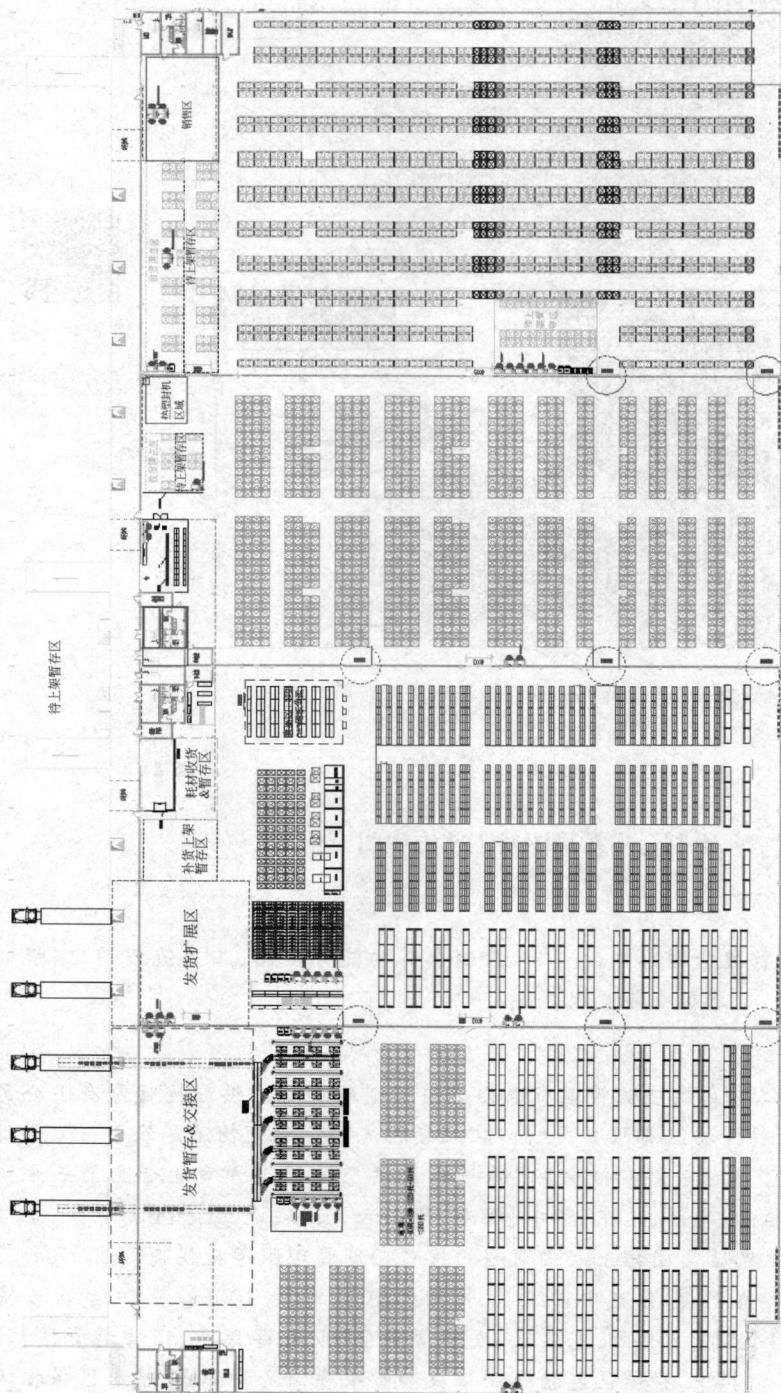

图 2-27 某天猫商超物流中心仓库总平面布局

图 2-27 彩图

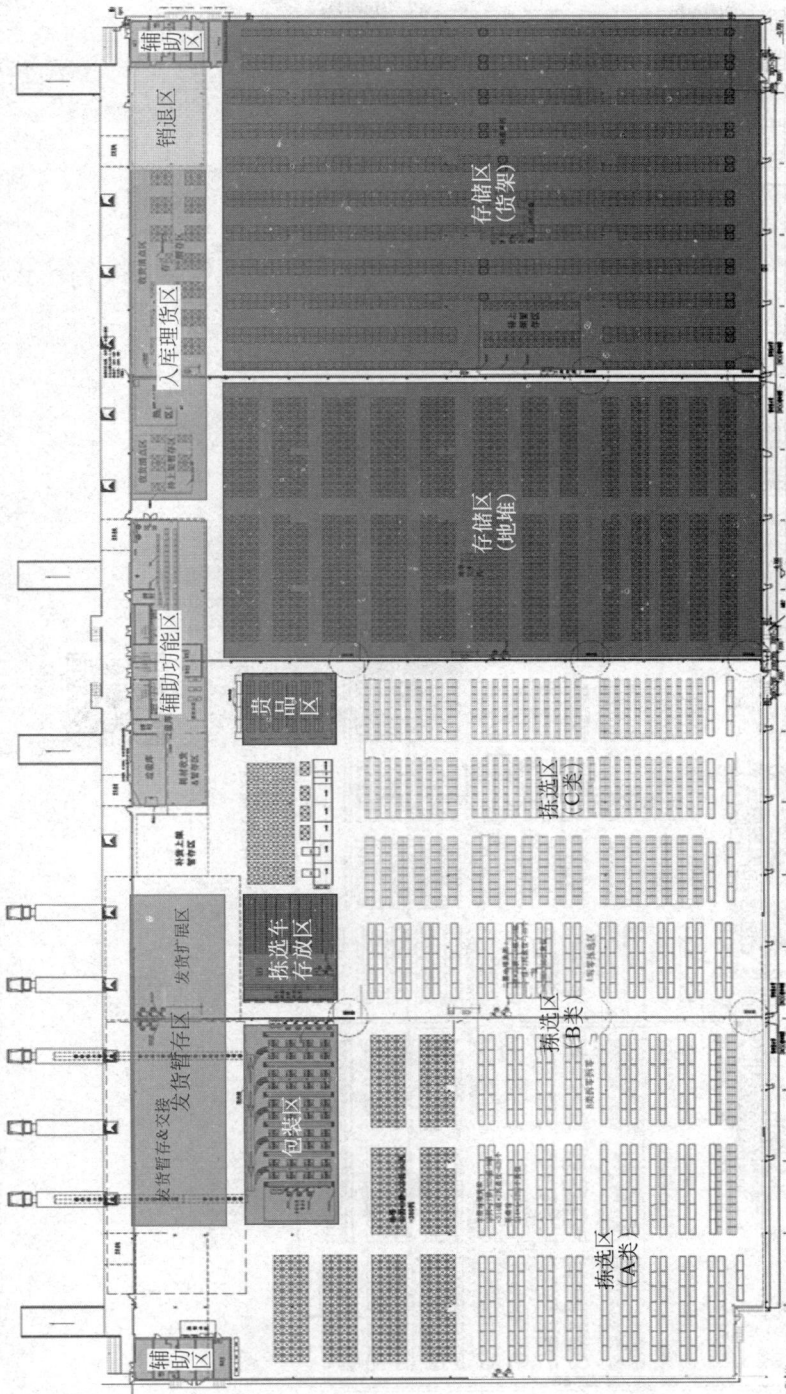

图 2-28 某天猫超市物流中心仓库功能分区（参考）

图 2-28 彩图

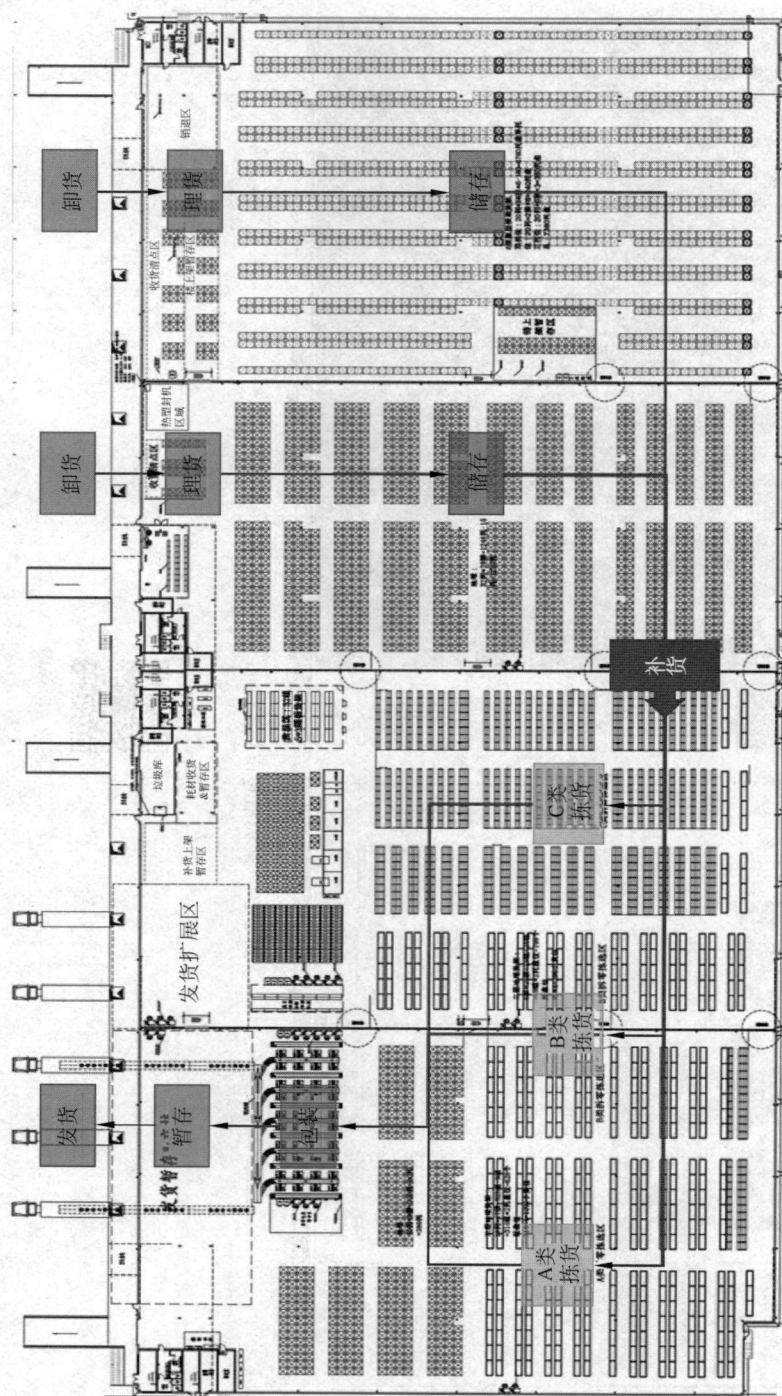

图 2-29　某天猫超市物流中心仓库工艺流程（参考）

图 2-29 彩图

三、实训步骤

（1）教师通过在线学习平台发布实训任务。

（2）分析某电商物流仓库总平面布局。

（3）利用 PPT 绘制仓库功能分区图、工艺流程图。

（4）小组互评与总结反馈。

任务小结

通过本任务的学习，了解智能仓总体规划的内容，掌握智能仓库区布局、功能区布局方法，掌握货位编码方法，能够根据智能仓业务特点开展设备选型与配置，能够分析智能仓规划的基本过程。

智慧仓配作业运营

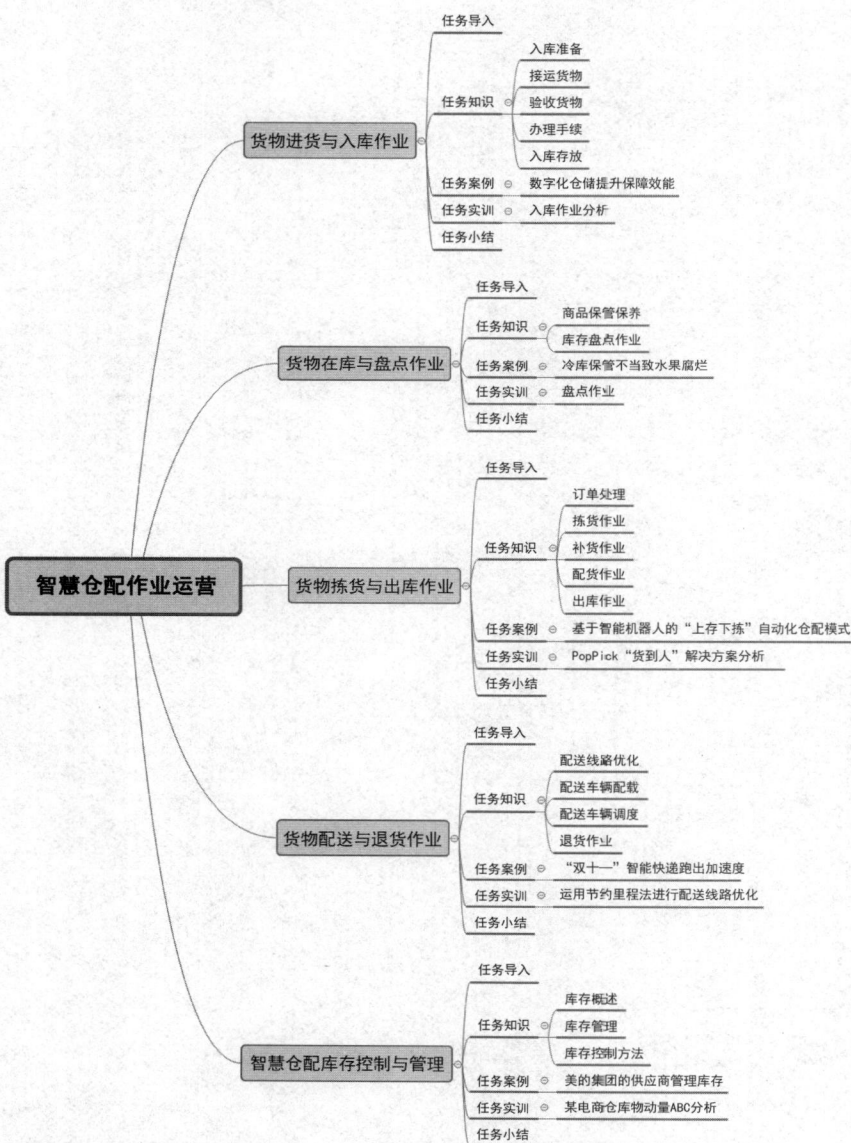

智慧仓配作业运营

- 货物进货与入库作业
  - 任务导入
  - 任务知识
    - 入库准备
    - 接运货物
    - 验收货物
    - 办理手续
    - 入库存放
  - 任务案例 — 数字化仓储提升保障效能
  - 任务实训 — 入库作业分析
  - 任务小结

- 货物在库与盘点作业
  - 任务导入
  - 任务知识
    - 商品保管保养
    - 库存盘点作业
  - 任务案例 — 冷库保管不当致水果腐烂
  - 任务实训 — 盘点作业
  - 任务小结

- 货物拣货与出库作业
  - 任务导入
  - 任务知识
    - 订单处理
    - 拣货作业
    - 补货作业
    - 配货作业
    - 出库作业
  - 任务案例 — 基于智能机器人的"上存下拣"自动化仓配模式
  - 任务实训 — PopPick "货到人"解决方案分析
  - 任务小结

- 货物配送与退货作业
  - 任务导入
  - 任务知识
    - 配送线路优化
    - 配送车辆配载
    - 配送车辆调度
    - 退货作业
  - 任务案例 — "双十一"智能快递跑出加速度
  - 任务实训 — 运用节约里程法进行配送线路优化
  - 任务小结

- 智慧仓配库存控制与管理
  - 任务导入
  - 任务知识
    - 库存概述
    - 库存管理
    - 库存控制方法
  - 任务案例 — 美的集团的供应商管理库存
  - 任务实训 — 某电商仓库物动量ABC分析
  - 任务小结

任务一　货物进货与入库作业

任务导入

　　兰州某物资供应站于 2025 年 10 月 8 日送来一车旺旺食品,送货单上列明:旺旺雪饼数量 50 箱,规格 1×20 袋(500g),单价 22 元/袋,金额 440 元/箱,生产日期 2025 年 9 月 6 日;旺旺烧米饼数量 80 箱,规格 1×20 袋(500g),单价 32 元/袋,金额 640 元/箱,生产日期 2025 年 9 月 12 日。这两种食品的保质期都为 9 个月。在入库验收时,收货员发现其中有 4 箱旺旺雪饼外包装破损,3 箱旺旺烧米饼外包装有水渍。作为该仓库的收货员,应该怎样处理这批有问题的货物?

任务知识

一、入库准备

　　入库作业是仓库作业的开始,其操作流程主要包括入库准备、接运货物、验收货物、入库上架等步骤。入库准备工作是根据入库通知,制订货物的存储计划、准备接货用的人员和器具,整理好货位,只有这样,才能保证货物到达之后,快速高效完成入库作业。

动画:入库准备

(一)制订存储计划

　　1. 分析入库货物

　　掌握入库货物的品种、规格、数量、包装形态、单件体积、到库时间、存期、理化特性、保管要求等,这些信息是做好入库准备工作的前提和基础。

　　2. 制订存储方案

　　根据入库货物的品种、数量、特性、保管条件的要求、存期等,选择最适宜的库房,并安排存储货位。理想的货位安排既要能够提高仓储空间的利用率,又要方便保管和拣选作业。

　　常见的货位分配原则如下。

　　(1)基于周转频率分配货位。将货物按周转频率从大到小进行排序,再将排序分为若干段,同一段的货物视作同一类别,为不同类别的货物分配货位。

　　例如,按周转频率将货物分为 A、B、C 三类,其中 A 类是流动速度最快的货物,B 类是流动速度次快的货物,C 类是流动速度慢的货物。分类之后,将周转快的 A 类货物放到离出库口近的位置或便于搬运的位置。

　　(2)基于产品相似性分配货位。按某种相似的特点将货物分类。例如,小配件与小配件分为一类,小饰品与小饰品分为一类,作业手段相似的分为一类等,然后将具有相似性的产品放在相邻货位。

　　优点:可使用相同的存储设备和拣货设备,便于分区存储。

　　缺点:非常相似的产品,比如电子零件、液晶屏、包装相同的手机等,其型号不同但包装外观相同,容易导致拣错货。

（3）基于产品相关性分配货位。将关联性较强的产品放在相邻货位。例如，经常捆绑销售的产品分为一组相邻存放，经常一起使用的产品分为一组相邻存放。

优点：便于拣货单的合并，缩短拣货行走距离，提高拣货效率。

（4）按先进先出要求分配货位。按生产日期、产品批号等分配货位，容易满足先进先出要求。

（5）按照体积大小分配货位。考虑货物单位大小以及相同的一批货物所形成的整批形状，以便能提供合适的空间满足某一特定要求。

（6）按照重量特性分配货位。按照货物重量决定货物存放位置，较重的货物摆放在地面或货架下层，宜靠近出入口，以缩短搬运距离，提高出入库效率。

（7）按照产品相容性原则分配货位。性质相容的货品放在相邻位置，不相容的不能比邻存放。

（8）按照互补性原则分配货位。替代性高的货品放在相邻位置，缺货时可以用另一种货品替代。

（二）准备人员和器具

1. 准备作业人员

根据入库货物到达时间、作业量，做好接货人员安排，并将安排计划通知到相关小组。一般需要安排接运人员、卸车搬运人员、货物验收人员、信息管理人员、库内管理人员等。

2. 准备装卸搬运工具

根据入库货物的数量、单件重量、包装形态等，准备装卸搬运工具。常用的装卸搬运工具包括叉车、搬运小车等。如果入库货品的单件重量（或包装单元重量）和体积较大，则需要使用电动叉车装卸搬运；如果体积适中、重量适中，可以选择液压托盘搬运叉车或人力小推车搬运。

3. 准备苫垫材料

根据货物性质和存储要求，准备相应的苫垫材料，并组织衬垫铺设作业。

4. 准备入库单证

入库单证是指货物入库需要的各种报表、单式、账簿、料卡、残损报告单等，这些都应事先准备好。

（三）整理存储货位

根据存储计划，对准备存放入库货物的货位进行整理。检查货架，如发现货架损坏，通知修理或重新安排；清洁货位卫生，必要时消毒除虫；检查照明、通风等设备，发现损坏，及时通知修理。

二、接运货物

接运是指收到货物入库通知后，仓库进行接运提货的过程。

货物接运大致有以下四种方式。

1. 本库接货

供货商直接送货到库或委托第三方运输企业送货到库。货品到库后，由仓库保管人员或验收人员直接与送货人员办理交接手续，当面验收并做好记录。若有差错，应填写记录，由送货人员签字确认,据此可向有关单位提出退换货或索赔。

2. 车站、码头提货

第三方运输企业将货物运到仓库所在地车站、码头后,仓库安排人员和车辆到车站、码头提货,适用于到货批量较小、采用零担托运的情况。

3. 供货仓库提货

仓库派人员和车辆到供货仓库提货。仓库应根据提货通知,了解所提取货物的性能、规格、数量,准备好提货所需要的车辆、工具、人员,在供货仓库进行货物验收,并做好验收记录,接货与验收工作同时进行。

4. 铁路专用线接货

铁路专用线接货适用于在仓库有铁路专用线的情况。铁路专用线是指由企业或者其他单位管理的与国家铁路或者其他铁路线路接轨的岔线。铁路专用线接货是铁路部门将转运的货物直接送到仓库内部铁路专用线的接货方式。

三、验收货物

凡货物进入仓库储存,必须经过检查验收。只有验收后的货物,方可入库保管。验收是仓库把好"三关"(入库、保管、出库)的第一道关,抓好货物入库质量关,能防止劣质货物进入流通领域,划清仓库与生产部门、运输部门以及供销部门的责任界限,也为货物在仓库中的保管提供第一手资料。

(一)验收工作的要求

1. 及时

到库货物必须在规定的期限内完成验收入库工作。货物虽然到库,但未经过验收的货物没有入账,不算入库,不能供应给用料单位。只有及时验收,尽快提出检验报告,才能保证货物尽快入库入账,满足用料单位的需求,加快货物和资金的周转。

2. 准确

验收应以货物入库凭证为依据,准确查验入库货物的实际数量和质量状况,并通过书面材料准确地反映出来,做到货、账、卡相符,提高账货相符率,降低收货差错率,提高企业的经济效益。

3. 严格

严格执行验收标准和产品质量标准,产品不合格就不能入库,验收发现问题要如实记录。验收工作的好坏直接关系到国家和企业的利益,也关系到以后各项仓储业务的顺利开展。因此,仓库应高度重视验收工作,直接参

动画:验收
工作的要求

与的验收人员要以高度负责的精神来对待这项工作,明确每批货物验收的要求和方法,并严格按照仓库验收入库业务的操作程序办事。

4. 经济

验收时,多数情况下,不但需要检验设备和验收人员,而且需要装卸搬运机具和设备以及相应工种工人配合。这就要求各工种密切协作,合理组织调配人员与设备,以提高作业效率,节省作业费用。此外,在验收工作中尽可能保护原包装,减少或避免破坏性试验,这也是提高经济性的有效手段。

(二) 验收作业流程

仓库验收作业流程如图 3-1 所示。

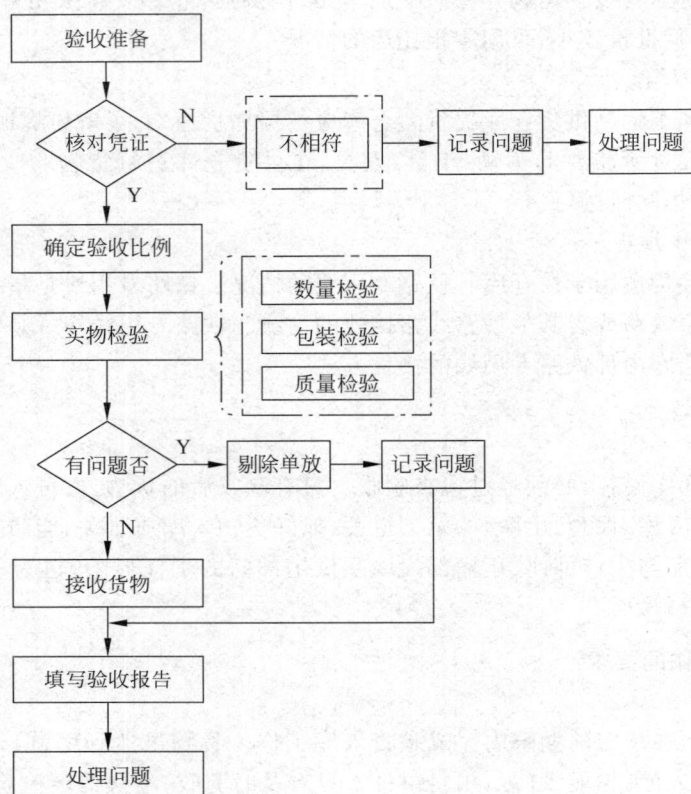

动画：冷链货
物接收与验收

图 3-1　仓库验收作业流程

1. 验收准备

接到入库通知后,应根据货物的性质和包装形态,提前准备验收所需的点数、称量、测试、开箱、装箱、丈量、移动照明、验收使用的各种用品用具,并根据验收工作量安排验收人员和验收场地。

仓库负责人根据当日送货信息及直供计划,按货物类别、数量、保管特性评估占用面积及安排进货储位,提前做好腾仓清扫及卸货准备。对特殊货物,仓库需根据卸货堆码要求,配备相应的装卸堆码工具及必要防护用具。

2. 核对凭证

核对凭证主要包括以下内容。

(1) 核对货主提供的入库通知单或订货合同副本。

(2) 核对供货单位提供的验收凭证,包括订单、交接协议、质量保证书、装箱单、磅码单等。

(3) 核对承运单位提供的运输单证,包括货物运单、货物残损清单的货运记录、普通记录和公路运输交接单等。

在核实、查对以上凭证时,如果发现证件不齐或不符等情况,要与货主、供货单位、承运单位和有关业务部门及时联系,对与单据不符的货物,仓库不予收货。

3. 确定验收比例

实物检验可采用全验和抽验两种方式。

(1)全验适用于批量小、规格尺寸和包装不整齐,价值高的货物,或者退换货货物,易霉变、残损的货物。

(2)抽验适用于批量大、价值低,或者质量稳定、规格整齐、供货商信誉较好的货物,或者验收条件有限的场合。

由于仓库条件和人力的限制,对某些批量很大、在短时间内难以全部接收,或全部打开包装会影响储存和销售的货物,可采用抽验方法。抽验比例首先以合同规定为准,合同没有规定的,确定抽验比例时一般应考虑以下因素。

① 货物价值。货物价值高的,抽验比例大,反之则小,有些价值特别大的货物应全验。

② 货物的性质。货物性质不稳定的或质量易变化的,抽验比例大,反之则小。

③ 气候条件。在雨季或黄梅季,怕潮货物抽验比例大;在冬季,怕冻货物抽验比例大,反之则小。

④ 储存时间。入库前,储存时间长的货物,抽验比例大,反之则小。

在按比例抽验时,若发现货物变质、短缺、残损等,应考虑适当增加抽验比例,直至全验,彻底查清货物的情况。

4. 实物检验

实物检验是指根据入库单和有关技术资料对实物进行包装检验、数量检验和质量检验。当货物入库交接后,应将货物置于待检区域,仓库管理员及时安排货物检验。

(1)外包装检验主要是检查外包装是否有破损、变形、污渍、水湿、发霉等情况。当贸易合同对外包装有具体规定时,要按照合同规定进行验收,如包装容器的材质、厚度、质量等。

常见的外包装异常及原因如下。

① 外包装被人为挖洞、撬起、开封,通常是被盗的痕迹。

② 外包装有水湿、发霉,通常是被雨淋或货物本身有渗透、潮解的现象。

③ 外包装有污渍,通常是运输或存储过程中,有其他货物破损导致相互污染,或货物本身破损所致。

④ 外包装破损、开裂,通常是运输、搬运过程中包装受损所致。

(2)因货物性质和包装不同,数量检验有计件、检斤、检尺三种方式。其中,检斤计算时货物的重量一般有毛重、净重之分。毛重是指货物重量加包装重量的实重。净重是指货物本身的重量。通常所说的货物重量,是指货物的净重。

动画:入库验收——计件

数量检验比例如下。

① 对于大包装数量检验,100%点数。

② 对于内件数量检验,按固定数量进行包装的小件货物,若包装完好,对于国内货物,可按一定比例抽验,如按 5%～15% 比例拆箱查验件数,其余查看外包装完好即可。若是贵重货物,可提高抽验比例或全部开箱检验。对于进口货物,则按合同或惯例进行检验。

动画:入库验收——检斤

③ 散装物料检斤率100%，有包装的散料毛检斤率100%，回皮率5%～10%。

④ 定尺钢材检尺率10%～20%，非定尺钢材检尺率100%。

⑤ 贵金属材料100%过净重。

⑥ 有标量或者标准定量的化工产品，按标量计算，核定总重量。

（3）质量检验包括外观质量检验、尺寸精度检验和内在质量检验。仓库一般只进行外观质量检验和尺寸精度检验。内在质量检验一般为性能检验和成分检验，由专业技术检验单位进行。外观质量检验主要采用看、听、摸、嗅等感官检验法，就是通过人的感官，检验商品的外形或装饰有无缺陷。尺寸精度检验主要针对金属材料中的型材、部分机电产品和少数建筑材料进行。

质量检验比例如下。

① 贵重商品、仪器仪表外观质量缺陷按100%比例检验。

② 供应商信誉好、质量稳定、新出厂或价值不高的商品，可按一定比例抽验。

③ 带包装的金属材料，可按5%～10%比例抽验；无包装的金属材料全部目测查验。

④ 易霉变、受潮、污染、虫蛀商品或容易受到机械性损伤的商品，按5%～10%比例检验。

⑤ 进口货物质量按100%比例检验。

⑥ 入库量在10台以内的机电设备，100%检验；100台以内，检验率不低于10%；运输、起重设备100%查验。

（三）处理验收问题

货物检验过程中，如果发现单货不符、数量不符、质量有问题等，应按照以下原则分别处理。

（1）凡验收中发现问题等待处理的货物，应该单独存放，妥善保管，防止混杂、丢失、损坏。

（2）数量短缺在规定磅差范围内的，可按原数入账；凡超过规定磅差范围的，应核实并填写验收记录和磅码单交主管部门会同货主向供货单位交涉。在货物验收过程中，如果对数量不进行严格的检验，就会给仓库造成经济损失。

（3）货物质量不符合规定时，应及时向供货单位办理退货、换货交涉，或征得供货单位同意代为修理，或在不影响使用前提下降价处理。货物规格不符或错发时，应先将规格正确的予以入库，规格不正确的填写验收记录交给主管部门办理换货。

（4）证件未到或不齐时，应及时向供货单位索取，到库货物应作为待检验货物堆放在待验区，待证件到齐后再进行验收。证件未到之前，不能验收，不能入库，更不能发货。

（5）凡属承运部门造成的货物数量短少或外观包装严重残损等，应凭借提货时索取的货运记录向承运部门索赔。

（6）凡价格不符，供方多收金额部分应予拒付，少收金额部分经过检查核对后应主动联系供方及时更正。

（7）凡入库通知单或其他证件已到，在规定的时间未见货物到库时，应及时向主管部门反映，以便查询处理。

动画：验收
问题处理

四、办理手续

1. 入库交接

交接是仓库管理人员与送货司机之间办理货物交接、文件资料交接,同时签署相关单证,确认仓库收到货物的过程。

(1)交接货物。交接货物就是仓库验收人员对司机送达货物实施入库验收,剔出不良货物,接收数量和质量完好的货物。

(2)交接文件。交接文件就是验收人员接收送货司机送交的货物资料、货运记录(是收货单位索赔的依据)、普通记录(指承运部门开具的一般性证明文件,如棚车的铅封印纹不清、不符,或没有按规定施封或施封不严,篷布苫盖不严实等,不具备索赔效力)以及随货运输单证上注明的相应文件,如图纸、准运证等。

(3)签署单证。签署单证就是在送货单、交接清单、检验单、残损单证、事故报告等常用单式上签字,以便确认相关交接事项,送货单样式见表3-1,交接清单样式见表3-2。

表 3-1　送货单

单号:　　　　　　　客户名称:　　　　　　　送货日期:　　年　　月　　日

序号	物品名称	条码	编号	包装规格	数量	备注

送货司机签字:　　　　　　　　　　　　　　　仓库验收人员签字:

表 3-2　交接清单

运单号:　　　　　　　供应商:　　　　　　　交接日期:　　年　　月　　日

车辆牌照:　　　　　　　送货司机:　　　　　　　联系电话:

序号	货物名称	货物编码	包装规格	数量	重量	货物状态	备注

送货司机签字:　　　　　　　　　　　　　　　仓库验收人员签字:

2. 登账

登账是指将入库货物登入仓库明细账。仓库明细账反映入库、出库、结存的详细信息,记录库存物品的动态变化和出入库的过程。使用 WMS 的仓库,一般通过扫描条码确认入库,系统会自动更新库存信息。库存明细账样式见表3-3。

表 3-3   库存明细账

| 年 | | 储位 | 商品名称 | 编号 | 计量单位 | 单价 | 入库数量 | 金额 | 出库数量 | 金额 | 结存数量 | 金额 | 备注 |
月	日												

3. 立卡

立卡是指在货物入库或上架后,将货物名称、规格、数量等内容填在料卡上。料卡也称货卡、货牌,一般悬挂在货物下方的货架支架上,或摆放在托盘、货垛正面显眼的位置,料卡样式见表 3-4。

表 3-4   料卡

名 称			规 格		单 位	
最高存量			最低存量		标准订购量	
日期		摘要	凭证号数	入库数量	出库数量	结存数量
月	日					

4. 建档

建档是对货物接收作业全过程的有关资料证件进行整理、核对存档。建立货物档案可以更好地管理货物的凭证和资料,防止散失,查阅方便,同时便于了解货物入库前后的活动全貌,不仅便于日后货物管理和客户维护,也为将来可能发生的纠纷保留凭证。同时有助于总结和积累仓库保管经验,研究管理规律,提高科学管理水平。

存档的资料通常包括以下内容。

(1)货物的各种技术资料,如生产许可证、合格证、说明书、装箱单、质量标准、发货单等。

(2)货物运输单据、普通记录、货运记录、残损记录、装载图等。

(3)入库通知、验收记录、磅码单、技术检验报告等。

五、入库存放

货物验收后,库管员对收到的货物向送货人进行确认,表示货物已接收,办理入库交接手续,明确双方的责任,然后完成搬运、堆码、上架等相关作业。

(一)搬运作业

将验收合格的货物,按每批入库单开制的数量和相同的品唛集中起来,分批搬运到预先安排的货位,要做到进一批清一批,严格防止品唛互串或数量溢缺。在搬运过程中,尽量做到"一次连续搬运到位",力求避免入库货物在搬运时的停顿和重复劳动。对有些批量大、包装整齐的货物,送货单位应使用托盘一体化作业,以便于点数,加快货物入库速度,减少货损。

按被搬运货物的形态不同,搬运作业方式有单件作业法、集装作业法和散装作业法。

按使用的搬运设备不同,搬运作业方式有人力搬运、叉车搬运、拖车搬运、输送带搬运等。

视频:堆码机器人

(二)堆码作业

1. 堆码的要求

(1)堆码的"12 字方针"。堆码"12 字方针"是指合理、牢固、定量、整齐、节约、方便,具体要求见表 3-5。

表 3-5　堆码"12 字方针"具体要求

12 字方针	具 体 要 求
合理	搬运活性合理、垛形合理、重量合理、间距合理等
牢固	货垛稳定牢固。通过适当选择垛底面积、堆垛高度、衬垫材料,使货垛稳定、牢固、不偏不倚、不歪不倒
定量	每层同量,垛、行、层、包等都为整数,每垛都有固定的数量,便于盘点和检查。对于某些过磅称重的商品,不能成整数时,应明确标出重量,分层或成捆堆码,定量存放
整齐	货垛排列整齐有序,横看成行、纵看成列,商品外包装上的标志一律朝外,便于查看和拣选
节约	节约堆码劳动力消耗、苫垫材料消耗和堆码货位。力求一次堆码成型,减少重复作业,以节省人力消耗;小心使用苫垫材料,减少货损和浪费;合理设计堆码方案,节约货位
方便	便于后续装卸搬运、日常维护保养、检查盘点和灭火消防

(2)堆码的"五距"。堆码要注意"五距",即垛距、墙距、柱距、灯距和顶距,具体要求见表 3-6。

表 3-6　堆码"五距"具体要求

"五距"	具 体 要 求
垛距	货垛与货垛、货架与货架之间必要的距离。库房的垛距应不小于 0.5m;货架与货场货垛间距应不小于 0.7m。留垛距是为便于通风和检查商品
墙距	库内货垛与隔断墙之内墙距不得小于 0.3m,外墙距不得小于 0.5m。留墙距主要是防止渗水,便于通风散潮
柱距	货垛或货架与库房内支柱之间应留有 0.2~0.3m 的距离。留柱距是为防止商品受潮和保护柱脚
灯距	货垛与照明灯之间的必要距离称为灯距。灯距必须严格规定不得小于 0.5m。留灯距主要是防止火灾
顶距	平房仓库顶距应不小于 0.3m;多层库房顶距不得小于 0.5m。留顶距主要是为了通风

2. 货物的堆码方式

货物堆码是指商品入库存放的操作方法和方式,它关系到货物保管的安全、清点数量的便利,以及仓库容量利用率的提高。货物堆码主要有以下几种方式。

（1）散堆方式。散堆方式是指将无包装的散货在仓库上堆成货堆的存放方式。这种方式特别适用于大宗散货，如煤炭、矿石、散粮和散化肥等。这种堆码方式简便，便于采用现代化的大型机械设备，节省包装费用，能够提高仓容利用率，降低运费。

动画：货物的堆码方式

（2）垛堆方式。垛堆方式是对长、大件货物进行堆码的方式。堆码方式应以增加堆高、提高仓容利用率、有利于保护货物质量为原则。常见的垛堆方式主要有重叠式、纵横交错式、仰俯相间式、压缝式、通风式、栽柱式等，如图3-2所示。

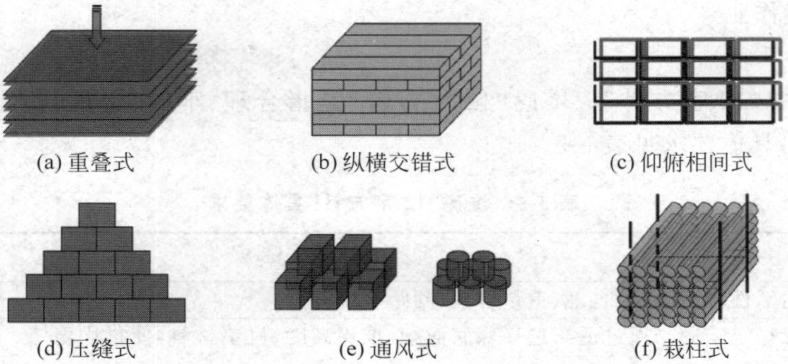

| (a) 重叠式 | (b) 纵横交错式 | (c) 仰俯相间式 |
| (d) 压缝式 | (e) 通风式 | (f) 栽柱式 |

图 3-2　常见的垛堆方式

① 重叠式。这种方式是指货垛各层商品的排列方法和数量一致。重叠式是仓库中最常用的商品堆码的垛形，也是机械码垛的主要垛形之一，适用于体积较大、包装坚固的商品，如中厚钢板、集装箱及其他箱装货物。其优点是空间利用率高，配备托盘可采用机械化操作。

② 纵横交错式。纵横交错式是指相邻两层货物的摆放旋转90°，一层横向放置，另一层纵向放置。每层间有一定的咬合效果，牢固度较好，适用于管材、棒材、狭长的箱装物资等。

③ 仰俯相间式。这种方式是仰俯相向相扣。这种堆码方式可以使货垛牢固，适合钢轨、槽钢、角钢等货物。在露天货场堆码时，应注意使货垛一头高、另一头低，以便于雨水排放。

④ 压缝式。压缝式是指将上一层的物品跨压在下一层两件物品之间的缝隙上，逐层堆高。其特点是层层压缝，货垛稳定，不易倒塌，适用于长方形包装或桶装商品的码放。

⑤ 通风式。通风式是指任意两件相邻商品之间都留有空隙，以便通风。层与层之间采用压缝式或纵横交错式。这种方式一般适合箱装、桶装及裸装货物。

⑥ 栽柱式。栽柱式是指在货垛两侧栽上木桩或钢棒，形成U形货架，然后将货物平放在桩柱之间，码了几层后，用铁丝将相对两边的桩柱拴连，再往上摆放货物。这种方式一般适合棒材、管材等长条形货物。

⑦ "五五化"堆垛。以5为基本计算单位，堆码成各种总数为5的倍数的货垛，以5或5的倍数在固定区域内堆放，使货物"五五成行、五五成方、五五成包、五五成堆、五五成层"，堆放整齐，上下垂直，过目知数，便于货物的数量控制、清点盘存。

⑧ 托盘堆码。货物在托盘上的堆码方法可采用重叠式、纵横交错式、仰俯相间式、压缝式等堆码方法。为了增加托盘堆码的稳定性，可以用捆扎、网罩、框架、中间加衬垫、金属卡具、胶带、塑料裹膜等方法进行加固。

（3）货架方式。货架方式是指采用通用或者专用的货架进行货物堆码的方式，它适合于存放小件货物或不宜堆高的货物。通过货架能够提高仓库的利用率，减少货物存取时的差错。

（4）成组方式。成组方式是指采用成组工具使货物的堆存单元扩大的方式。常用的成组工具有货板、托盘和网等。成组堆码一般每垛3~4层。这种方式可以提高仓库利用率，实现货物的安全搬运和堆存，提高劳动效率，加快货物流转。

（三）上架作业

入库上架就是将验收后的货物搬运到库内指定位置，合理堆码和上架。上架作业流程如图3-3所示。

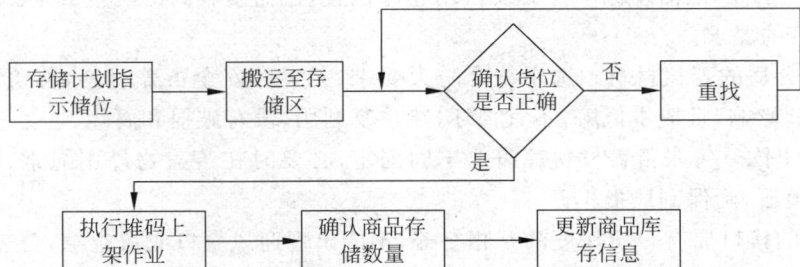

图 3-3　上架作业流程

（四）货物苫垫

苫垫是指对堆码成垛的货物上苫下垫。在堆码货物时，为了避免货物受到日光、雨水、冰雪、潮气、风露的损害，必须妥善放置苫垫，以保证储存养护货物的质量。

1. 货物垫垛

垫垛就是在货物堆垛前，根据货垛的形状、底面积大小、货物保管养护的需要、负载重量等要求，预先铺好垫垛物的作业。

（1）垫垛目的。垫垛是为了使货垛底部货物与地面垫隔并垫高，可隔离地面潮湿，避免潮气侵入货物而受损，使垛底通风透气，提高储存货物的保管养护质量。垫垛是仓储保管作业中不可缺少的一个环节。

（2）垫垛材料。通常采用水泥墩、条石、枕木、模板、垫架等垫高材料和苇席、防潮纸、塑料薄膜等垫隔材料。根据不同的储存条件和货物储存要求，采用不同的垫垛材料。

（3）垫垛的基本要求。

① 所使用的衬垫物与拟存货物不会发生不良影响，具有足够的抗压强度。

② 地面要平整坚实、衬垫物要摆平放正，并保持同一方向。

③ 衬垫物间距适当，直接接触货物的衬垫面积与货垛底面积相同，衬垫物不伸出货垛。

④ 衬垫物要有足够的高度，露天堆场要达到0.3~0.5m，库房内则0.2m即可。

2. 货物苫盖

苫盖是指采用合适的苫盖材料对货垛进行遮盖。苫盖是为货垛遮阳、避雨、挡风、防尘，减少货物自然损耗，保护货物在储存期间的质量。

常用的苫盖材料有帆布、芦席、油毡纸、塑料膜、苫布、塑料瓦等。

（1）常用苫盖方法。

① 就垛苫盖法。直接将大面积苫盖材料覆盖在货垛上，适用于起脊垛或大件包装货物。一般采用大面积的帆布、油布、塑料膜等作为苫盖材料。就垛苫盖法操作便利，但通风不好。

② 鱼鳞式苫盖法。将苫盖材料从货垛的底部开始，自下而上呈鱼鳞式逐层交叠围盖。该法一般采用面积较小的席、瓦等材料苫盖。鱼鳞式苫盖法具有较好的通风条件，但每件苫盖材料都需要固定，操作比较烦琐复杂。

③ 活动棚苫盖法。将苫盖物料制作成一定形状的棚架，在货物堆垛完毕，将该棚架移动到货垛处进行遮盖，或者采用即时安装活动棚架的方式苫盖。活动棚苫盖法较为快捷，具有良好的通风条件，但活动棚本身需要占用仓库位置，也需要较高的购置成本。

动画：常用
苫盖方法

（2）苫盖的要求。

① 选择合适的苫盖材料。选用符合防火要求、无害的安全苫盖材料，苫盖材料不会与货物发生不利影响，且成本低廉，不宜损坏，能重复利用，没有破损和腐烂。

② 苫盖牢固。每张苫盖材料都需要牢固固定，必要时在苫盖物外用绳索、绳网绑扎或者采用重物镇压，确保刮风揭不开。

③ 苫盖的接口要有一定深度的互相叠盖，不能出现迎风叠口或留空隙，苫盖必须拉挺、平整，不得有折叠和凹陷，以防积水。

④ 苫盖的底部与垫垛平齐，不能腾空或拖地，并牢固地绑扎在外侧或地面的绳桩上，衬垫材料不得露出垛外，以防雨水渗入垛内。

⑤ 使用旧的苫盖物或在雨水丰沛季节时，垛顶或者封口需要加层苫盖，确保雨淋不透。

📚 任务案例

数字化仓储提升保障效能

近日，某基地着眼检验数字化仓储能力开展药品收发演练。这份涵盖 10 余种、近千件药品的调拨单通过指挥专网流转，同时到达现场指挥员和保管员手中。保管员轻击鼠标，自动化仓储平台随即显示所需药品库存位置信息。多台垂直货梯有序运行，所需药品被精准抓取，通过传送带快速出库，电子屏上实时更新出库药品信息。

"数字化仓储，是实现物资管理可视化、储存托盘化、控制自动化和收发高效化的重要保证。"该基地保障队副队长介绍，他们给库内每个托盘都装上信息模块，实现物资精准定位、快速出库，保管员在控制室内即可实时掌握库存量、库容量变化。

随着大批量药品被调拨出库，仓储可视化管理信息系统发出库存告警提示。随即，经过紧急筹措，一批补充药品送达库区、准备入储。"以往物资入储前需要人工盘库测算库容，如今我们已实现智能化作业。"保管员张旭借助手持扫码机，快速完成扫码、贴签、计数等工序，效率较以往大幅提高。

随着多辆新型高机动运输车从库区驶出，演练圆满结束。"科技强大带来保障能力升级，数字化仓储助力物资精准高效出入库。"该基地领导介绍，下一步他们将把数字化手段推广应用到更多库房，实现保障链路全时全域可视可控；综合运用物联网等技术探索"智慧联勤"保障模式，以满足各类支援保障需求。

案例思考：

（1）数字化仓储与传统仓储有哪些区别？

（2）实施数字化仓储能为企业带来哪些好处？

任务实训

<h2 align="center">入库作业分析</h2>

一、实训目的

根据货物存储特性选择货物入库存储区，计算货位数量，完成入库作业准备工作，并能够绘制入库作业流程图。

二、实训内容

管理员小刘接到供货商入库通知，对入库货物进行了分析，货物存储特性见表 3-7，存储区布局见图 3-4。请完成以下任务：①请为货物分配存储区域；②根据入库数量和码盘标准，计算货物所需货位的数量；③绘制入库作业流程图。

表 3-7　入库货物存储特性

序　号	物品名称	入库数量/箱	存储单元	码放数量	保管要求
1	粉底液	70	箱	每层码 18 箱	常温
2	洗发露	120	托盘	每托码 40 箱	常温
3	洁肤乳	108	托盘	每托码 54 箱	常温
4	滋润乳霜	140	托盘	每托码 70 箱	常温
5	紧肤水	90	托盘	每托码 45 箱	易燃液体，闪点＜60℃，运输温度＜41℃
6	修护眼霜	100	托盘	每托码 50 箱	常温
7	蜜露香皂	60	托盘	每托码 30 箱	常温
8	沐浴露	64	托盘	每托码 32 箱	常温
9	唇笔	120	托盘	每托码 120 箱	常温
10	唇膏绯红	78	托盘	每托码 78 箱	常温
11	唇膏魅紫	78	托盘	每托码 78 箱	常温
12	粉饼象牙色	45	托盘	每托码 45 箱	常温
13	粉饼瓷白色	45	托盘	每托码 45 箱	常温
14	粉饼绯红色	45	托盘	每托码 45 箱	常温
15	定型喷雾剂	96	托盘	每托码 8 箱	不可在 0℃ 以下储存，易燃危险品，运输温度＜32℃

三、实训步骤

（1）教师通过在线学习平台发布实训任务。

（2）结合具体货物信息分配存储区，计算货位需求量。

（3）绘制入库作业流程图。

（4）小组互评与总结反馈。

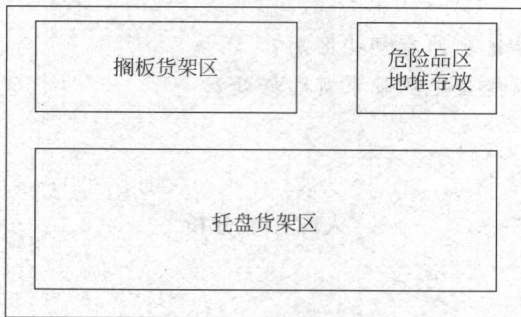

图 3-4   存储区布局

任务小结

通过本任务的学习,掌握入库作业的流程,了解入库准备的工作内容,掌握货物验收的内容与流程,能够办理入库手续,高效率、高质量完成货物入库作业。

任务二   货物在库与盘点作业

任务导入

2024 年 10 月 10 日,A 物流公司收到某一供应商盘点通知,要求 2024 年 10 月 20 日前提交 9 月库存的盘点报表。供应商对盘点绩效提出以下要求:提供 2024 年 1—9 月家用电器的库存周转率;系统数量与实际数量相符程度及差异原因分析;制订库存准确率(储位准确率和拣选位准确率)报表。其中,目标考核比率为储位准确率 100%、拣选位准确率 95%。每年 10 月为 A 物流公司的业务旺季。为不影响正常的仓储作业,仓库该如何编制盘点计划和选择合理的盘点方式? 如何确定盘点策略并组织实施?

任务知识

一、商品保管保养

(一)商品保管保养概述

商品进入仓库直至出库前处于在库保管期间,由仓储企业承担在库作业和质量管理,仓库必须按照保管合同要求,对商品采取有效的措施,保障商品的质量,实际上就是要开展商品的保管保养工作。

1. 商品保管保养的任务

仓库的主要职能之一是对在库商品实施保管保养。商品保管保养包含两个方面的内容:一是根据各种商品不同的性能特点,结合具体条件,将商品存放在合理的场所和位置,为在库商品提供适宜的保管环境;二是对商品进行必要的保养和维护,为在库商品创造良好的保管条件。二者是相互联系、不可分割的有机体,其主要目的都是保持仓储商品的原有使用价值、最大限度减少商品损耗。

总体而言,商品保管保养的任务,主要是根据商品的性能和特点,提供适宜的保管环境和保管条件,保证库存商品数量正确、质量完好、经济合理。

(1) 制定储存规划。商品储存规划是指在现有各类仓储设施条件下,根据储存任务,对不同种类商品的储存做出全面规划,如保管场所的选择、保管场所的布置、保管方式、堆码苫垫等。

(2) 提供适宜的保管环境。不同种类的商品要用不同的保管环境与保管条件,保管保养的任务之一就是采取相应的、行之有效的措施和方法,如仓库温湿度控制、金属防锈、防虫、防霉等,为商品提供适宜的保管环境和条件,并防止各种有害因素的影响。

(3) 提供仓库物资的信息。仓库管理的任务或功能之一是提供物资信息,各类物资库存量情况和质量情况是通过物资的保管获得的。物资保管人员在负责实物保管的同时,还负责各类信息的管理,包括料账、料卡及各种单据、报表、技术证件等的填写、整理、传递、保存、分析与运用。

2. 商品保管保养的原则

(1) 质量第一原则。商品保管保养的根本目的是保持商品原有使用价值。因此,必须把保证库存商品数量正确、质量完好放在首位,一切方法措施都要以这一根本目的为前提。

(2) 科学合理原则。企业对商品储存要进行合理的规划,对商品养护要采取先进的技术与养护方法,还要做到因库制宜、因物而异,以达到科学合理的目的。

(3) 效率原则。效率原则要求在保证库存商品的使用价值不变的前提下,有效利用现有仓储设施,提高仓库利用率和设备利用率,减少保管费用,降低供应成本。

(4) 预防为主原则。为了避免或减少商品在保管中质量下降和数量损耗,应积极采取预防措施,按制度办事、按标准办事,不留隐患,防止质量事故的发生。

（二）库存商品变化及影响因素

1. 库存商品质量变化形式

由于商品自身的特性,在库期间,可能会发生如下变化:物理变化、化学变化、生化变化、价值变化、机械变化等,如表 3-8 所示。

表 3-8　库存商品质量变化形式

名　称	现　象	示　例
物理变化	气体、液体、固体"三态"之间的变化	挥发、凝固、沉淀、熔化、潮解、商品串味、渗漏、沾污、干裂等现象
化学变化	氧化、燃烧与爆炸、锈蚀、老化、水解、分解、裂解、化合、聚合等	
生化变化	粮食、水果、蔬菜、鲜鱼、鲜肉、鲜蛋等有机商品在储存过程中受环境影响会发生呼吸、发芽、胚胎发育、后熟、霉腐、虫蛀等	
价值变化	储存呆滞损失:因储存时间过长,市场需求发生了变化,使该商品的效用降低 时间价值损失:储存时间越长,储存成本越高,造成经济损失	
机械变化	商品在外力作用下可发生的形态变化	破碎、变形等

2. 库存商品变化的影响因素

商品的维护保养工作就是从外界因素的影响出发,在掌握商品质量变化的客观规律的基础上,通过改变或控制外界环境达到目的。

(1) 影响商品变化的内在因素。商品自身的特性是商品发生变化的内因,主要包括商品的化学成分、物理形态、理化性质、机械及工艺性质等。

① 化学成分。不同商品具有不同的化学成分,不同的化学成分及其含量的不同,既能够影响商品的基本性质,又能够影响商品抵抗外界侵蚀的能力,如普通碳素钢在潮湿的环境中容易生锈。

② 物理形态。物理形态分为固态、液态、气态。不同的形态具有不同的特性,要求相应的保管条件。商品的三种状态在一定的条件下可以相互转化,对于库存商品来说,这是应当避免的。

③ 理化性质。理化性质是由商品的化学成分和组织结构决定的。物理性质主要是指商品的吸湿性、挥发性、水溶性、导热性、耐热性等;化学性质主要是指商品的化学稳定性、燃烧性、爆炸性、腐蚀性、毒害性等。商品的理化性质是指使其发生变化的最主要的内在因素。

④ 机械及工艺性质。商品的机械及工艺性质是指商品的弹性、可塑性、韧性、脆性、强度、硬度等。商品的工艺性质是指商品的加工程度(如毛坯、半毛坯、成品等)和加工精度(如光洁度、垂直度、水平度等)。一般而言,强度高、韧性好、加工精密的商品不易发生变化。

(2) 影响商品变化的自然因素。各种自然因素是影响商品变化的外因,主要包括以下因素。

① 温度对库存商品的影响。一定的温度是商品发生物理、化学、生态变化的必要条件,温度过高、过低或剧烈变化,会对某些商品产生不利影响。易燃品、自燃品和爆炸品,如汽油、黄磷、烈性炸药等,温度过高容易引起燃烧、爆炸。

② 湿度对库存商品的影响。大气的干湿程度取决于大气中的水分含量的多少。湿度对库存商品的影响最大。如电石、水泥、石棉粉、炸药、焊接材料等,在潮湿的环境中易于变质失效;木材以及木制品,受潮后容易发霉、腐败、强度降低。

③ 大气对库存商品的影响。大气由干洁空气、水汽和固体杂质三种成分组成。干洁空气是指由氮气、氧气、二氧化碳以及其他气体所组成的混合气体。虽然其中氮气所占的比重最大,但由于氮气属于惰性气体,因此对于库存商品不产生影响。氧气会对商品产生不良影响,如加速金属锈蚀、加速仓库虫害以及霉菌的繁殖、促使带有还原剂的化工产品氧化变质、使某些油脂氧化、促使高分子材料老化、促成燃烧爆炸等。二氧化碳遇水能产生碳酸,对商品有一定的腐蚀性。

大气中的固体杂质主要是灰尘、烟尘和其他粉尘,是一些微小的固体颗粒,带有电荷。当固体杂质与带有异性电荷的物质接触时,会产生静电吸附,影响商品表面的光泽和清洁度。例如,精密仪器仪表落上灰尘,会影响可动部件的力学性能,使用时增加机械磨耗,降低灵敏度,缩短使用寿命。

④ 日光对库存商品的影响。日光是太阳辐射的电磁波,根据其波长一般可分为三个光区,即紫外线、可见光和红外线。其中,紫外线波长最短,能量最大,具有杀菌消毒作用;红外线能量较弱,但它被照射物吸收后可转变为热能,会对怕高温的材料产生不利的影响。

适度的日光对于库存商品有时是有利的,如可以利用其热力蒸发库内和商品内多余的水分。但是,紫外线长久直射橡胶及其制品,则会使其发生老化龟裂现象,破坏其分子结构,使其丧失使用价值。日光是高分子材料老化的最主要的因素,它能够促使许多高分子化合物的分子链裂解;着色纤维制品、纸张以及纸制品,经日照会发脆褪色;润滑油脂、油漆等在日光照射下易于分解。

⑤ 生物和微生物对库存商品的影响。这里所说的生物主要是指仓库害虫,如白蚁、老鼠等,其中以虫蛀鼠咬危害最大。各种有机商品,如纤维及其制品、皮草及其制品等,都容易受到虫鼠的破坏。虫鼠不仅损害商品本身,包装物、料架供电线路、电器产品的绝缘材料等也均有遭受虫鼠袭击的可能。

影响库存商品的微生物主要是霉菌和木腐菌。霉菌会使很多有机物(如纤维制品橡胶塑料制品、皮革制品等)发霉,直接影响商品质量;木腐菌会使木材和木制品腐朽,降低其强度,影响使用。

(3)影响商品变化的储存时间和社会因素。储存时间对任何商品都具有一定的影响,只是程度不同而已。一般而言,储存时间越长,其影响就会越大,商品受到上述自然因素的影响也就越多。有些商品长时间储存,会变质损坏,以致完全失去使用价值。

社会因素是一个包括国家宏观经济政策、国民经济情况、生产力布局、交通运输条件、经济管理体制、企业管理水平、仓库设施条件与管理水平等的广义概念。社会因素对商品库存量和库存的时间都会构成影响,从而影响商品的变化。例如,国民经济紧缩时期,企业库存增加,商品在库时间相对延长,就会增加商品变化的可能性。

(三)库存商品保管保养措施

1. 控制温湿度

温度、湿度是影响货物安全储存的决定性因素。各种货物由于其本身特性,对温湿度一般都有一定的适应范围,超过这个范围,货物就有可能变质。因此,应该根据库存货物性能要求,适当采取密封、通风、吸潮等办法,调节仓库的温湿度,使其达到适应货物储存的范围,确保货物的质量。

部分货物的温湿度要求如表 3-9 所示。

表 3-9 部分货物的温湿度要求

商 品 种 类	温度/℃	相对湿度/%	商 品 种 类	温度/℃	相对湿度/%
金属制品	5~30	≤75	皮革制品	5~15	60~75
塑料制品	5~30	50~70	纸制品	≤35	≤75
橡胶制品	≤25	≤80	树脂油漆	0~30	≤75
麻织品	25	55~65	仪表电器	10~30	≤70
丝织品	20	55~65	毛织品	20	55~65

温湿度常用的控制方法如下。

(1)通风。通风是指利用库内外空气温度不同而形成的气压差,使库内外空气形成对流,达到调节库内温湿度的目的。正常的通风,可以调节改善库内的温湿度,还能散发商品和包装物多余的水分。仓库通风可分为自然通风和机械通风两种方式。自然通风就是选择合适的时机开窗通风,使库内空气和库外空气对流交换;机械通风是指利用排风扇进行通风,安装空调系统降温。

（2）密封。密封是指使用密封材料将商品存储空间严密地封闭起来,使之与周围空气隔离,防止或减弱周围自然因素对商品的影响。一般来讲,密封是为了防潮,同时也可以起到防锈、防霉、防虫、防热、防冻、防老化的作用。

（3）除湿。除湿是指利用物理或化学的方法,将空气中的水分除去,以降低空气的湿度。除湿方法主要有利用吸潮剂和利用空气去湿机除湿等。除湿可与密封配合使用。在梅雨季节或阴雨天,在密封库里常采用除湿的办法降低库内的湿度。

（4）加湿。如果库内湿度低于保管要求,商品因含水量低易产生干裂、挥发、易燃、干涸等变化的,应利用机械进行加湿或洒水操作。

2. 商品霉腐防治

导致货物霉变的原因主要包括水分和空气的温湿度过高,以及日光照射时间不长等。货物的霉变对货物质量的影响较大。防止霉腐的方法主要有以下几种。

（1）常规防霉腐。消除适合霉菌生长发育的条件,将库内温湿度控制在一定的标准以内,以达到防霉腐的目的。通常采用的措施如下。

① 每批货物入库时,都应严格验收。首先要认真检查货物是否已经出现霉变现象,其次要检查货物含水量是否过高,包装有无破损或受潮现象。

② 选择合理的储存场所。容易生霉的货物应选择干燥密封条件较好的库房进行存放。在码垛时应采取隔潮措施,以避免地潮对货物的直接影响。梅雨季节应码通风垛使货物表面不断接触流动的空气。

③ 坚持在库检查。对储存中易霉货物,应建立并严格执行在库检查制度。要随时观察并及时发现货物霉变的迹象,以免造成货物的严重损失。

④ 加强仓库的温湿度管理。做好仓库温湿度管理,是对生霉的外因进行限制的手段。当微生物得不到生长发育的必要条件时,货物就不会霉变了。在梅雨季节,普通库房的防霉腐工作主要是控制库内的相对湿度。如果把库内相对湿度控制在75%以下,多数货物可以安全储存。

（2）化学药剂防霉腐。防霉腐最主要的方法是使用防霉剂。其基本原理是使微生物菌体蛋白凝固、沉淀、变性,或者破坏酶系统使酶失去活性,从而影响细胞呼吸和代谢或改变细胞膜的通透性,进而使细胞破裂、解体。防霉剂的使用方法主要如下。

① 添加法。即将一定比例的防腐剂溶液直接加入材料或制品,如食品、化妆品等。

② 浸渍法。即将制品在一定温度和一定浓度的防霉剂溶液中浸渍一定时间后晾干。

③ 涂抹法。即将一定浓度的防霉剂溶液用刷子等工具涂抹在制品表面。

④ 喷雾法。即将一定浓度的防霉剂溶液用喷雾器均匀地喷洒在材料或制品表面。

⑤ 熏蒸法。即将挥发性防霉剂(如硝基苯甲醛、环氧乙烷的粉末或片剂)置于密封包装内,通过防腐剂的挥发防止货物霉变。

（3）气调防霉腐。气调防霉腐是生态防霉腐的形式之一,霉腐微生物与生物性货物的呼吸代谢都离不开空气、水分、温度这三个因素。只要有效地控制其中一个因素,就能达到防止货物发生霉腐的目的。气调防霉腐是指在密封条件下,通过改变空气组成成分,如增加二氧化碳或氮气的含量,以降低氧气的浓度造成低氧环境,来抑制霉腐微生物的生命活动与生物性货物的呼吸强度,从而达到防霉腐的效果。气调防霉腐的方法如下。

① 密封。通过密封降氧是利用生物性货物自身的呼吸作用,或货物上霉腐微生物的呼吸作用,逐渐消耗密封垛内的氧气,增加二氧化碳的浓度,从而达到自然降氧的目的。只需密封塑料帐罩而无须其他降氧设备,主要用于水果、蔬菜的防霉腐保鲜。

② 降氧。通过调节空气中氧气的浓度,人为地造成一个低氧环境,霉腐微生物的生长繁殖及生物性货物的呼吸也会受到抑制。目前采用的人工降氧方法分为机械降氧和化学降氧。其中,机械降氧又可分为真空充氮法、充二氧化碳法和分子筛降氧法;而化学降氧主要是使用除氧封存剂。

(4) 低温冷藏防霉腐。控制和调节仓库内及货物本身的温度,使其低于霉腐微生物生长繁殖的临界点,可抑制酶的活性。这个方法一方面抑制生物性货物的呼吸、氧化过程,使其自身分解受阻;另一方面抑制霉腐微生物的代谢与生长繁殖,达到防霉腐的目的。低温冷藏防霉腐所需的温度与时间应以具体货物而定,一般温度越低,持续时间越长,霉腐微生物的死亡率越高。

(5) 其他方法。除以上方法外,还可以利用紫外线、微波、红外线、辐射等方法防霉腐。

3. 仓库虫害防治

仓库虫害以危害粮食、油料、饲料为最严重,比较严重的还有畜产品、中药材、皮革制品、纺织品、纸张及其制品等。根据统计,常见的仓库害虫有 60 多种,其中衣蛾类、谷蛾类食性复杂,危害范围很广泛。还有一些虫害虽然食性比较单一,但繁殖能力很强,造成的危害也很大。

仓库虫害的防治工作主要从以下两方面展开。

(1) 杜绝仓库虫害来源。

① 保持环境卫生。虫害的防治工作主要应杜绝虫源,并杜绝害虫生长繁殖的环境。因此,保持库内外环境卫生是一项重要工作,要特别注意害虫喜藏匿和过冬之处,定期做好消杀工作。

② 对入库货物进行虫害检查和处理。对储存易生虫货物的库房,在害虫繁殖期到来之前可使用磷化铝、溴甲烷、硫酰氟等进行一次熏蒸,或在库内墙角、走道、垛底、苫垫材料等处喷洒杀虫药剂。

(2) 采取药物和物理机械防治。

① 化学杀虫法。化学杀虫法是指利用化学药剂防止虫害的发生。在实施时,应考虑害虫、药剂和环境三者间的关系。例如,针对害虫的生活习性,选择其抵抗力最弱的虫期施药。药剂应低毒、高效且对环境无污染,在环境温度较高时施药,可获得满意的杀虫效果。

② 物理杀虫法。物理杀虫法是指利用各种物理因素(如热、光、射线等),破坏害虫生理活动和机体结构,使其不能生存或繁殖。物理杀虫法主要有高低温杀虫法、射线杀虫法、微波与远红外线杀虫法及充氮降氧(气调)杀虫法等。

4. 金属制品防锈

(1) 选择合适的储存场所。金属制品保管地点应远离有害气体和粉尘的影响,并与酸、碱、盐等商品分开存放。

(2) 控制好温度和湿度。金属制品的仓库应保持干燥。

(3) 涂油防锈。在金属制品表面涂或喷一层防锈油脂薄膜,防锈油具有易燃成分和一定的毒性。防锈油分为软膜防锈油和硬膜防锈油两种。

（4）气相防锈。利用挥发性缓蚀剂,在机械产品周围挥发出缓蚀气体,来阻隔腐蚀介质的腐蚀作用,以实现防锈目的。气相防锈剂有气相防锈纸、粉末防锈剂、溶液防锈剂等。

二、库存盘点作业

（一）库存盘点概述

1. 盘点的概念

《物流术语》(GB/T 18354—2021)对盘点(stock checking)的定义:盘点是指对储存物品进行清点和账物核对的活动。在仓储作业过程中,货物不断地进库和出库,在作业过程中产生的误差经过一段时间的积累会使库存资料反映的数据与货物实际数量不相符。有些商品因长期存放,品质下降,不能满足用户需要。为了对库存货物的数量进行有效控制,并了解货物在库房中的质量状况,必须定期对各储存场所进行清点作业。

2. 盘点的目的

（1）准确掌握库存数量,保证账实相符。通过清点库存商品数量,修正存货记录与实际存货数量之间的误差,误差产生的原因通常有以下几点。

① 库存记录不准确,如发生多记、漏记、误记。

② 库存商品发生丢失、损耗。

③ 入库验收与出库复核时清点有误。

④ 盘点结果不准确,有漏盘、重复盘、误盘等。

（2）计算企业资产的损益。库存物料总金额直接反映企业流动资产的使用情况,库存金额过高,将直接威胁企业资金的流动性。而库存金额又与库存量及商品单价有关,所以,要对现有库存商品数量准确盘点,才能准确计算企业资产的实际损益。

（3）发现仓库管理中存在的问题。通过盘点可以发现是否有商品积压、变质、丢失、损耗过大等现象,通过对盘盈和盘亏原因分析,可以及时发现仓库管理中存在的问题,及时采取补救措施,提高管理水平。

3. 盘点的内容

货物盘点的内容包括查数量、查质量、查保管条件和查安全等。

（1）查数量,即通过点数计算查明货物在库的实际数量,核对库存账面数量与实际库存数量是否一致。

动画:盘点的
内容

（2）查质量,即检查在库货物质量有无变化,有无超过有效期和保质期,有无长期积压等现象,必要时还必须对货物进行技术检查。

（3）查保管条件,即检查保管条件是否与各种货物的保管要求相符合。例如,温度、湿度是否符合要求,卫生条件是否符合要求,堆码是否符合要求,货垛是否稳定等。

（4）查安全,即检查各种安全措施和消防设备、器材是否符合安全要求,建筑物和设备是否处于安全状态。

（二）库存盘点方法

1. 账面盘点法

账面盘点法就是为每一种商品分别设立"存货账卡",然后将每一种商品的出入库数量及相关信息记录在账面上,逐笔汇总出账面库存余额,便于随时从账面或计算机中查询出入

库记录及结余数量。

2. 现货盘点法

现货盘点法又称实地盘点法,就是对库存商品进行实物盘点的方法。按照盘点时间频率的不同,现货盘点法又可分为期末盘点法和循环盘点法。

(1) 期末盘点又称全盘,是指在会计计算期末全面清点所有商品数量的方法,常见的有月度盘、季度盘、年度盘。期末盘点将仓库所有商品一次点完,工作量大、盘点要求严格,盘点期间要停止出入库作业,会影响生产,通常是因财务核算要求而进行的盘点。

(2) 循环盘点法是指每天或每周清点一部分货物,一个循环周期内将每种货物至少清点一次的方法。循环盘点一次只对少量商品盘点,不影响生产。循环盘点通常适用于价值高或重要货物的盘点,检查的次数多,监督也更严密;而对价值低或不太重要的货物,盘点的次数可以少一些。

动画:盘点的方法

(三) 盘点作业流程

盘点作业流程如图 3-5 所示。

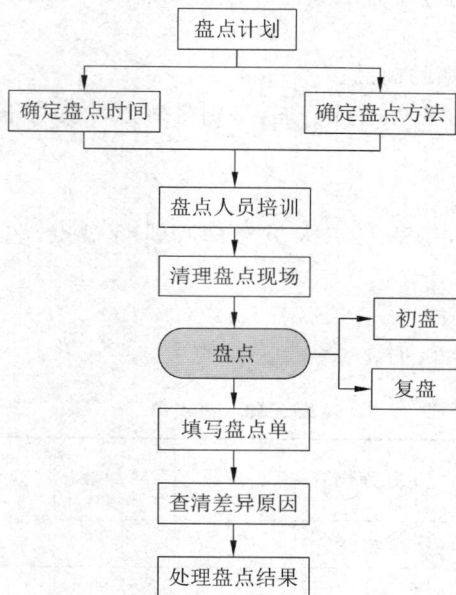

```
                    盘点计划
                        │
        ┌───────────────┴───────────────┐
   确定盘点时间                      确定盘点方法
        └───────────────┬───────────────┘
                        │
                   盘点人员培训
                        │
                   清理盘点现场
                        │
                     盘点 ──────┬──── 初盘
                               └──── 复盘
                        │
                   填写盘点单
                        │
                   查清差异原因
                        │
                   处理盘点结果
```

图 3-5　盘点作业流程

1. 盘点计划

盘点工作开始前,需制订明确的盘点计划,具体包括确定盘点时间和确定盘点方法。

(1) 确定盘点时间。确定盘点时间时,既要防止过久盘点对公司造成的损失,又要考虑配送中心资源有限、商品流动速度较快的特点,在尽可能投入较少资源的同时,加强库存控制,可以根据商品的不同特性、价值大小、流动速度、重要程度来分别确定不同的盘点时间,盘点时间间隔可以是每

动画:盘点的流程

天、每周、每月或每年盘点一次不等。例如,A 类主要货品每天或每周盘点一次;B 类货品每两三周盘点一次;C 类不重要的货品每月盘点一次。

（2）确定盘点方法。因盘点的场合、要求不同,盘点的方法也有差异,为满足不同情况的需要,尽可能快速准确地完成盘点作业,所采用的盘点方法要对盘点有利,不至于盘点时混淆。盘点方法如前所述分为账面盘点法和现货盘点法。

2. 盘点人员培训

确定盘点时间和盘点方法后,还需根据所要盘点的货物和仓库自身的特点对盘点人员进行具体的培训,以确保盘点工作准确、顺利地进行。

3. 清理盘点现场

盘点作业开始之前,必须对盘点现场进行整理,以提高盘点作业的效率和结果的准确性。

（1）盘点前对已验收入库的商品进行整理并归入储位,对未验收入库属于供货商的商品,应区分清楚,避免混淆。

（2）盘点现场关闭前,应提前通知。对于需要出库配送的商品,应提前做好准备。

（3）账卡、单据、资料均应整理后统一结清,以便及时发现问题并加以预防。

（4）预先鉴别变质、损坏的商品。

（5）对储存场所堆码的货物进行整理,特别是对散乱货物进行收集与整理,以便盘点时计数。

动画:初盘

动画:复盘

4. 盘点

准备工作全部完成后,组织盘点人员对库存进行盘点,包括初盘和复盘。

5. 填写盘点单

盘点完成后,填写盘点单,如表 3-10 所示。

表 3-10　盘点单

储位号码	物品名称	单位	账面结存	盘点数	增加数	减少数	调整后的实际库存	备注
需要说明的问题								

制表人:　　　　　　　　盘点人:　　　　　　　　复盘人:

6. 查清差异原因

盘点的结果与库存记录有差异时,需查清差异的原因,常见的有以下几种。

（1）记账员登记数据时发生错登、漏登等情况。

（2）账务处理系统管理制度和流程不完善,导致货品数据不准确。

（3）盘点时发生漏盘、重盘、错盘现象，导致盘点结果出现错误。

（4）盘点前数据未结清，使账面数不准确。

（5）出入作业时产生误差。

（6）由于盘点人员不尽责导致货物损坏、丢失等后果。

7．处理盘点结果

查清原因后，为了通过盘点使账面数与实物数保持一致，需要对盘点盈亏和报废品一并进行调整，如表3-11、表3-12所示。

表 3-11　盘点盈亏汇总表

储位号码	物品名称	账面资料		实盘资料		盘盈		盘亏		差异原因
		数量	金额	数量	金额	数量	金额	数量	金额	
合计										

制表人：　　　　　　　　　盘点人：　　　　　　　　　　复盘人：

表 3-12　物品盘点调整表

储位号码	物品名称	单位	规格	账面数额			盘点实存			数量盈亏				金额增减				原因说明	负责人	备注
										盘盈		盘亏		盘盈		盘亏				
				数量	单价	金额	数量	单价	金额	数量盈亏	金额	数量	金额	数量盈亏	金额	数量	金额			
总经理			财务经理			仓储经理			制表人											

任务案例

冷库保管不当致水果腐烂

水果商租用冷库存放水果，不料冷库温度出现异常，导致数万元水果变质。谁该对此负责？官司经两级法院审理，终因当事人双方均有过错，水果商获赔1万元。

2024年9月，从事水果生意的肖某决定从南疆进一批香梨在石河子销售。为方便储存，肖某租用了何某的一间冷库。两人口头约定，租赁期限6个月，租金9 000元。当月，肖某付租金5 000元后，何某将冷库的钥匙交给了他。随后肖某从库尔勒购进大批香梨，存放在冷库中，准备将这批水果卖到第二年春天。由于忙于生意，除了提货，肖某很少去冷库查看货物。2025年1月，肖某突然接到何某的电话，何某说："别人告诉我，冷库的控制箱显示的温度不对,你快去看看!"肖某急忙赶到冷库查看,发现控制箱上显示的温度为 57℃!而库房里存放的香梨此刻表皮泛了黑。数万元水果"全军覆没",肖某找到何某,要求他赔偿损失,但遭到了何某的拒绝:"我已经把冷库交给你使用了,冷库的温度为何会升高,我也不清楚,这不是我的责任。"肖某委托有关机构对存放在冷库的香梨进行估价,认为总价值达 6 万余元。随后,肖某将何某起诉到法院,要求赔偿损失。法院查明,肖某租赁的冷库与另外两间冷库共用一个外间,冷库温度的控制箱安装在外间的墙壁上。冷库升温的主要原因是有人动了控制箱的调控开关。

案例思考:

(1) 该商品在仓储过程中质量变化的原因是什么?

(2) 损失属于何方的责任?冷库应如何进行水果的保管保养?

🌸 任务实训

盘点作业

一、实训目的

在学生掌握相关设施设备操作的基础上,掌握盘点流程。熟悉并能够运用 WMS、条码软件及打印机,培养团队协作精神及 6S 现场管理素质。

二、实训内容

2024 年 10 月 21 日,某物流公司仓储部收到盲盘指令,要求第二天晚上对仓库编号为 C03 中 A 区的所有 Deli 打印机 2 530(货品编号:D237)进行盘点。第二天上午,仓储部负责人王宇将制单任务交给了李伟。

C03 仓库 A 区的托盘货架如图 3-6 所示(图中括号内的数字表示货物数量)。

Doli打印机2350 批次:20240107 (10箱)		Doli打印机2530 批次:20241006 (10箱)		储位
8000000000011		8000000000012		托盘编号
H1-01-01-03	H1-01-02-03	H1-01-03-03	H1-01-04-03	储位编号
Doli打印机3250 批次:20240606 (29箱)	Deli打印机2530 批次:20240806 (29箱)			储位
8000000000013	6000000000013			托盘编号
H1-01-01-02	H1-01-02-02	H1-01-03-02	H1-01-04-02	储位编号
		Deli打印机3520 批次:20240906 (29箱)	Deli打印机3520 批次:20241105 (29箱)	储位
		8000000000016	6000000000016	托盘编号
H1-01-01-01	H1-01-02-01	H1-01-03-01	H1-01-04-01	储位编号

图 3-6   托盘货架

（1）制单要求。根据题目相关内容，请制作单号为 PD202410102 的盘点单，见表 3-13。

表 3-13　盘点单

盘点单号							
仓库编号				制单日期			
货品信息							
库区	储位	货品编号	货品名称	规格	单位	账面数	盘点数
制单人				盘点人			

（2）在实训室按照图 3-6 放置模拟商品，分组完成商品盘点作业，并绘制盘点作业流程图。

三、实训步骤

（1）教师布局实训场景，通过在线学习平台发布实训任务。
（2）结合背景资料填写盘点单。
（3）分组完成商品盘点作业，并绘制盘点作业流程图。
（4）小组互评与总结反馈。

任务小结

通过本任务的学习，掌握商品保管保养的原则与措施，了解盘点作业的目的与内容，掌握盘点方法和作业流程，能够高效率、高质量完成货物盘点作业。

任务三　货物拣货与出库作业

任务导入

早在党的十八届五中全会上，我国就提出了创新、协调、绿色、开放、共享的发展理念，着力推进高质量发展，推动构建新发展格局。在新发展理念的指引下，现代物流行业的发展趋势重点体现在行业标准化、规模化、专业化、信息化和智能化等方面，强调降本提质增效。货物拣货与出库是现代物流行业降本提质增效的重要环节，特别是对于多品种、小体积、小批量的仓储配送作业，由于其工艺复杂、时效要求高，拣货出库作业的速度和质量不仅对仓储配送中心的作业效率起决定性的作用，而且直接影响整个配送中心的信誉和服务水平，因此，拣货出库作业要求尽可能迅速、准确地将商品从其储位或其他区域拣取出来，并进行分类、集中，等待配装送货。拣货出库是整个配送中心作业系统的核心，决定了仓储配送中心作业效率的提高。此外，拣选也是仓库投入最多的一个环节，合理规划与管理拣货作业对提高仓库作业效率具有决定性的影响。

任务知识

一、订单处理

（一）订单处理作业概述

1. 订单处理的含义

订单处理是指为有关客户和订单的资料确认、存货查询和单证处理等活动。订单处理是从接到客户订货信息开始到准备着手拣货为止的作业阶段，对客户订单进行品种数量、交货日期、客户信用度、订单金额、加工包装、订单号码、客户档案、配送方法和订单资料输出等一系列的技术工作。优化订单处理流程，缩短订单处理周期，提高订单处理的效率和供货的准确率，为客户提供订单处理全程信息跟踪服务，可大大提高企业服务水平与客户满意度，同时降低库存水平和配送总成本，使配送中心获得竞争优势。

2. 订单内容

为提高订单信息处理速度，订单内容的设计要实用简洁，减少重复。一般可把订单档分为订单表头档和订单明细档，分别记录订单整体性信息、订货品项的详细信息，当客户订单被分割或汇总处理时，两者之间可借助关键信息来连接，如订单号。各配送中心可根据订单处理系统的要求自行设计内容与格式，某客户订单示例如表 3-14 所示。

表 3-14　某客户订单示例

No. ××××018

订货单位：家家悦超市×××店					联系电话：		
地址：					订货日期：　年　月　日		
序号	品名	规格	数量	重量	单价	总价	备注
1	福光柴鸡蛋	60 枚礼盒	20 箱				
2	蒙牛酸牛奶	18 袋百利包	10 箱				
3	金龙鱼色拉油	4 桶,5L	25 箱				
	………						
合计							

交货日期：　年　月　日　　时

交换地点：

订单形态：□一般交易　□现销式交易　□间接交易　□合约交易　□寄库交易　□其他

加工包装：

配送方式：□送货　□自提　□其他

用户信用：□一级　□二级　□三级　□四级　□五级

付款方式：

特殊要求：

　　制单：　　　　　　　　　　　　　　　　　　　　　　审核：

（二）订单处理作业流程

1. 接收客户订单

接单为订单处理作业的第一步，配送中心接收客户订货的方式主要有传统订货方式和电子订货方式两大类。随着流通环境及科技的发展，接收客户订货的方式也由传统的人工下单、接单，发展为计算机间直接送收订货信息的电子订货方式。

2. 客户订单确认

（1）确认货物名称、数量及日期。这是对订单资料的基本检查，尤其是当要求送货的时间有问题或出货已延迟时，更需要再与客户确认订单内容或更正期望运送时间。

（2）确认客户信用。核查客户的财务状况，确定其是否有能力支付该订单的账款，其做法多是检查客户的应收账款是否已超过其信用额度。

（3）确认订单形态。配送中心面对众多的交易对象，由于客户的不同需求，其做法也有所不同，反映到接收订货业务上，则具有多种订单交易形态及相应的处理方式，如表 3-15所示。

表 3-15　订单形态与处理方式说明

订单形态	含　义	具体处理方式
一般交易订单（常见订单）	接单后按正常的作业程序拣货、出货、配送、收款结账的订单	接单后，将资料输入订单处理系统，按正常的订单处理程序处理，资料处理完后进行拣货、出货、配送、收款结账等作业
现销式交易订单	与客户当场直接交易、直接给货的交易订单	订单资料输入前就已把货物交给了客户，故订单资料不需再参与拣货、出货、配送等作业，只需记录交易资料，以便收取应收款项
间接交易订单	客户向物流中心订货，但由供应商直接配送给客户的交易订单	接单后，将客户的出货资料传给供应商由其代配。客户的送货单是自行制作或委托供应商制作，应对出货资料（送货单回联）加以核对确认
合约式交易订单	与客户签订配送契约的交易。如签订在某期间内定时配送某数量的商品	约定送货日到时，将该资料输入系统处理以便出货配送；或一开始输入合约内容并设定各批次送货时间，在约定日到时系统自动处理
寄库式交易订单	客户因促销、降价等市场因素而先行订购某数量商品，以后视需要再要求出货的交易	当客户要求配送寄库商品时，系统检核是否确实，若有，则出货时要从此项商品的寄库量中扣除。注意：此项商品的交易价格是依据客户当初订购时的单价计算
兑换券交易订单	客户通过兑换券完成商品兑换后的配送出货	当配送客户兑换券的商品时，系统查核是否确实，若有，依据兑换的商品及兑换条件予以出货，并应扣除客户的兑换券回收资料

（4）确认订货价格。不同客户、不同订购量，可能有不同的售价，输入价格时，系统应加以核对。

（5）确认加工包装。客户对于订购的商品，是否有特殊的包装、分装或贴标签等要求，或是有关赠品的包装等资料都需要详细加以确认记录。

（6）设定订单号码。每一张订单都要有其单独的订单号码,所有配送工作说明单及进度报告均应附此号码。

3. 建立客户档案

客户档案应包含订单处理需要用到的及与物流作业相关的资料,包括以下内容。

（1）客户姓名、代号、等级形态。

（2）客户信用额度。

（3）客户销售付款及折扣率的条件。

（4）开发或负责此客户的业务员。

（5）客户配送区域。例如,地区、省、市、县及城市各区域等,基于地理位置或相关特性将客户分类于不同区域将有助于提升管理及配送的效率。

（6）客户收账地址。

（7）客户点配送路径顺序。按照区域、街道、客户位置,为客户分配配送路径顺序。

（8）客户点适合的车辆形态。客户所在地点的街道对车辆大小是否有所限制。

（9）客户点卸货特性。由于建筑物本身或周围环境特性(如地下室有限高或高楼层),可能造成卸货时有不同的需求及难易程度,在车辆及工具的调度上须加以考虑。

（10）客户配送要求。客户对于送货时间有特定要求或有协助上架、贴标签等要求。

（11）过期订单处理指示。若客户能统一决定每次延迟订单的处理方式,则可事先将其写入资料档案,以省去临时询问或需紧急处理的不便。

4. 存货查询与匹配

（1）存货查询。确认是否有库存能够满足客户需求,又称事先拣货。存货档案的资料一般包括货品名称、代码、库存量、已分配存货、有效存货及期望进货时间。

（2）分配存货。订单资料输入系统,确认无误后,最主要的处理作业在于如何将大量的订货资料作最有效地汇总分类、调拨库存,以便后续的物流作业能有效进行。

5. 拣货顺序确定与拣货时间计算

拣货顺序直接影响拣货效率,它决定了拣货人员行走距离的长短,即拣货时间长短。拣货顺序可依据仓储货位的状况及货物存放的位置来确定。

6. 缺货处理

若现有存货数量无法满足客户需求,且客户又不愿以替代品替代,则依下列方式处理。

（1）依客户意愿而定。有些客户不允许过期交货,而有些客户允许过期交货,有些客户希望所有订货一同发货。

（2）依公司政策而定。一些公司可过期向客户进行分批补交货,但一些公司因成本原因不愿意向客户分批补交货。

7. 订单资料处理输出

订单资料经由上述处理后,即可开始打印出货单据,以开始后续的物流作业。

（1）拣货单(出库单)。拣货单可提供商品出库指示资料,并作为拣货的依据。拣货单需配合配送中心的拣货策略及拣货作业方式来加以设计,以提供详细且有效率的拣货信息,便于拣货的进行。如表 3-16 分户拣货单(采用单—顺序拣选)、表 3-17 品种拣货单(采用批量拣选方式)和表 3-18 分货单(按品种批量拣取后,再按客户的需求分货)的示例。

表 3-16　分户拣货单

拣货单编号			用户订单编号	
用户名称				
出货日期			出货货位号	
拣货时间		年　月　日　时　分至　时　分	拣货人	
核查时间		年　月　日　时　分至　时　分	核查人	

序号	储位号码	商品名称	规格型号	商品编码	数量(包装单位)			备注
					托盘	箱	单件	

表 3-17　品种拣货单

拣货单号			包装单位			储位号码	
商品名称			托盘	箱	单件		
规格型号		数量					
商品编码							
拣货时间		年　月　日　时　分至　时　分				拣货人	
核查时间		年　月　日　时　分至　时　分				核查人	

序号	订单编号	客户名称	单位	数量	出货货位	备注

表 3-18　分货单

分货单编号			数量(包装单位)		
商品名称					
规格型号			托盘	箱	单件
商品编码					
生产厂家			储位编码		
分货时间		年　月　日　时　分至　时　分	拣货人		
核查时间		年　月　日　时　分至　时　分	核查人		

序号	订单编号	用户名称	数量(包装单位)			出货货位	备注
			托盘	箱	单件		

　　(2) 送货单。物品交货配送时,通常需附上送货单据给客户清点签收。因为送货单主要是给客户签收、确认的出货资料,其准确性非常重要。如表 3-19 所示。

表 3-19　送货单

收货单位				送货人员			
送达地点				送货时间			
发运物品详细内容							
货物名称	型号	规格	单位	数量	单价	总额	备注
有关说明							
收货方验收情况	验收人员		收货方负责人签字		负责人	（公章）	
	日期				日期		

此送货单一式三联,第三联送财务办理结算用,第二联送仓储部提货用,第一联为货到目的地后用作签收,并由送货人员带回交给部门主管。

（3）缺货资料。库存分配后,对于缺货的商品或缺货的订单资料,系统应提供查询或报表打印功能,以便人员处理。其中,库存缺货商品:提供依据商品类别或供应商类别进行查询的缺货商品资料,以提醒采购人员紧急采购。缺货订单:提供依据客户类别查询的缺货订单资料,以便相关人员处理。

二、拣货作业

（一）拣货作业概述

拣货作业是仓储配送工作人员依据客户的订货要求或配送中心的送货计划,尽可能迅速、准确地将货物从其储位或其他区域拣取出来,并按一定的方式进行分类、集中、等待配装送货。在仓储配送中心搬运成本中,拣货作业的搬运成本约占90%。因此,在仓配作业的各环节中,拣货作业是整个配送中心作业系统的核心。

（二）拣货作业方式

目前,在仓储配送中心中通常有以下几种拣货方式。

（1）人工摘果式拣选。人工摘果式拣选是通过人工根据每张订单进行一次性行走拣选,把每张订单里面的需要拣选的所有商品全部拣出的过程。

优点:一次行走拣选完成单个订单的所有待拣商品的拣选,相对于人工播种式拣选节省了分拣合并的环节,适合订单量少、季度性趋势明显、订单总量波动频繁的场景,操作简单,拣选员责任清晰。

缺点:SKU较多时,对拣选路径及效率影响较大,单个订单的拣选出库耗时较长;当出现多个工人同时同区拣选不同的批量订单时,会造成通道拥挤。

（2）人工播种式拣选。将仓储管理系统中多张订单集合成一个批次,按照品种、类别及数量进行汇总,由人工按货品集中式拣选,然后再根据每张订单的商品进行分货,合并订单的拣选过程。

优点:该拣选方式适用于订单数量非常大的仓库,可以明显提高拣货效率,缩短拣货时的行走及搬运的距离,提高单位时间的拣选数量。

视频:摘果式拣选

缺点：虽然集中拣选缩短了拣选时间,但对后端的复核集货环节增加了分货作业,相对于按单拣货作业增加了复核环节作业时间。

（3）DPS(电子标签)摘果式拣选。该拣选方式技术上依靠的是电子标签系统,对每一张订单的商品逐一进行拣选,原则上货物储位、SKU 与电子标签一一对应,考虑到成本效率等因素,也可以对应多个储位,常规的做法是 ABC 分类法中,库房内 A 类商品使用电子标签和储位一对一,BC 类的商品与和储位可以映射一对多。

优点：摘取式 DPS 拣选实现了拣选信息交互的无纸化,拣选员只需要根据电子标签系统指示的信息来拣选所需商品,拣选上更精准,快捷,降低了拣选员识别拣选的难度,相比纯人工纸单拣选提高了作业效率。

视频：播种式拣选

缺点：电子标签货架需要提前购置和配置 SKU 对照关系,相对费用较高,件型上主要适用小件,可能出现的问题就是当商品缺货时需暂时关闭,并需同步生成补货任务进行及时补货操作。

（4）DAS(电子标签)播种式拣选。该拣选方式技术上也是依靠电子标签系统做识别,此时的每一个电子标签所代表的是一个配送对象或订货客户,工作人员汇集多家订货单位的多张订单,以商品 SKU 为处理单位,将批量拣出来的所有 SKU 录入系统,一般通过先扫描 DAS 格口箱号,再扫描批量拣单箱号进行信息交互。拣选员取出某一 SKU 的需求总数,需配此 SKU 的订货单位的电子标签指示灯亮起,拣选人员依电子标签上显示的数量进行配货,依次完成其他 SKU 拣选。

优点：相较于 RF 枪拣选,DAS(电子标签)播种式拣选更精准、高效,减少了人工确认商品的耗时。

缺点：在订单中件居多及订单量不大的情况下适用性不强。

（5）语音拣选。语音拣选也是人到货的拣选方式,通过对在库订单进行分析归类,按货物品类,SKU 大小分类,结合仓储的储位布局,拣货员佩戴微型电脑及麦克风(或 AR 眼镜),系统自动为拣货员规划拣选最优路径,按 U 形或 Z 形路线行走,多种 SKU 拣选能一步到位,上手简单。

视频：电子播种墙作业流程

优点：解放了拣货员的双手,在效率相当的情况下,语音拣选投入成本比电子标签拣选方式低大约30%。

缺点：语言拣选方式对拣货员语言有较高要求,对库房网络线缆连通有一定要求。

（6）分区拣选。分区拣选是将整个拣货区拆分为几个区,如 A、B、C、D 四个分区,每张订单都从 A 区开始拣选→B 区拣选→C 区拣选→D 区拣选→合流区→复核→打包→发货。分区拣选一般按行业类目工作分区、物流出货量大小、拣货单位三种维度划分拣选区域。

视频：AR 眼镜拣选

工作分区的方法是指将拣货仓库按品类划分为几个区域,由专人负责各个区域的货物拣选,这种分区方法有利于拣选人员记忆货物存放的位置,熟悉货物品种,缩短拣货所需时间,提高拣选的效率。

物流量分区拣选的方法就是按各种货物出库量的大小,出货频次的多少来进行 ABC 分类,再根据组合分区的不同特征,决定合适的拣选方式和设备选型。优点在于优化了拣选路径,可以减少重复行走,提高了拣选效率。

按拣选单位分区就是指将拣选区分为单品拣货区、箱装拣货区等。其特点在于这一分区原理与存储单位分区基本是相对应的,能实现将存储和拣货单位分类统一。

(7) AS/RS拣选。AS/RS拣选是借助WMS/WCS技术,通过堆垛机、穿梭车,从高位拣选货架按照订单需求,拣选出对应SKU货品,以整托为单位暂存拣货区,由人工或机械手臂,将货品进行扫描贴签的操作,投递于回流分拣线至场地集中分拣发货区,属于"货到人"的拣选方式。

优点:拣选作业过程更省人,高效,降低了人工操作的劳动强度。

缺点:初期基建成本、设备成本投入较大,人工贴签未实现自动化前,需要对商品进行确认贴标。

(8) AGV"货到人"拣选。该拣选方式借助WMS系统,通过AGV系统接受下传的拣货指令,根据关联货架绑定的货品逻辑,将对应货架的货品移动至拣选工位处,通过拣选位的PC端映射待拣货架格口进行拣选的过程。

优点:产能扩展灵活,能有效应对波峰波谷的订单变化,同时充分利用场地的空间位置,节省了人工,提升了单位坪效和人效。

缺点:初期基建、设备成本较高,增加了后期设备维养成本,对网络及系统稳定性要求提升。

(三)"货到人"拣选技术

"货到人"(goods to person or goods to man,G2P or G2M)拣选,顾名思义,即在物流拣选过程中,人不动,货物被自动输送到拣选人面前,供人拣选。最早的"货到人"拣选是由自动化立体库完成的,托盘或料箱被自动输送到拣选工作站,完成拣选后,剩余物料可根据实际情况返回库内或下线。

视频:AGV "货到人" 拣选

1."货到人"拣选系统的构成

"货到人"拣选系统由三部分组成,即储存系统、输送系统、拣选系统。

(1) 储存系统是"货到人"拣选系统的核心子系统,负责存储货物,包括多种存储形式。

① AS/RS。自动化仓库系统(automated storage and retrieval system,AS/RS)是一种能够在不直接进行人工处理的情况下自动存储和取出物料的系统,如图3-7所示。AS/RS以托盘存储为主,主要用于整件拣选,很少用于拆零拣选。

动画:AS/RS 自动化立体 仓库

图3-7 AS/RS存储系统

② Mini Load。Mini Load(轻型堆垛机式立体仓库)是一种以料箱为主要存取单元的 AS/RS 系统,主要采用轻型堆垛机进行自动化作业和软件信息化调度,如图 3-8 所示。Mini Load 适用于料箱存储,特别适用于拆零拣选,在医药和电商领域应用广泛。

视频:
Mini Load
轻型堆垛机
立体仓库

图 3-8　Mini Load 存储系统

③ AGV。AGV 开始是作为一种输送系统存在的,广泛应用于汽车装配等制造企业。随着 AGV 的不断发展,不仅其形式发生了巨变,其应用场合亦发生了根本性的变化。亚马逊推出的 Kiva 系列机器人,实际上已将 AGV 的应用从单纯的输送转变为一个集存取与输送于一体的"货到人"系统,如图 3-9 所示。

图 3-9　AGV 存储系统

④ Multi Shuttl。Multi Shuttl(多层穿梭车或多穿),通过结合多层穿梭车、立体货架、提升机、箱式输送系统、WMS 和 WCS,实现立体仓库的密集存储和智能化管理,如图 3-10 所示。单个多穿巷道的入出库效率最高可达每小时 1 000 箱以上,是传统 Mini Load 系统的 3～5 倍。

视频:
Multi Shuttl
多穿立体仓库

图 3-10　Multi Shuttl 存储系统

（2）输送系统负责将货物从储存系统输送到拣选工作站。输送系统的能力直接影响拣选效率，一般箱式输送线的输送能力为 1 000～1 200 箱/h。

（3）拣选系统即拣选工作站，负责从输送系统中取出货物并进行拣选，如图 3-11 所示。拣选工作站的形式多样，通常分为两层，上层为储存箱，下层为订单箱。拣选工作站通常配置电子标签、图像辅助系统，以提高准确性。

图 3-11　"货到人"拣选工作站

2. "货到人"拣选系统的优势

（1）拣选高效。以拆零拣选为例，"货到人"拣选每小时可完成 800～1 000 订单行，是传统拆零拣选（包括纸单拣选、RF 拣选）的 8～15 倍。

（2）存储高效。"货到人"拣选系统由于采用立体存储和密集存储方式，所以其存储密度可以大大提高。以拆零拣选为例，采用立体存储，空间利用率可以达到 45% 以上。如果采用密集存储技术，空间利用率更是高达 60% 以上，是传统方式的 4～5 倍。

（3）降低劳动强度。基于自动化立体库的"货到人"拣选，可以大幅度减少人工搬运，拣货员几乎没有行走路程，其作业平台充分考虑人体的舒适度，劳动强度大大降低。

3. "货到人"拣选系统应用趋势

大型电子商务配送中心是"货到人"技术的重要应用领域，因为其拆零拣选占拣选总量的 95% 以上，是最合适采用"货到人"拣选技术的行业；医药物流，尤其是以拆零为主的配送中心，由于对物流效率和拣选准确性的高要求，是"货到人"拣选应用的另一重要领域；此外，冷链物流由于作业环境恶劣，对于"货到人"拣选有特别的需求。

当然，传统行业还有很多具备采用"货到人"拣选的场合，如服装、食品、化妆品等行业，均有应用"货到人"拣选的需求。作为一种高效的拣选技术，"货到人"系统的应用前景非常广阔，未来的拆零拣选还将向"自动拣选"和"智能拣选"的趋势发展，这是"货到人"更为高级的表现形式，只是这时的"人"已不是普通的人，而是机器人。

三、补货作业

（一）补货作业概述

补货作业是将货物从仓库保管区搬运到拣货区的工作，其目的是向拣货区补充适当的商品，以保证拣货作业需求，如图 3-12 所示。补货作业的发生与否主要看拣货区的货物存量是否符合需求，以避免出现在拣货中才发现拣货区货量不足需要补货，而造成影响整个拣货作业的问题。

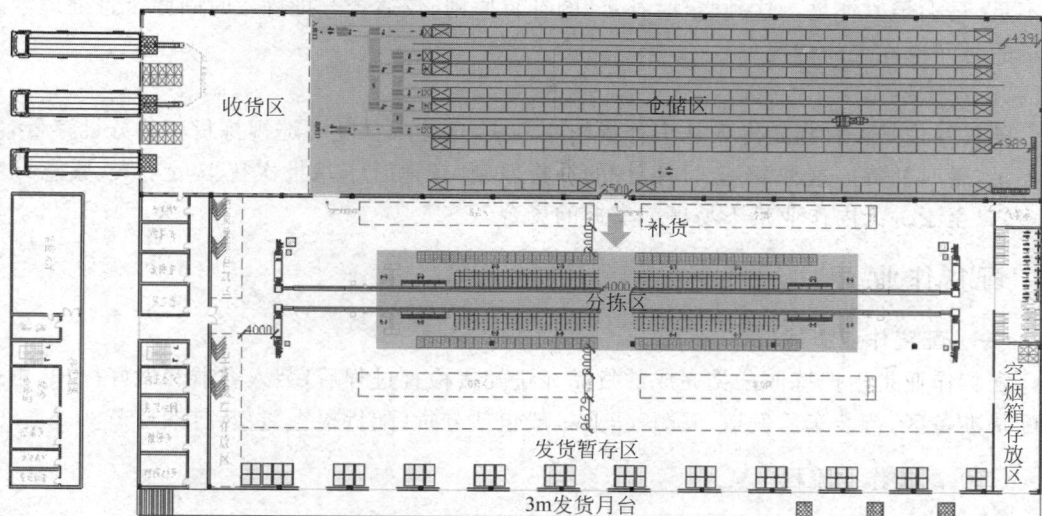

图 3-12 补货作业

（二）补货作业方式

1. 整箱补货

整箱补货是指由货架保管区补货到流动货架的拣货区。这种补货方式的保管区为料架储放区，动管拣货区为两面开放式的流动棚拣货区。拣货员拣货之后把货物放入输送机并运到发货区，当动管区的存货低于设定标准时，则进行补货作业，较适合于体积小且少量多样出货的货品。

2. 托盘补货

托盘补货是以托盘为单位进行的补货。托盘由地板堆放保管区运到地板堆放动管区，拣货时把托盘上的货箱置于中央输送机送到发货区。当存货量低于设定标准时，立即补货，使用堆垛机把托盘由保管区运到拣货动管区，也可把托盘运到货架动管区进行补货，适合于体积大或出货量多的货品。

3. 货架上层—货架下层的补货

在这种补货方式中，保管区与动管区属于同一货架，也就是将同一货架上的中下层作为动管区，上层作为保管区，而进货时则将动管区放不下的多余货箱放到上层保管区。当动管区的存货低于设定标准时，利用堆垛机、提升机等将上层保管区的货物搬至下层动管区。这种补货方式适合于体积不大、存货量不高，且多为中小量出货的货物。

（三）补货作业时机

准确掌握补货时机，保证有货可配，通常采取以下三种补货时机。

1. 批次补货

在每天或每一批次拣取之前，经计算机计算所需货品的总拣取量和拣货区的货品量，计算出差额并在拣货作业开始前补足货品。这种补货原则比较适合于一天内作业量变化不大、紧急订货不多，或是每一批次拣取量可以事先掌握的情况。

2. 定时补货

将每天划分为若干个时段，补货人员在某时段内检查拣货区货架上的货品存量，如果发现不足,马上予以补足。这种"定时补足"的补货原则,较适合分批拣货时间固定且处理紧急订货的时间也固定的情况。

3. 随机补货

随机补货是一种指定专人从事补货作业方式,这些人员随时巡视拣货区的分批存量,发现不足,随时补货。这种"不定时补足"的补货原则,较适合于每批次拣取量不大、紧急订货较多,以至于一天内作业量不易事前掌握的场合。

四、配货作业

(一)配货作业概述

配货作业是指把拣取分类完成的货品经过配货检查过程后,装入容器和做好标识,再运到配货准备区,待装车后发送。配货作业一般包括分货、配货检查、包装打捆环节。

(二)配货作业流程

1. 分货

分货作业是在拣货作业完成之后,将所拣选的货品根据不同的顾客或配送路线进行的分类,对其中需要经过流通加工的商品拣选集中后,先按流通加工方式分类,分别进行加工处理,再按送货要求分类出货的过程。

2. 配货检查

拣取的货物经过分类、集中后,需要根据客户、车次对象等拣选货品作业产品号码及数量的核对,以及产品状态及品质的检验,以保证发运前货物的品种正确、数量无误、质量及配货状态不存在问题。

3. 包装打捆

包装就是对配送货物进行重新包装、打捆、印刷标识等作业,是货物流通加工作业的一种。这种包装可起到保护货物、降低货损、提高运输效率、指导装卸搬运作业及便于收货人识别等作用。

4. 包装检查

包装检查包括核对包装标志、标记、号码,检查包装的完好性、安全性等。

五、出库作业

(一)出库作业流程

1. 出库凭证审核

仓库接到出库凭证(仓单)后,必须对出库凭证进行审核。

审核内容:提货单的合法性和真实性;核对物品的品名、型号、规格、单价、数量;核对收货单位、到货站、开户行及账号。

2. 出库准备

出库准备包括拣选、加工、包装、配货、补货等工作。

3. 出库验收

物品验收的标准:采购合约或订购单所规定的条件;采购合约中的规格或者图解;比价或议价时的合格样品;各种物品的国家品质标准。

出库验收的内容主要包括件数、品名、规格、等级、颜色、标准、商品条码等。

4．出库点交与销账

出库物品经凭证审核、出库验收后，要向提货人员点交。出库完毕后，仓管员应及时将物品从仓库保管账上核销；并将留存的仓单（提货凭证）、其他单证、文件等存档。

5．装载上车

根据不同配送要求，在选择合适车辆的基础上对车辆进行配载，以达到提高车辆利用率的目的。

6．清理

保管员应根据储存规划要求，及时整理、清扫发货现场，保持清洁整齐。现场物品清理完毕，还要收集整理该批物品的出入库情况、保管保养及盈亏等数据情况，并将这些数据存入物品档案。

（二）出库方式

（1）托运。托运是指由运输企业代用户办理货运手续，通过承运部门（铁路、水运、汽运、航空、邮局等）将货物送到用户所在地，用户自己去提或者承运部门送货上门。

（2）自提。自提是指用户持提货凭证去仓库提取自己的货物。

（3）送料。送料是指由送料人填写一式四份的发料凭证：存根一份；库管员保留；收料人一份；财务成本会计一份；仓储统计员一份或提供给送料员一份。

（4）移仓。移仓是指将货物由配送中心的仓库移到货物所有人的货仓。

（5）过户。过户是指仓库内的物料不动，通过转账变动物料所有者的一种空发货的方式。原货主要填出库单，新货主要填入库单。

（6）取样。取样是指为了商检和样品成列的需要，开箱拆包抽取样品，做出库单并销账。

任务案例

基于智能机器人的"上存下拣"自动化仓配模式

作为中国西南地区的关键物流中心之一，京东物流四川广汉亚洲一号智能仓项目，是服务西南地区消费者需求的重要保障，该智能仓主要提供米、面、调味品等商品配送服务。京东电商仓库几乎所有订单都需要拆零拣选，为了实现仓库智能化和自动化，减少人工搬运，提高订单的拣选效率，推进智能物流系统建设，提高公司整体形象，京东物流放弃了传统的堆垛机立库，而是选择了四向穿梭车立库，最终确定了立库 RGV＋AGV 的组合型解决方案，实现了立库上层由 RGV 四向车系统进行搬运及储存货物（图 3-13），下方一层由 AGV 拣选货物的自动化仓配模式（图 3-14），业内称之为"上存下拣"模式。

整个智能仓设计 4 100 个储位，配置 5 台 RGV 四向穿梭车进行货物存取，4 台提升机分别用于入库和出库，存储近 7 000 件商品，出入库效率分别为 60 托/h（出库）、110 托/h（入库）。目前整个库区仅需 2～3 人就能够完成所有订单的拣选，该环节几乎实现了无人作业，即使在"双十一""6·18"大促期间，也仅需 6～7 人就能完成 5 000 单的作业需求。基于 RGV/AGV 应用的电商物流配送中心出入库流程见表 3-20。

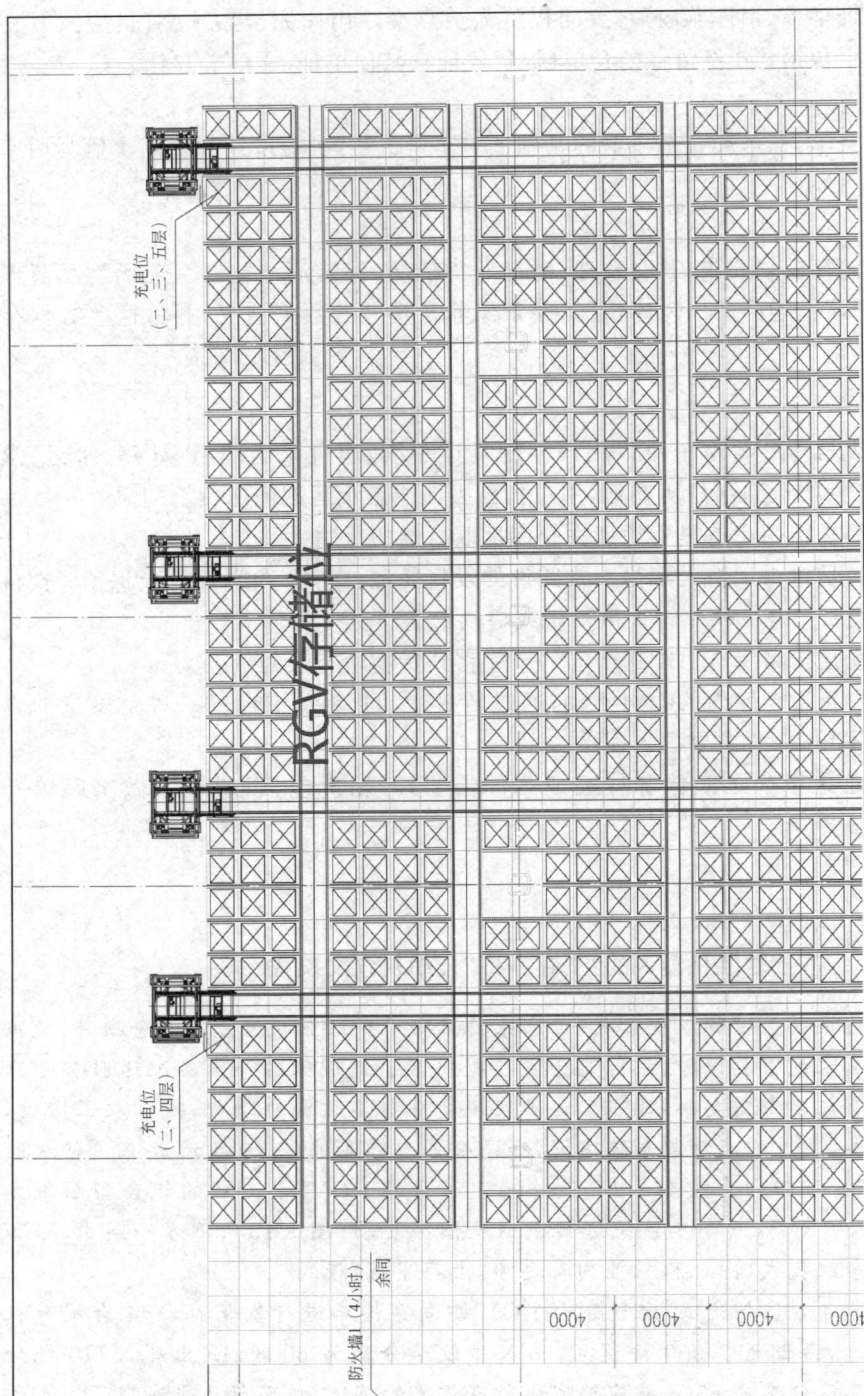

图 3-13 上层 RGV 存储位

图 3-13 彩图

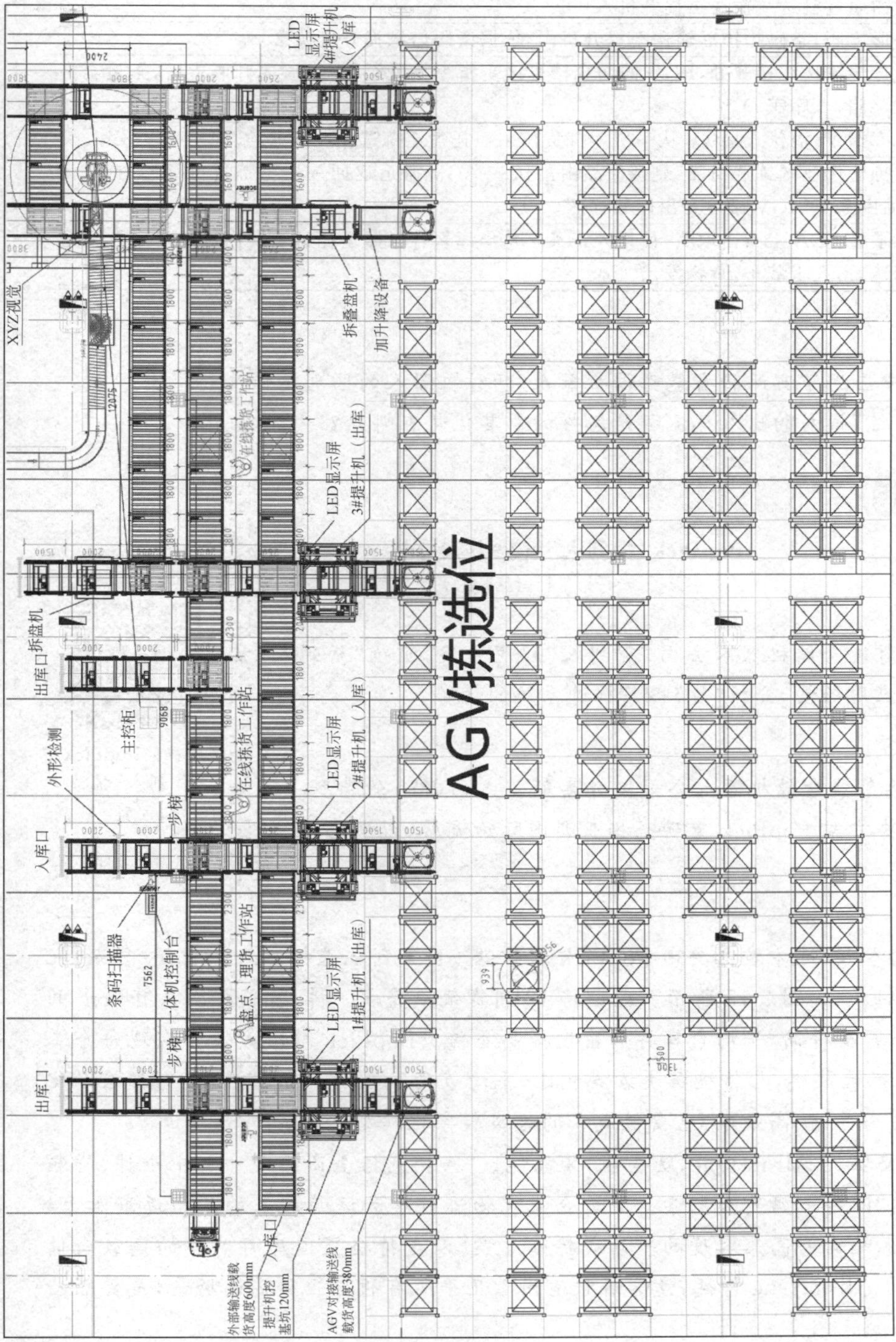

图 3-14　下层 AGV 拣选位

图 3-14 彩图

表 3-20   基于 RGV/AGV 应用的电商物流配送中心出入库流程

入库作业	货车到位后,人工卸货至出入库区入库输送线(若入库不及时,则卸货于临时收货暂存区)
	托盘货物通过输送线输送至提升机入口
	通过外形检测,条码扫描后输送至提升机内,依据读码信息提升机换层
	托盘输送至输送线接驳处,RGV 四向穿梭车接受指令行驶至接驳口,顶升取货后,搬运至指定货位存储,入库完成
出库作业	接受出库指令,潜伏式 AGV 从一层零拣货位搬运托盘至拣选作业区
	人工在拣选作业区拣选商品,剩余商品由潜伏式 AGV 搬运返回一层零拣货位存储,拣选完成,商品由叉车 AGV 搬运至出库暂存区
	人工在平板 PDA 上点击取货,使用人工叉车从出库暂存区搬运托盘至发货暂存区等待发货
	货车到达后,人工装车,货物发出

案例思考:

(1) 本案例中应用了哪两种智能存储机器人,两种机器人的区别是什么?

(2)"上存下拣"模式的出入库流程是怎样的?其优势在哪里?

任务实训

PopPick"货到人"解决方案分析

一、实训目的

通过分析某智能仓储机器人公司"货到人"解决方案,明确"货到人"拣选在电商行业的应用场景,分析"货到人"拣选系统的优势。

动画:PopPick
"货到人"拣选
方案

二、实训内容

2021 年,知名智能仓储机器人公司极智嘉颠覆式创新的全能型一站式"货到人"拣选解决方案 PopPick 重磅亮相亚洲国际物流展,以新思路、新技术突破传统拣选方案。

1. 方案概述

极智嘉"货到人"拣选方案主要由 PopPick 工作站＋P 系列拣选机器人＋货箱/货架/托盘混合存储系统组成,如图 3-15 所示。通过将 12 列货架堆叠成一排,货箱之间只有 2cm 的间隙,从而实现高密度存储,平均仓库存储密度提高 4 倍。PopPick 解决方案可实现每个工作站 650 箱/h 的拣选效率,与传统解决方案相比,平均节省了 50％ 的成本,满足仓储自动化既要高柔性,又要高存储、高效率,也要低成本的终极数字化转型需求。

"货到人"需要实现 All-in-One,既全能,又高能。"All"包括全商品尺寸大中小件、货箱托盘存拣全兼容,2B2C 一盘货全场景。随着企业在物流效率和运营成本的压力逐渐加大,仓储自动化会越来越需要高兼容度的一站式拣选方案,以支持全渠道库存共享的高效仓储运营。PopPick 的 All-in-One 特性,意味着它适用于几乎所有的行业和拣选场景,是更顺应未来趋势的选择。

2. 方案优势

该方案兼顾超高吞吐、超高存储、超高兼容和超低成本四大优势。

图 3-15　PopPick "货到人" 拣选方案

超高吞吐：PopPick 工作站符合人体工学设计，双点箱式拣选效率每个工位可达 650 箱/h。此外，机器人空闲资源可以做到 24 小时充分利用，大幅度提高"机器人效"，避免作业浪费。

超高存储：PopPick 方案存储密度更高。由于拣选员无需将手伸进料箱，并且工作站的机械手采用吸盘而非夹具，因此货箱间距可以进一步压缩，箱与箱之间的间距仅 2cm，存储密度提升 4 倍。

超高兼容：大、中、小件全兼容，货箱、货架、托盘全融合；支持整托、整箱和拆零拣选的模式，同时支持集货。

超低成本：PopPick 全能型一站式"货到人"解决方案，与传统人工仓相比，在存储密度和搬运效率方面实现 4 倍提升，吞吐量提升 5 倍以上，成本降低 50%。

3. 应用场景

因为 PopPick 结合了标准"货到人"和"货箱到人"的优势，因此可以完全覆盖这两种产品的适用场景。具体来说，包含的场景有 3PL、零售、鞋服、医药等行业的拆零拣选场景。

除此之外，PopPick 因其智能货位调整和高存储力的特性，还特别适用于集货场景，不同订单杂乱地存入 PopPick 后，可以按门店、线路等逻辑进行货位的重新组合，大大提高出库效率。

三、实训步骤

（1）教师通过在线学习平台发布实训任务。

（2）了解 PopPick"货到人"解决方案，明确系统构成及优势。

（3）网络调研各种"货到人"拣选方式，分析优缺点。

（4）小组互评与总结反馈。

📖 任务小结

通过本任务的学习，掌握订单处理的含义及流程，掌握拣货作业方式，特别是"货到人"拣选方式的优势，了解补货作业方式、配货及出库作业流程，能够高效率、高质量完成货物拣货与出库作业。

任务四 货物配送与退货作业

📋 任务导入

在快节奏的现代生活中,生鲜电商已成为都市居民获取新鲜食材的重要途径。然而,如何在保证食品新鲜度的同时,高效、准确地完成"最后一公里"的配送,成为该行业面临的重大挑战。配送路线优化,作为提高物流效率的关键环节,正借助人工智能(AI)技术的力量,实现前所未有的飞跃,为生鲜配送效率的提升开辟了新的路径。生鲜产品因其易腐性,对配送时间与温度控制有着严格要求。传统的配送方式往往依赖人工规划路线,不仅耗时费力,还难以灵活应对订单波动、交通状况变化等不确定因素,导致效率低下、成本上升,甚至影响客户体验。在此背景下,利用 AI 进行配送路线优化,成为破解这一难题的关键。基于深度学习的路径优化算法,可以在考虑多维度约束条件(如配送时间窗、车辆载重限制、冷藏需求等)的基础上,自动计算出最优配送路线。相比传统方法,AI 算法能够处理更为复杂的路线规划问题,例如同时优化多个配送员的路线,实现整体配送效率的最大化。通过实时数据分析、智能路线规划与动态调度,不仅显著提升了配送速度和服务质量,也为商家节约了成本,增强了市场竞争力。

📜 任务知识

一、配送线路优化

(一)配送线路优化概述

1. 配送线路优化的含义

配送线路是指各送货车辆向各个客户送货时所要经过的线路。

配送线路优化是为提高配送的效益、降低配送成本以及提高服务质量,采用科学、合理的方法选择并确定最短配送线路的方法。换句话说,就是整合影响配送运输的各种因素,适时适当地利用现有的运输工具和道路状况,及时、安全、方便、经济地将客户所需的商品准确地送达客户手中。

2. 配送线路优化的意义

选择合理的配送线路,对企业和社会都具有很重要的意义。

(1)缩短配送时间和配送里程,加快物流速度,提高资金使用效率。

(2)提高企业作业效率,有利于企业提高竞争力与经济效益。

(3)提高车辆利用率,节约运输费用,降低物流配送成本。

(4)准时、快速地把货物送到客户的手中,提高客户满意度。

此外,配送线路优化还能缓解社会交通紧张状况,减少噪声、尾气排放等运输污染,保护生态平衡,降低社会物流成本,对民生和环境也有不容忽视的作用。

(二)配送线路优化的目标及约束条件

1. 配送线路优化的目标

配送线路优化的目标可以有多种选择。

（1）以效益最高为目标。在选择效益最高作为目标时,一般是以企业当前的效益为主要考虑因素,同时兼顾长远的效益。效益是企业整体经营活动的综合体现,可以用利润来表示。

（2）以成本最低为目标。计算成本比较困难,但成本和配送线路之间有密切关系。在成本对最终效益起决定作用时,选择成本最低作为目标,实际上就是选择了效益为目标。

（3）以路程最短为目标。如果成本和路程的相关性较强,而和其他因素的相关性较弱时,可以选择路程最短作为目标,既可以大幅简化计算,也可以避免许多不易计算的影响因素。

（4）以吨·公里数值最小为目标。长途运输时,常以吨·公里数值最小作为目标来选择。在多个发货站和多个收货站的条件下,同时又是在整车发到的情况下,选择吨·公里数值最小为目标可以取得令人满意的结果。

（5）以准时性最高为目标。准时性是配送中重要的服务指标,以准时性最高为目标确定配送线路,就是要将各用户的时间要求和线路先后到达的顺序安排协调起来。

（6）以运力利用最合理为目标。在运力非常紧张、运力与成本或效益又有一定相关联系时,为节约运力,充分运用现有运力,而不需外租车辆或新购车辆,此时可考虑以运力利用最合理为目标。

（7）以劳动消耗最低为目标。这是指以油耗最低、司机人数最少、司机工作时间最短等劳动消耗最低为目标确定配送线路。

2. 配送线路优化的约束条件

一般配送线路优化的约束条件有以下几项。

（1）满足所有客户对货物品种、规格、数量的需求。

（2）满足收货人对货物送达时间范围的要求。

（3）在允许通行的时间段内进行配送。

（4）各配送线路的货物量不得超过车辆容积和载重量的限制。

（5）在配送中心现有运力允许的范围内配送。

（6）配送中心是车辆线路的出发点又是终点。

（三）配送线路的类型

（1）单一起讫点的配送线路。即单一装货地和单一卸货地,也称直送式配送运输的配送线路问题。针对的是由一个供应点对一个客户的专门送货的线路选择问题,如图 3-16 所示。

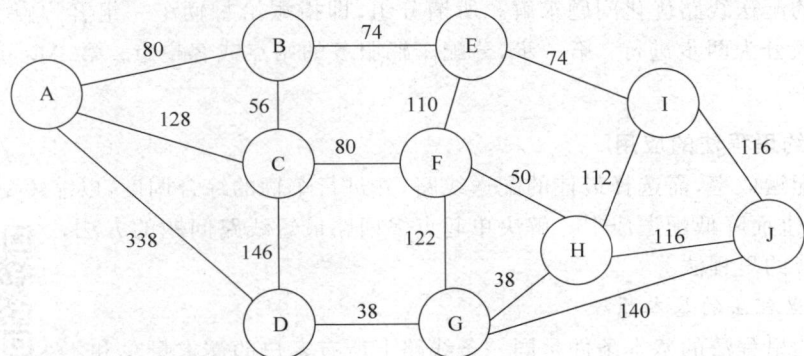

图 3-16　单一起讫点的配送线路

线路优化方法：最短路径法、位势法等。

（2）起讫点相同的配送线路。起讫点相同的配送线路是指由一个供应点对多个客户的共同送货，也称单起点多回路最短线路问题，或称分送至配送运输的配送线路问题，或循环取（送）货的线路优化问题。

线路优化方法：节约里程法、扫描法等。

（3）多个起讫点的配送线路。多个起讫点的配送线路即多个起点、多个终点，在物流配送实践中经常存在。如多个供应商供应给多个工厂的情况，或者把不同工厂生产的同一产品分配到不同客户的问题。

线路优化方法：表上作业法、图上作业法等。

（四）配送线路优化的方法

1. 经验试探法

经验试探法是指利用行车人员的经验来选择配送线路的一种主观判断方法。一般是以司机习惯行驶线路和道路行驶规定等为基本依据，拟订几个不同方案，通过倾听有经验的司机和送货人员的意见，或者直接由配送管理人员凭经验做出判断。

2. 最短路径法

最短路径法是指如果从交通图中某一顶点（源点）到达另一顶点（终点）的路径不止一条，则如何找到一条路径，使得沿此路径上各边的权值总和（称为路径长度）达到最小。可采用 Dijkstra 算法求解最短路径问题，进而确定配送线路。

3. 表上作业法

表上作业法主要针对多个起讫点的配送线路优化问题。

（1）建立最初调运方案。

（2）判断是否得到最优解。

（3）调整调运量，求得最优方案。

4. 节约里程法

起点与终点为同一地点的物流配送线路优化，最常用的是节约里程法，它是形成人工和计算机计算单起点多回路最短路线的基础，是确定优化配送方案的一个较成熟的方法。

5. 扫描法

扫描法是一种"先分组、后线路"的优化方法，与节约里程法同属于启发式算法，适用于起讫点相同的配送线路优化问题求解。所谓分组，即指派给每辆车一组客户点。扫描法的求解过程一般分为两步进行：第一步，分配车辆服务的站点或客户点；第二步，解决每辆车的配送线路。

（五）节约里程法的应用

为提高配送效率，需选择最佳的配送线路，并进行车辆的综合调度，以缩短配送距离、节约配送时间，进而降低配送成本。解决单起点多回路最短线路问题的方法，最常用的是节约里程法。

1. 节约里程法的基本原理

使用节约里程法的基本条件是同一条线路上所有客户的需求量总和不大于一辆车的额定载重量。送货时由这辆车装着同一线路上所有客户的货

动画：节约里程法原理

物沿着最佳线路依次将货物送到各个客户手中,既保证按时按量将用户所需货物及时送达,又节约了费用,缓解了交通压力。

2. 节约里程法的假设条件

(1) P 为配送中心点。

(2) A、B、C、D、E 都是需要配送的节点。

(3) S_1、S_2、S_3 为各节点间的最短距离。

(4) 配送的是同一种或相类似的货物。

(5) 各用户的位置及需求量已知。

(6) 配送方有足够的运输能力。

3. 节约里程法的基本思想

假设 P 为配送中心,分别向 A 和 B 两个客户配送货物,P 至 A 和 B 的直线运输距离分别为 S_1 和 S_2。

方案 1:分别用两辆汽车对两个客户各自往返送货,则运输总距离为 $S=2(S_1+S_2)$。

方案 2:如果客户 A 和 B 之间道路可通行,运输距离为 S_3,则运输总距离为 $S=S_1+S_2+S_3$。

两种不同方案的配送路线如图 3-17 所示。

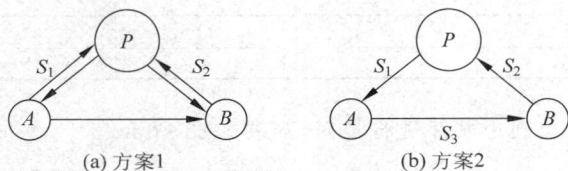

动画:节约里程法基本思路

图 3-17　两种不同方案的配送路线

将两种方案进行比较,发现方案 2 比方案 1 节约运输里程:$\Delta S=S_1+S_2-S_3$。

4. 节约里程法的计算步骤

当一个配送中心要向多个客户进行配送时,其配送线路和车辆的安排可按以下案例所列步骤确定。

动画:节约里程法计算步骤

【例 3-1】　一个配送中心(P)要向 5 个客户进行配送,配送距离(km)和需用量(t)如图 3-18 所示。配送中心有最大载重量分别为 2t、4t 的两种汽车可用,并限定车辆一次运行距离不超过 30km。求最佳配送线路方案。

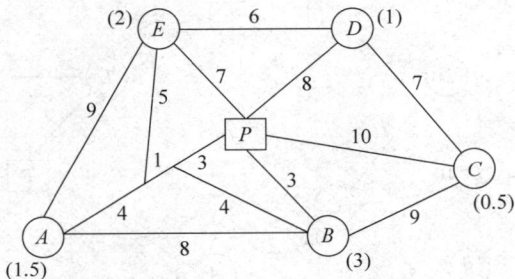

图 3-18　配送网络

解：（1）绘制最短距离，从配送网络（图3-18）中列出配送中心至客户及客户间的最短距离，如表3-21所示。

表3-21   最短距离

	P	A	B	C	D	E
P	—					
A	8	—				
B	3	8	—			
C	10	17	9	—		
D	8	15	11	7	—	
E	7	9	10	13	6	—

（2）根据最短距离（表3-21），计算客户相互间的节约里程，绘制节约里程。例如，$A-B$ 之间的节约里程为 $\Delta S = S_1 + S_2 - S_3 = PA + PB - AB = 8 + 3 - 8 = 3$（km）。同理，可求出任意两点的节约里程，汇总结果见表3-22。

表3-22   节约里程

	A	B	C	D	E
A	—				
B	3	—			
C	1	4	—		
D	1	0	11	—	
E	6	0	4	9	—

（3）按节约里程从大到小顺序进行排列，如表3-23所示。

表3-23   节约里程排序

排序	用户连接线	节约里程	排序	用户连接线	节约里程
1	C—D	11	5	C—E	4
2	D—E	9	6	A—B	3
3	A—E	6	7	A—C	1
4	B—C	4	8	A—D	1

（4）确定配送线路。按节约里程排序（表3-23），并考虑汽车载重量和行驶里程，优化配送线路，得出配送方案。初次修正配送线路如图3-19所示，经过逐次迭代后，得出最佳配送线路方案，如图3-20所示。此方案共有3条线路，总行程为52km，用1辆2t载货汽车和2辆4t载货汽车。

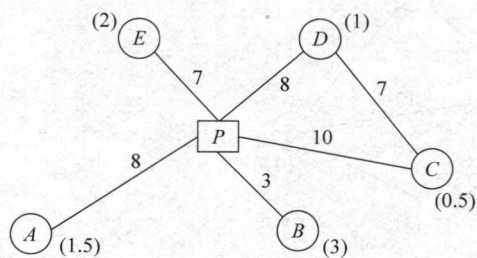

图3-19   初次修正配送线路

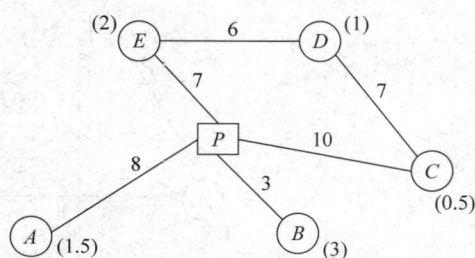

图3-20   最佳配送线路方案

5. 节约里程法的适用条件

（1）适用于有稳定客户群的配送中心。

（2）各配送线路的负荷要尽量均衡。

（3）要考虑客户要求的交货时间，即一条线路的送货总里程不能太长，否则会影响向客户交货时间的准确性。

（4）还要考虑货物总量不能超过车辆的额定载重量。

在实际情况下，如果给多个客户进行配送，应首先计算配送中心与每个客户之间的最短距离及任意两个客户之间的最短距离，然后计算各客户之间可节约的运行距离，按照节约运行距离的大小顺序连接各配送地，并设计相应的配送线路。

二、配送车辆配载

（一）车辆配载的目标与影响因素

1. 车辆配载的目标

通过配送线路优化，配送企业可以将送货的线路确定下来，线路的确定意味着送货次序的确定，也意味着货物装车顺序的确定。

一般情况下，知道了客户的送货次序之后，只要将货物依"后送先装"的顺序装车即可。但实际情况并不如此简单，由于配送的货物属于不同性质、不同种类，对装卸、受力、防震等有不同要求，而且其比重、体积以及包装形式各异，因此，在装车时，需要合理安排，科学装车，既要考虑车辆的载重量，又要考虑车辆的容积，使车辆的载重量和容积都能得到有效的利用，同时又便于装卸。

配载的目标就是要在充分保证货物质量和数量完好的前提下，尽可能提高车辆在容积和载重量两方面的利用率，以充分发挥运能、节省运力、降低配送费用。

2. 车辆配载的影响因素

导致车辆配载效率低下的主要影响因素如下。

（1）货物特性因素。如轻泡货物，由于车辆容积的限制而无法满足吨位，造成吨位利用率降低。

（2）货物包装因素。如车厢尺寸与货物包装容器的尺寸不成整倍数关系，则无法装满车厢。

（3）配载优化技术不成熟，计算困难。随着配送对象的增加，配载的组合方案呈指数级增长，对配载系统的优化模型和计算能力都提出了很高的要求。

（4）配载时间制约。当配送中心采用"快进快出"的模式，配载决策时间有限。如果物流企业有时效产品，还要考虑快件优先装车等情况，即使有配载方案，临时变化多，执行效果也会受到影响。

（5）订单波动，带来多次重复计算。理论上线路上的装载货物是动态的，随时都会有新订单录入，那么预配载清单应该随着订单的变化做动态调整，如使用人工配载，作业难度更大。

（6）货物基础数据不准确。货物重量、体积数据没有或者不准确，无法使用模型进行优化计算。

（二）车辆配载的原则与注意事项

1. 重泡比

在货物运输中，重货一般是指重量较大、体积较小的货物，反之称为泡货，重泡比＝重量/体积。不同运输方式下的重货和泡货认定标准不同。以陆运来说，重泡比为 1∶333，即 $1m^3$ 货物的重量大于 333kg 为重货，反之为泡货。

货物重泡比是配载工作中一个十分重要的数据，由于货物的轻重、包装尺寸规格的不同，重量相等的货物，其体积有时相差很大。例如钢材和棉花，如果全部装载钢材，则当车辆载重量已接近额定载重时，车辆空间尚有许多空余，造成车辆空间上的浪费；相反，如果全部装载棉花，虽装满车厢，但载重量还有许多剩余，造成载重量上的浪费。因此，在配载时，应使不同货物量的搭配接近车辆的额定载重和额定体积。

2. 车辆配载的原则

为了提高配送效率、降低配送成本和减少货损货差，车辆配载应遵循如下原则。

（1）装车的顺序：先送后装。

（2）轻重搭配：重不压轻。

（3）大小搭配：大不压小。

（4）货物性质搭配，注意化学性质、物理性质相互抵触的货物不能同车装运。

动画：车辆
配载原则

（5）同一送货地点的货物应尽可能一次配载，且相邻装载，同一票的货物相邻装载。

（6）装入货物的总重量不超过车辆额定载重量，装入货物的总体积不超过车辆的有效容积。

（7）配载时车厢内货物重量应分布均匀，货物堆放要前后、左右、上下重心平衡。

（8）货与货之间、货与车辆之间应留有空隙并适当衬垫，防止货损。

（9）货物的标签朝外，以方便装卸，装货完毕，应在门端处采取适当的稳固措施。

（10）尽可能多地装入货物，充分利用车辆的有效容积和载重量。

3. 车辆配载的注意事项

（1）为了减少或避免差错，尽量把外观相近、容易混淆的货物分开装载。

（2）不将散发异味的货物与具有吸收性的食品混装。

（3）切勿将渗水货物与易受潮货物一同存放。

（4）包装不同的货物应分开装载，如板条箱货物不要与纸箱、袋装货物堆放在一起。

（5）具有尖角或其他突出物的货物应和其他货物分开装载或用木板隔离。

（6）尽量不将散发粉尘的货物与清洁货物混装。

（7）危险货物要单独装载，配装于同一车内的危险货物要尽量做到隔离。

（三）车辆配载的计算方法

在解决车辆配装量问题时，当数据量小时还能用手工计算，但数据量大时，依靠手工计算将变得非常困难，需用数学方法来求解。现在已开发出车辆配装的软件，将配送货物的相关数据输入计算机，即可由计算机自动输出配装方案。

动画：车辆
配载计算

1. 经验法

配载过程中,由于货物特征千变万化,车辆和客户要求也各有不同,因此装货人员常常要靠以往积累的经验来进行配载。

2. 密度配装简单计算法

在车辆装载中,一般密度大(或比重大)的货物(如五金类货物)往往在达到车辆载重量时,其容积空间还剩余较多;密度小(或比重小)的货物(如棉纱、服装等)装满车厢时,车辆的最大载重量还远没有达到。这两种情况都会造成运力严重浪费。因此,在货物种类较少,货物特征明显且客户要求相对简单的情况下,采用密度配装简单计算法将两者进行配装是一种常用的配载装车方法。

假设某种车型的车厢最大容积为 V,车辆额定载重量为 G,现有 A、B 两种货物需要进行配载,A 货物的密度为 R_A、单件体积为 V_A;B 货物的密度为 R_B、单件体积为 V_B。考虑两种货物尺寸的组合不能正好 100% 利用车辆内部空间,假设车辆有效容积率为 β。计算配载方案,即如何装载两种货物,可以使得车辆的载重量和车厢容积均被充分利用。

假设 A、B 两种货物的转入数量分别为

$$xV_A + yV_B \leqslant V\beta$$
$$xV_AR_A + yV_BR_B \leqslant G$$

方程组求解后得出的数值(为整数),便分别是 A、B 两种货物各自装车的数量。

上述例子是只有两种货物的配装。例如,在配装货种较多、车辆种类又较多的情况下,可以先从多种配送货物中选出密度最大的和密度最小的两种进行配装;然后根据剩余的车辆载重与空间,在其他待装货物中,再选出密度最大和密度最小的两种进行配装。以此类推,可求出配装结果。

3. 动态规划法

设车辆的额定载重量为 G,可用于配送 n 种不同的货物,货物的重量分别为 W_1,W_2,…,W_n。每种货物分别对应一个价值系数,分别用 P_1,P_2,…,P_n 表示(可用货物价值、运费等指标表示)。

$$F_{\max}(X) = \sum_{k=1}^{n} P_k X_k$$

$$\sum_{k=1}^{n} W_k X_k \leqslant G$$
$$X_k \geqslant 0, \quad k = 1, 2, 3, \cdots, n$$

第一步,装入第一种货物 X_1 件,其最大价值为
$$F_1(W) = \max P_1 X_1$$
其中,$0 \leqslant X_1 \leqslant [G/W_1]$,方括号表示取整数。

第二步,装入第二种货物 X_2 件,其最大价值为
$$F_2(W) = \max[P_2 X_2 + F_1(W - W_2 X_2)]$$
其中,$0 \leqslant X_2 \leqslant [G/W_2]$,方括号表示取整数。

……

第 n 步,装入第 n 种货物 X_n 件,其最大价值为
$$F_n(W) = \max[P_n X_n + F_{n-1}(W - W_n X_n)]$$

其中，$0 \leqslant X_n \leqslant [G/W_n]$，方括号表示取整数。

4. 智能化配载系统

由于人工数据分析和计算能力受限、作业时间限制等原因，在实际工作中，常常不可能每次都得到最优的配载方案，只能先将问题简单化，节约计算时间，简化配装要求，然后逐步优化，直到找到接近于最优方案的可行方案。但当考虑到不同客户的具体送货要求、货物的多种特征及送货车辆的限制时，计算的数量将极为庞大，此时依靠手工计算几乎不可能。需要用数学的方法总结出数学模型后使用开发出的车辆配载软件，将数学模型中的相关参数输入计算机，即可由软件自动计算出配载方案，并可进行图形化模拟，如图 3-21 所示。智能化配载系统往往与配送线路优化系统进行集成，实现配送线路优化、车辆调度和配载的整体优化，提升配送效率、降低配送成本。

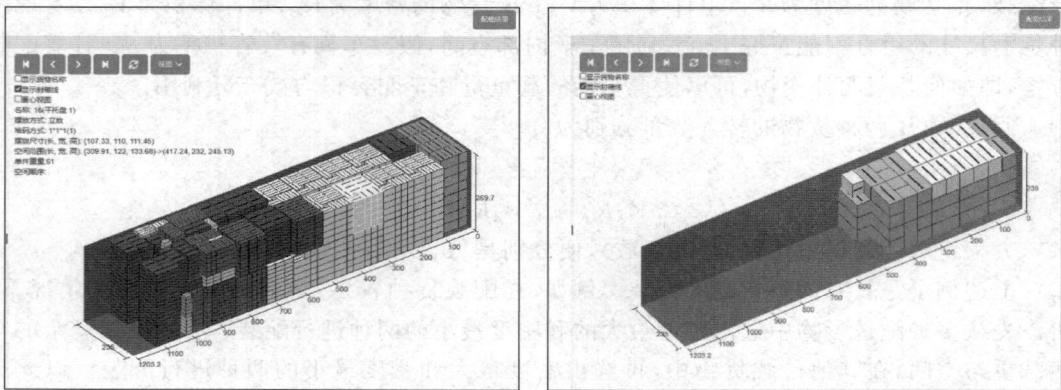

图 3-21　某智能化配载系统软件界面

三、配送车辆调度

（一）车辆调度的内容与原则

1. 车辆调度的内容

车辆运行调度是配送运输管理的一项重要职能，是指挥监控配送车辆正常运行、协调配送生产过程以实现车辆运行作业计划的重要手段。

（1）编制配送车辆运行作业计划。坚持合同运输与临时运输相结合，以完成运输任务为出发点，认真编制、执行及检查车辆运行作业计划。

（2）现场调度。加强信息沟通，机动灵活地处理有关部门的问题，准确及时地发布调度命令，保证生产的连续性。

（3）随时掌握车辆运行信息，进行有效监控。车辆运行计划在组织执行过程中常会遇到一些事前难以预料的问题，调度部门要随时掌握车辆运行状况，确保运行作业计划顺利进行。

（4）检查计划执行情况。在车辆运行组织中，需经常进行一系列检查，发现薄弱环节，及时采取措施，避免运输中断。

2. 车辆调度的原则

（1）局部服从全局。配送运输中的车辆调度必须一切从全局出发，从整体最优功能出发,使局部服从于全局,而不能凌驾于全局之上。

(2)安全第一、质量第一。安全第一是从保护生命、财产的角度提出的,而质量第一则是从关心配送服务成果的角度强调的。安全为质量服务,质量需要安全来保证。

(3)计划性原则。为保证车辆调度能最大限度地满足客户的配送需求,需要配送部门根据客户订单信息和现有闲置车辆、司机等配送资源情况,提前制订车辆调度计划。

(4)合理性原则。车辆运行调度中,要遵循合理性原则,全面考虑客户要求、货物特性、司机、车况、路况、天气条件等诸多因素,在保证安全的前提下顺利完成配送任务。

(二)车辆调度方法

车辆调度的方法有多种,可根据客户所需货物、配送中心站点及交通线路的布局不同而选用不同的方法。运用合理的车辆调度方法,可以实现运行路线最短、运费最低、行程利用率最高的目标。常见的车辆调度方法有图上作业法、经验调度法和定额比法。

1. 图上作业法

图上作业法是将配送业务量反映在交通图上,通过对交通图初始调运方案的调整,求出最优配送车辆运行调度方法。运用这种方法时,要求交通图上没有货物对流现象,以运行线路最短、运费最低或行程利用率最高为优化目标。

2. 经验调度法

经验调度法是依据长期的配送车辆调度经验对配送运输车辆的调配做出决定。在有多种车辆时,车辆使用的经验原则为尽可能使用能满载运输的车辆进行运输。例如,要运输5t的货物,则安排一辆5t载重量的车辆运输。在能够保证满载的情况下,优先使用大型车辆,且先载运大批量的货物。

3. 定额比法

定额比法是运用理论方法做出配送车辆调配决定,即对各种大宗货物分别根据各生产单位的材料消耗定额及其计划产量来推算它们的计划运量。根据车辆的运输能力计算每种车运输不同货物的定额比,定额比小于1的种类不予考虑,优先安排定额比高的车辆完成运输任务。

四、退货作业

(一)退货原因

退货的原因可能是多方面的,但一般来说,造成退货的原因主要有以下几种情况。

1. 依照协议可以退货的情况

例如,超市与供应商订有特别协议的季节性商品或试销商品等。

2. 搬运中损坏

由于包装不良,货物在搬运中因剧烈震动造成商品破损或包装污损。这时必须重新研究包装材料的材质、包装方式和搬运过程中的装卸动作,找出真正原因并加以改善。

3. 过期退回

一般的食品或药品都有有效期限。例如速冻食品类、加工肉食类及小食品等,商家与供应商订有协议,超过有效期,就给予退货或调货。在消费者意识高涨的今天,过期的货品绝对要从货架上卸下,不可再卖,更不可更改到期日。

4. 次品回收

生产商在设计、制造过程中存在的问题,如在商品销售后,才由消费者发现或厂商自行发现的,必须立即全部回收。

5. 货物送错退回

由于配送中心本身处理不当所产生的问题,如拣货错误或条码、品项、规格、重量、数量等与订单不符的,必须换货或退回,以减少客户的抱怨。

（二）退货处理方法

配送中心根据退货的原因,应采用以下方法妥善处理。

1. 无条件重新发货

对于因为发货人未按订单发货发生错误的,应由发货人重新调整发货方案,将错发货物调回,重新按原正确订单发货,中间发生的所有费用应由发货人承担。

2. 运输单位赔偿

对于因为运输途中产品受到损坏而发生退货的,根据退货情况,由发货人确定所需的修理费用或赔偿金额,然后由运输单位负责赔偿。

3. 收取费用,重新发货

对于因为客户订货有误而发生退货的,退货所有费用均由客户承担,退货后,再根据客户新的订货单重新发货。

4. 重新发货或替代

对于因为产品有缺陷,客户要求退货的,配送中心接到退货指示后,应安排车辆收回退货产品,将商品集中到仓库退货处理区进行处理。一旦产品回收活动结束,生产厂家及销售部门就应立即采取措施,用没有缺陷的同一种产品或替代品重新填补零售货店的货架。

（三）退货基本作业流程

1. 退货处理程序

（1）客户退货时应填写"退货申请表",客户服务部门应就退货相关事宜同客户进行沟通和确认退货原因,并开具"退货单",作为客户退货、财务结算、运输交接、仓库接收退货的依据。

（2）仓库在收到客户的退货时,应根据"退货单"尽快清理完毕,如有异议,必须以书面形式提出。

（3）仓库应将退入仓库的货物,根据其退货原因,分别存放、标识。

（4）登记入账。对于已发放的货品和退回的货品,要及时登记入账,并按时向相关部门报送有关资料。

2. 退货作业流程

退货作业包括退货物品的接收和退货物品的处理。而退货物品的处理,还包括退货物品的分类、整理（部分商品可重新入库）、退给供货商或报废销毁以及账务处理等。退货作业流程如图 3-22 所示。

3. 退货处理要注意的事项

（1）配货中心应制定退货规定。作为客户服务的一部分,配送中心应建立一定的程序对退换货的检查、准许和处理等事项做出规定,使有关各方面能维持良好的关系。

动画：退货入
库作业流程

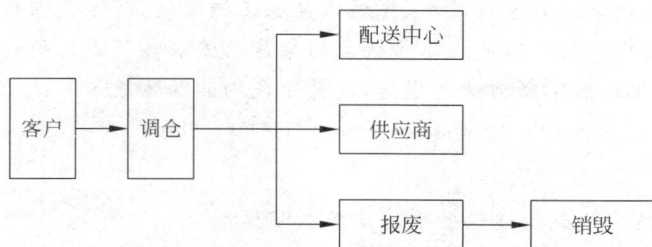

图 3-22　退货作业流程

（2）高层管理人员及相关部门应根据需要参与退货物品的回收活动。配送中心高层管理部门、企业的法律人员、公关人员、质量管理人员、制造工程人员以及销售人员也都应参加。

（3）配送中心应选派专人负责处理货物回收事件。这样能更好地应对紧急情况，并且能高效、快速地处理事件。

（4）配送中心应制定一些预防措施。若货物回收事件处理不成功，要诉诸法律，企业可以将已采取的预防措施作为申述的一部分内容。

（5）要注意退货善后工作。货物回收后，要立即补送新货，以减少客户抱怨；会计账目也要立即修正，以免收款或付款错误，造成进一步的混乱；若有保险公司理赔，应立即依照保险理赔程序办理。

视频：退货处理时客户要注意的事项

任务案例

"双十一"智能快递跑出加速度

2024 年，安徽顺丰速运有限公司加大了无人快递车的投放力度，"双十一"期间，这些无人快递车发挥了巨大的作用。在顺丰合肥花峰分拨中心，几十辆憨态可掬的白色无人车正整齐地排队"领取任务"（图 3-23），工作人员将一个个橘色转运篮筐装上快递车，推到无人车尾部卡口处与货舱完美适配，仅用两个步骤便完成装货。

图 3-23　在分拨中心等候出发的无人快递车

无人快递车忽闪着"大眼睛"驶向各个网点，一路上"眼观六路、耳听八方"，躲避行人和障碍物，遵守交通信号灯，到达网点后自动卸下转运篮筐。"我们在合肥市区投放了约 150 辆无人快递车，分别用于分拨中心中转到快递网点和快递网点到末端派送区域接驳使用，加快了快件中转和派送的效率。"安徽顺丰速运有限公司公共事务经理吴杨玲介绍。

以前,快递员去快递点将包裹装车,再返回包联区域配送,有了无人快递车"加持",只要原地接收包裹,两趟变一趟! 以无人车为代表的智能物流装备正成为快递行业的好帮手,快递行业全链路数智化进展不断为快递提速,提升市民的购物体验。

资料来源: https://www.hfss.gov.cn/ssyw/ssyw/11415669.html.

案例思考:

(1) 无人快递车应用到快递运营中的优势在哪里?

(2) 除了无人快递车,还有哪些智能物流装备应用到快递物流行业?

任务实训

运用节约里程法进行配送线路优化

一、实训目的

了解配送线路优化的方法,熟悉节约里程法的基本原理,掌握节约里程法的步骤,能够根据货物、距离、车辆里程与额定载重量信息选择最佳配送线路。

二、实训内容

某配送中心 P_0 向 7 个客户 $P_j(j=1,2,\cdots,7)$ 配送货物,其配送线路、配送中心与客户的距离以及客户之间的距离如图 3-24 所示,图 3-24 中括号内的数字表示客户的需求量(单位为 t),线路上的数字表示两节点之间的距离(单位为 km),现配送中心有 2 台 4t 卡车和 2 台 6t 卡车两种车辆可供使用。

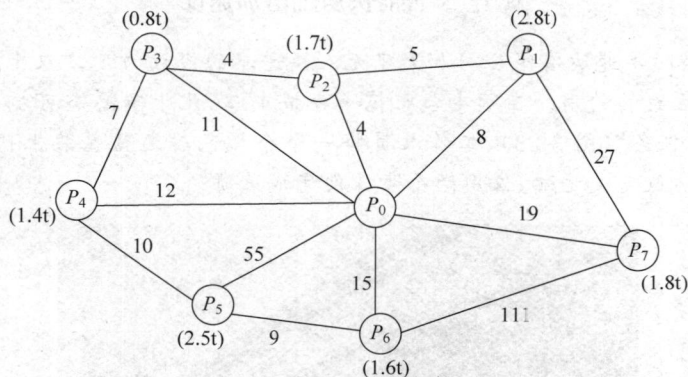

图 3-24　配送线路

(1) 试用节约里程法制订最优的配送方案。

(2) 设配送中心在向客户配送货物过程中单位时间平均支出成本为 45 元,假定卡车平均行驶速度为 25km/h,优化后的方案比单独向各客户分送可节约多少费用?

三、实训步骤

(1) 教师通过在线学习平台发布实训任务。

(2) 分析已知信息,梳理节约里程法的原理与步骤。

(3) 完成最佳配送线路选择。

(4) 小组互评与总结反馈。

任务小结

通过本任务的学习,掌握线路优化的目标及方法,特别是节约里程法的原理与计算步骤,了解车辆配载的目标、原则及计算方法,掌握车辆调度的原则与方法,了解退货的原因及作业流程,能够高效率、高质量完成车辆配载与调度。

任务五　智慧仓配库存控制与管理

任务导入

库存控制是仓配管理的重要组成部分,它是在满足顾客服务要求的前提下通过对企业的库存水平进行控制,力求尽可能降低库存水平、提高物流系统的效率,以提高企业的市场竞争力。党的二十大报告提出,要提升产业链供应链韧性和安全水平。库存管理在保障产业链供应链稳定方面发挥着重要作用。通过维护生产稳定性、平衡供需差异、建立预期库存和投资性库存,库存管理确保了供应链的顺畅运行和客户满意度的提升。合理的库存水平可以应对供应链中的风险和不确定性,提高供应链的抗风险能力。有效的库存控制与管理可以降低库存成本,提高资金周转效率,减少不必要的费用支出,从而增加利润,提升企业的经济实力。

任务知识

一、库存概述

(一)库存的含义及分类

库存是储存作为今后按预定的目的使用而处于备用或非生产状态的物品。广义的库存还包括处于制造加工状态和运输状态的物品。库存可分为生产库存和流通库存两类。生产库存是为了保证企业、事业单位所消耗的物资能够不间断地供应而储存的,而流通库存则是生产企业的成品库存、生产主管部门的库存和各级物资主管部门的库存。此外,还有特殊形式的国家储备物资,主要是为了保证国家战略物资储备需要而保有的库存,如粮食、稀有金属等。

库存还可分为周转库存、安全库存、调节库存及在途库存。

(1)周转库存。为满足日常生产经营需要而保有的库存。企业为了降低物流成本或生产成本,需要批量采购、批量运输和批量生产,这样便形成了周期性的周转库存,这种库存随着每天的消耗而减少,当降低到一定水平时需要补充库存。

视频:库存的
分类

(2)安全库存。为了防止不确定因素的发生(如供货时间延迟、库存水平消耗速度突然加快等)而设置的库存。安全库存的大小与库存安全系数或者说与库存服务水平有关。从经济性的角度看,安全系数应确定在一个合适的水平上。

（3）调节库存。调节库存是指用于调节需求与供应的不均衡、生产速度与供应的不均衡以及各个生产阶段产出的不均衡而设置的库存。

（4）在途库存。在途库存是指处于运输以及停放在相邻两个工作或相邻两个组织之间的库存。在途库存的大小取决于运输时间以及该期间内平均需求。

视频：安全库存的设置原则

（二）库存的作用

库存有利于解决供给与需求之间的变化和不可预见的问题，库存的作用是在供给与需求之间提供缓冲，具体表现如下。

（1）满足客户需求。持有一定数量的成品库存可以确保企业能够及时满足客户的订单需求，提高客户满意度。

（2）应对不确定性。生产及销售过程中可能会出现各种不确定性因素，如原材料供应中断、设备故障、工人缺勤、市场波动等。库存可以作为一种储备，确保生产的连续性，应对市场需求波动。

动画：库存的利弊

（3）实现规模经济。批量采购原材料或零部件可以获得价格折扣，降低采购成本。企业可以通过建立一定量的库存来实现批量采购，从而享受规模经济带来的好处。

（4）平衡生产与销售。由于生产和销售往往存在时间差，库存可以起到平衡作用。对于季节性产品或具有明显销售周期的产品，可以淡季生产、旺季销售，从而实现生产的均衡性。

（5）支持战略决策。库存水平可以作为企业战略决策的重要参考因素。企业可以通过增加库存来扩大市场份额，或者通过降低库存来提高资金周转效率。

库存在企业的生产经营活动中具有重要的作用。但是，也应该认识到过高的库存水平会带来一系列问题，如资金占用、仓储成本增加、产品过时风险等。因此，企业需要进行有效的库存控制与管理，以实现库存的优化配置，提高企业的经济效益。

（三）库存成本

库存成本是指企业为持有库存所付出的各种费用总和，主要包括以下几个方面。

1．持有成本

（1）资金成本。库存投资的资金成本是持有成本的重要组成部分，也是占比较大的部分。这是因为库存商品占用了可以用于其他投资的资金，企业由于保持库存而丧失了将这些资金用于其他投资的机会，所以库存成本中的资金成本其实就是机会成本。

（2）服务成本。企业持有库存越多，需要缴纳的税金也会相应增加，同时，为了防范库存可能面临的火灾、盗窃等风险，购买保险的费用也会增加库存的持有成本。

（3）仓储成本。仓储成本与仓库的类型密切相关，常见的仓库类型有工厂仓库、公共仓库、租用仓库、公司自营或私人仓库。在工厂仓库条件下，仓储成本通常可以忽略不计；租用仓库或公共仓库的费用一般包括进出仓库的搬运费用及储存费用。

（4）风险成本。仓储中的风险成本主要包括损坏风险、丢失风险、过期风险、自然风险。

2．订货成本

订货成本是指因购买产品而产生的成本，主要包括购买成本、运输成本、订单处理成本、检验费用等。

（1）购买成本是因为购买商品本身而需要支付的费用。产品价格的高低直接影响着购买成本的大小。一般来说，采购的数量越多，供应商可能会给予一定的价格折扣，从而降低单位商品的价格。

（2）运输成本是指将采购的商品从供应商处运送到企业仓库所产生的费用。运输成本的高低取决于运输方式、运输距离、货物重量和体积等因素。

（3）订单处理成本是指处理订单的费用，包括人工费用，如订单录入、审核、跟踪等。也包括办公费用，如处理订单使用的计算机、打印机、纸张、墨盒等。

（4）检验费用是指企业在收到产品后，需要对产品进行检验，以确保产品的质量。检验费用的高低取决于检验标准和检验方法。一般来说，检验标准越高、检验方法越复杂，检验费用就越高。

3．缺货成本

缺货成本是指由于缺货而产生的损失成本，包括直接销售损失和潜在销售损失。

当客户需求无法得到满足，企业面临的直接损失是失去这部分销售机会，从而导致销售收入减少。

潜在损失又叫间接损失，主要是指由于企业信誉受损，导致客户采购量减少，甚至客户流失的风险。而对于生产企业来说，如果因为原材料或零部件缺货而导致生产中断，直接损失包括无法按时交货产生的损失、为了按时交货紧急采购的费用，以及再开工成本；间接损失包括对企业信誉的影响，以及失去客户的风险。

二、库存管理

（一）库存管理的含义

库存管理是指对制造业或服务业生产、经营全过程的各种物品、产成品以及其他资源进行管理和控制，使其储备保持在经济合理的水平上，以保障供应，减少库存成本，提高运营效率。库存管理涉及确定如何订货、订购多少，以及如何存储和分配这些物品，以确保供应链的顺畅运作。

库存管理的具体内容如下。

（1）订购管理。确定何时订购、订购多少，以避免库存过多或过少。

（2）存储管理。确保库存物品在适当的条件下存储，防止变质或损坏。

（3）使用管理。合理安排库存物品的使用，避免浪费。

（4）运输和销售管理。确保库存物品能够及时送达客户手中。

（二）库存管理的目标

库存管理的目标主要包括以下几个方面。

（1）降低库存成本。通过优化库存管理，减少库存持有成本、仓储成本和相关的管理费用，从而降低总体的库存成本。

（2）提高库存周转率。加快库存的周转速度，减少库存积压，提高资金的使用效率。

（3）保证库存准确性。确保库存数据的准确性，避免因库存误差导致的生产或销售中断。

（4）满足客户需求。确保在需要时能够提供足够的库存，满足客户的订单需求，避免缺货情况的发生。

（5）优化库存结构。通过合理的库存分类和管理，优化库存结构，减少不必要的库存，提高库存的利用效率。

（6）节省库存费用。适当地保存库存量能节省库存费用，避免因库存过多而产生的额外费用。

（7）保持资本的有效运用。防止资金僵化，确保资金的良性循环，从而产生利润。

三、库存控制方法

（一）定量订货法

定量订货方式（fixed-quantity system，FQS）是指当库存量下降到预定的最低库存数量（订货点）时，按规定数量（一般以经济批量 EOQ（economic order quantity）为标准）进行订货补充的一种库存管理方式。如图 3-25 所示，库存量下降到订货点（R）时，马上按预先确定的订货量（Q）发出货物订单，经过订货提前期（LT），收到订货，库存水平上升。采用定量订货方式必须预先确定订货点和订货量。

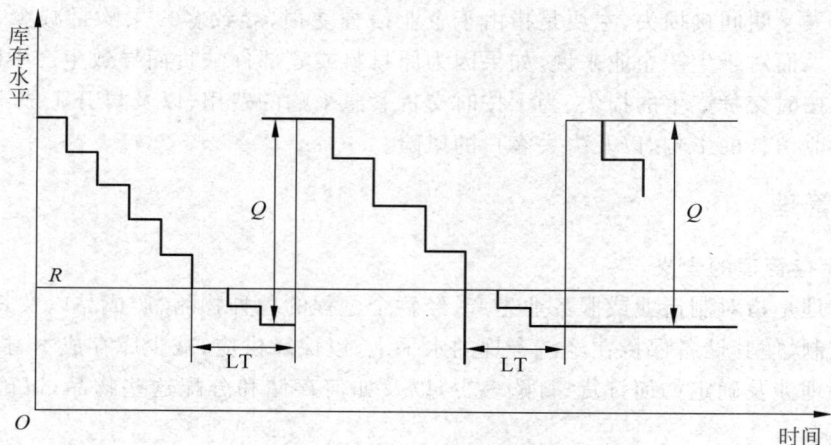

图 3-25   定量订货模型

1. 定量订货方式的优点

（1）操作简便。一旦确定了订货点和订货批量，库存管理就相对简单，只需要监控库存水平，当达到订货点时，发出订货指令即可。

（2）利于库存控制。由于每次订货数量固定，且根据科学的方法确定，有助于控制库存水平，避免库存过高或过低。

2. 定量订货方式的缺点

（1）对需求变化不敏感。如果需求发生变化，例如，需求突然增加或减少，定量订货法可能无法及时做出调整，导致缺货或库存积压。

（2）需要持续监控库存。需要时刻关注库存水平，以确保在达到订货点时及时订货，这可能需要较高的管理成本和人力投入。

3. 定量订货方式的适用范围

（1）需求相对稳定的物品。对于需求比较稳定、波动较小的物品，定量订货法能够较好地发挥作用，因为可以较为准确地预测需求和订货提前期，从而确定合适的订货点和订货批量。

（2）重要且价值较高的物品。对于那些重要且价值较高的物品，采用定量订货法可以严格控制库存水平，确保不会因缺货而影响生产或销售，同时也要避免库存过多占用资金。

4. 订货数量及订货点的确定

（1）订货数量的确定。确定订货数量常用的方法是经济订货批量模型，如图 3-26 所示。

假设每次订货成本为 C，年（或单位时间）总需求为 D，年（或单位时间）存货成本为 H，则每次订货数量为

$$Q = \sqrt{\frac{2CD}{H}}$$

如果存货的单价为 P，F 为每件存货的年保管费率，则 $H = PF$，则有

$$Q = \sqrt{\frac{2CD}{PF}}$$

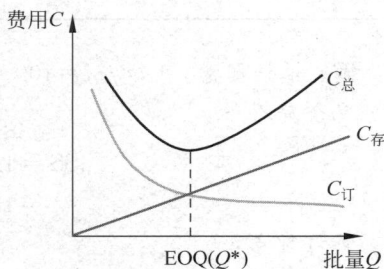

图 3-26　经济订货批量模型

【例 3-2】　某生产机械器具的制造企业，依计划每年需要采购 A 零件 5 000 个，A 零件单价为 20 元，年保管费率为 20%，每次订货成本是 100 元。求 A 零件的经济订货批量及最低采购总成本。

解：全年需求总量 $D = 5\,000$ 个，价格 $P = 20$ 元，其年储存费率 $F = 20\%$，每次订货成本 $C_0 = 100$ 元。则

$$\text{EOQ} = \sqrt{\frac{2C_0 D}{PF}} = \sqrt{\frac{2 \times 100 \times 5\,000}{20 \times 20\%}} = 500（个）$$

$$n^* = \frac{D}{\text{EOQ}} = \frac{5\,000}{500} = 10（次）$$

$$T^* = \frac{360}{n^*} = \frac{360}{10} = 36（天）$$

$$\text{TC} = H \times \text{EOQ} \times 0.5 + n^* \times C_0 + PD$$
$$= 20 \times 20\% \times 500 \times 0.5 + 10 \times 100 + 20 \times 5\,000 = 102\,000（元）$$

所以，每次订货量为 500 个，每年订货 10 次，每次订货时间间隔 36 天，对企业最有利。此时的年总费用最小为 102 000 元。

（2）订货点的确定。订货点又称"再订货点"或"请购点"，原有储备量下降到一定水平时必须再次订货，以便及时补充库存量。提出订货时的储备量叫"订货点量"，其计算公式为

订货点量 = 每日平均需要量 × 订货周期 + 安全库存量

其中安全库存量：

$$\text{SS} = z\sqrt{\mu_L \sigma_D^2 + \mu_D^2 \sigma_L^2}$$

式中，SS 为安全库存；μ_L 为提前期 L 的平均值；σ_D 为需求 D 的标准差；μ_D 为需求 D 的平

均值；σ_L 为提前期 L 的标准差；z 为服务水平。

【例 3-3】 某种产品需求呈正态分布，平均值为 400 个/月，标准偏差为 30 个/月，订货至交货周期也呈正态分布，平均值为 2 个月，标准偏差为 0.5 个月，服务水平与 Z 值对应表见表 3-24。如果要保证 95% 的服务水平，则安全库存量是多少？再订货点是多少？

表 3-24 服务水平与 Z 值对应表

服务水平	0.999 8	0.99	0.98	0.95	0.90	0.80	0.70
系数 Z	3.5	2.33	2.05	1.65	1.29	0.84	0.53

解：根据题意，可知 $\mu_D=400$ 个/月，$\sigma_D=30$ 个产品单位，$\mu_L=2$ 个月，$\sigma_L=0.5$ 个月。

完全库存量：

$$SS = 1.65 \times \sqrt{2 \times 30^2 + 400^2 \times 0.5^2}$$
$$= 1.65 \times 204.45 = 337$$

再订货点：

$$R = 400 \times 2 + 337 = 1\,137（个）$$

（二）定期订货法

定期订货方式（fixed-interval system，FIS）又称定期盘点法订购，是指每隔一段时间即进行订购，订购时间固定，每次订购量不定。该方法的关键在于确定一个订购周期 T 和一个最高库存量 $Q_{\max}$，这个订购周期就是控制库存的订货时机；最高库存量就是控制库存的一个给定库存水准。此后每隔一个周期 T，就检查库存发出订购，订购量的大小就是最高库存量与当时的实际库存量之差，如图 3-27 所示。

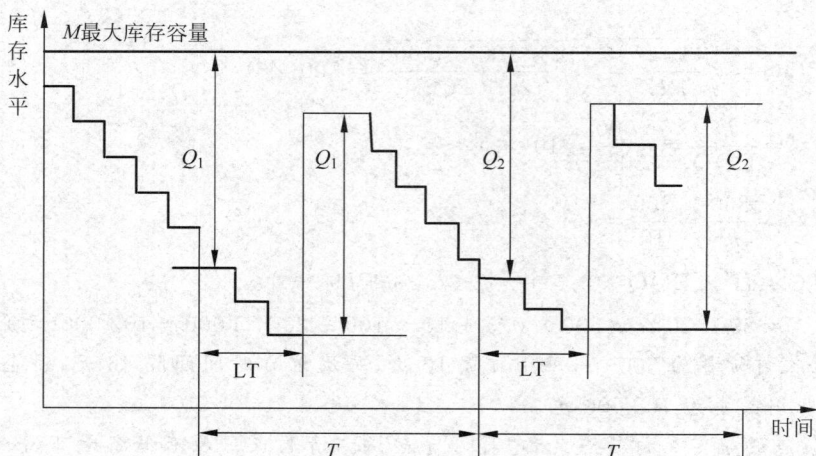

图 3-27 定期订货模型

定期订货法是从时间上控制订货周期，从而达到控制库存量目的的方法，只要订货周期控制得当，既可以不造成缺货，又可以控制最高库存量，从而达到库存管理的目的，也就是说使库存费用最少。

1. 定期订货方式的优点

（1）不需要持续监控库存。与定量订货法相比，定期订货法不需要时刻关注库存水平，只需要在再订货时进行库存检查和订货决策，减少了库存管理的工作量。

（2）适用于需求波动较大的情况。由于定期订货法是根据需求预测来确定订货数量，因此，对于需求波动较大的商品，可以通过调整订货周期和最高库存水平来适应需求的变化。

（3）便于管理。定期订货法可以使企业的订货时间和订货数量相对固定，便于采购部门和供应商进行计划安排，提高供应链的协同效率。

2. 定期订货方式的缺点

（1）可能出现缺货或库存积压。由于定期订货法是根据预测需求来确定订货数量，如果需求预测不准确，可能会导致缺货或库存积压。特别是在需求波动较大的情况下，预测误差可能会比较大。

（2）库存水平较高。为了应对需求波动和供应不确定性，定期订货法通常需要设置较高的安全库存，这会导致库存水平较高，占用较多的资金和仓储空间。

3. 定期订货方式的适用范围

（1）需求波动较大的商品。对于需求波动较大的商品，定期订货法可以通过调整订货周期和最高库存水平来适应需求的变化，避免缺货或库存积压。

（2）价值较低的商品。对于价值较低的商品，设置较高的安全库存所占用的资金相对较少，因此定期订货法比较适用。

（3）供应商交货期较长的商品。对于供应商交货期较长的商品，采用定期订货法可以提前安排订货，确保在需要时能够及时获得商品。

4. 订货周期、最高库存量、订货量的确定

订货周期的确定方法可以根据历史统计资料，求得平均供货周期，从而确定供货周期，也可由下式适当调整取得。

$$T = \frac{EOQ}{D}$$

式中，EOQ 为经济订货批量；T 为订货周期；D 为单位时间的需求量（一般指年需求量）。

最高库存量可由以下公式计算：

$$Q_{max} = R_d \times (T + L) + S$$

式中，Q_{max} 为最高库存量；R_d 为每日需求量；T 为订货周期；L 为订货提前期；S 为安全库存量。

【例 3-4】　某种物料的订货提前期为 10 天，订货周期为 30 天，每日需求量为 20t，保险储备定额为 200t。求最大库存量是多少？

解：最大库存量为

$$
\begin{aligned}
Q_{max} &= R_d \times (T + L) + S \\
&= 20 \times (30 + 10) + 200 \\
&= 1\,000(t)
\end{aligned}
$$

每次订货量数额需根据再订货时的实际库存量、本期预计到货的数量、已售出但未发货的数量确定。假设 Q_0 为实际库存量，Q_1 为本期预计到货的数量，Q_2 为已售出但未发货的数量，Q_{max} 为最高库存量。则本次订货量为

$$Q = Q_{max} - Q_0 - Q_1 + Q_2$$
$$= R_d \times (T + L) + S - Q_0 - Q_1 + Q_2$$

【例 3-5】 假设最大库存量是 1 000t，订购当日的现有库存量为 450t，已经订购但尚未到货的数量为 125t，当日已售出但未发货的数量为 40t，则当日的订购量是多少？

解：已知 $Q_{max} = 1\,000t$，$Q_0 = 450t$，$Q_1 = 125t$，$Q_2 = 40t$，则当日的订购量为

$$Q = Q_{max} - Q_0 - Q_1 + Q_2$$
$$= 1\,000 - 450 - 125 + 40$$
$$= 465(t)$$

（三）ABC 分类法

ABC 分类法源于 ABC 曲线分析，ABC 曲线又叫帕累托曲线。1879 年，意大利经济学家帕累托在研究人口与收入的分配问题时，发现占总人口百分比不大的少数人的收入却占总收入的大部分；而大多数人的收入却只占总收入的很少一部分，即所谓"关键的少数和次要的多数"的关系。

企业的库存物资种类繁多，对企业的全部库存物资进行管理是一项复杂而繁重的工作。如果管理者对各类库存物资均投入相同的精力，必然导致精力分散，而且抓不住重点，效率低下。而采用 ABC 分类法，就可把有限的精力放在重点物资的管理上，进而提高管理的效率。

视频：ABC 分类管理法

事实上，在许多种库存物资中，一般只有少数几种物资的需求量大，因而占用较多的流动资金；从用户方面来看，只有少数几种物资对用户的需求起着举足轻重的作用，种类数比较多的其他物资年需求量却较小，或者对于用户的重要性较小，由此，可以将库存物资分为 A、B、C 三类。

1. 基本原理

确定分类标准：通常根据库存物品的价值（如年消耗金额）、重要性（如对生产的影响程度）等因素来确定分类标准。

分类步骤如下。

（1）计算每种库存物品的年消耗金额。

年消耗金额 = 年需求量 × 单价

（2）按照年消耗金额从大到小对库存物品进行排序。

（3）划分 A、B、C 三类，具体划分标准见表 3-25。

A 类物品：通常是年消耗金额最高的少数物品，一般占库存物品总数的 10% ～ 20%，但其年消耗金额占总金额的 60% ～ 80%。

B 类物品：年消耗金额处于中等水平的物品，一般占库存物品总数的 20% ～ 30%，年消耗金额占总金额的 20% ～ 30%。

C 类物品：年消耗金额较低的大多数物品，一般占库存物品总数的 60% ～ 70%，年消耗金额占总金额的 10% ～ 20%。

表 3-25　库存物资 ABC 分类比重

类　　别	年消耗金额/%	品种数/%
A	60～80	10～20
B	20～30	20～30
C	10～20	60～70

以累计品种数百分比为横坐标,以累计耗用金额百分比为纵坐标,在坐标图上取点,并连接各点,则可绘成 ABC 分析曲线。按 ABC 分析曲线对应的数据,以 ABC 分析表确定 A、B、C 三个类别的方法,在图上标明 A、B、C 三类,则制成 ABC 分析图,如图 3-28 所示。

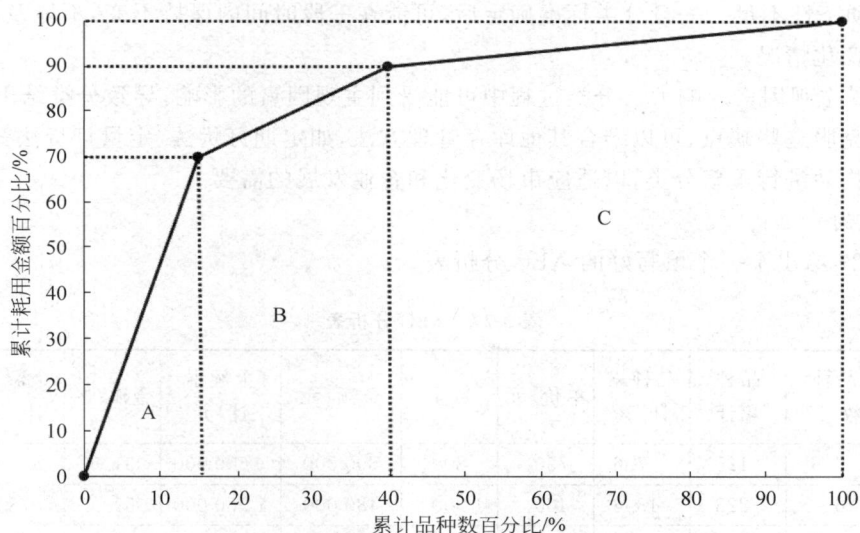

图 3-28　ABC 分析图

2. 管理策略

企业对库存物资进行了 ABC 分类后,可以对不同类别的物资采用不同的控制策略,具体见表 3-26。

表 3-26　ABC 分类法对库存物资的管理控制

物资类别	A 类	B 类	C 类
控制强度	严格	适度	一般
管理强度	重点	常规	粗放
订货	精确的需求预测,采用小批量、频繁订货的方式	采用定期订货的方式,根据需求变化和库存水平调整订货量	采用较大批量的订货方式,以降低订货成本。可以适当增加安全库存,减少订货次数
安全库存	密切监控库存水平,设置较低的安全库存,确保不缺货	设置适当的安全库存,确保供应的稳定性。对库存进行定期检查和分析,及时调整管理策略	对库存进行不定期检查,重点关注库存总量的控制。可以采用简单的库存管理方法,如定量订货法的简化版

3. ABC 分类法的优点

(1) 突出重点。ABC 分类法能够区分出重要物品和一般物品,使企业将有限的资源集中在重要物品的管理上,提高管理效率。

(2) 优化库存结构。通过对不同类别的物品采取不同的管理策略,可以降低库存成本,提高库存周转率,优化库存结构。

(3) 提高决策准确性。为企业的库存管理决策提供了依据,使决策更加科学、准确。

4. ABC 分类法的缺点

（1）分类标准单一。ABC 分类法主要依据价值进行分类，可能忽略了其他重要因素，如物品的供应风险、缺货成本等。

（2）动态性不足。一旦分类标准确定后，可能在一段时间内保持不变，不能及时反映库存物品的变化情况。

（3）受主观因素影响大。分类过程中可能受到主观因素的影响，导致分类结果不准确。

为了克服这些缺点，可以结合其他库存管理方法，如定期订货法、定量订货法等，同时定期对库存物品进行重新分类，以适应市场变化和企业发展的需要。

5. 示例

表 3-27 给出了一个填写好的 ABC 分析表。

表 3-27 ABC 分析表

品种数	品种数/%	品种累计	品种累计/%	单价/元	数量	金额/元	金额累计/元	金额/%	金额累计/%	类别
125	7.6	125	7.6	750	800	600 000	600 000	31.6		
98	6	223	13.6	400	1 200	480 000	1 080 000	57	78	A
60	3.6	283	17.2	500	800	400 000	1 480 000	78		
125	7.6	408	24.8	80	2 500	200 000	1 680 000	88.6		
273	16.5	681	41.3	45	2 400	108 000	1 788 000	94.3	94.3	B
325	19.7	1 006	61	40	1 500	60 000	1 848 000	97.5		
264	16	1 270	77	25	800	20 000	1 868 000	98.5		
169	10.2	1 439	87.1	35	500	17 500	1 885 500	99.5	100	C
213	12.9	1 652	100	12.5	800	10 000	1 895 500	100		

注："品种数"是指仓库中同一产品不同规格型号的数目；"品种数/%"是指该物资的品种数占所有物资的品种数的百分比；"品种累计"是指表格中前面物资品种数的累加；"品种累计/%"是指品种累计占所有物资品种数的百分比；"单价"列假定不同品种的同一产品价格相同；"金额"是指单价与数量的乘积；"金额累计"是指表格中前面物资金额的累加；"金额/%"是指该物资的金额数占总金额的百分比；"金额累计/%"是指金额累计占总金额的百分比。

对表 3-27 中的数据进行统计，得到 ABC 分类结果，如表 3-28 所示。

表 3-28 ABC 分类表

类别	金额/元	品种数/%	资金总额/元	金额/%
A	400 000 以上	17.2	1 480 000	78
B	108 000～400 000	24.1	308 000	16.3
C	108 000 以下	58.7	107 500	5.7

从表 3-28 中的数据可以看出，金额占统计期内总金额 78% 的，只是占全部物资品种 17.2% 的物资，作为 A 类；而 B 类的物资，是金额占统计期内总金额 16.3%，占全部品种 24.1%；余下 C 类中的物资，金额占统计期内总金额的 5.7%，品种数占全部品种数的 58.7%。

（四）JIT 库存管理

JIT(just in time)即准时生产方式,是一种以需求为导向,追求零库存、高效率的管理方法。就是在需要的时候,按需要量生产所需的产品。JIT 是一种旨在消除一切无效劳动,实现企业资源优化配置,全面提高企业经济效益的管理模式。其核心思想是寻求、消除在生产过程中形成浪费的一切根源和任何不产生附加价值的活动。

1. 基本原理

（1）需求拉动。JIT 库存管理强调由最终需求拉动生产和供应。只有在客户需要的时候才生产和供应产品,避免了生产过剩和库存积压。例如,汽车制造商根据客户订单来安排生产,当客户订购一辆汽车时,才开始组装所需的零部件,而不是提前生产大量的成品汽车或储备大量的零部件库存。

（2）小批量生产和供应。为了实现准时生产和供应,JIT 通常采用小批量生产和供应的方式。这样可以减少库存水平,降低库存成本,同时也能更快地响应客户需求的变化。例如,电子设备制造商可能每次只生产少量的产品,然后根据客户订单的增加逐步增加生产批量。

（3）快速响应和高质量。JIT 要求供应商能够快速响应企业的需求,提供高质量的原材料和零部件。企业也需要具备高效的生产和物流系统,以确保产品能够及时交付给客户。例如,一家服装企业与供应商建立了紧密的合作关系,供应商能够在短时间内提供所需的面料和辅料。

2. JIT 的优点

（1）降低库存成本。JIT 库存管理通过追求零库存,大幅降低了库存持有成本,包括资金占用成本、仓储成本、库存损耗成本等。

（2）提高生产效率。JIT 强调小批量生产和快速响应,能够减少生产过程中的浪费,提高生产效率。同时,由于库存水平低,生产过程中的问题能够更快地被发现和解决,进一步提高了生产效率。

（3）提升产品质量。JIT 要求供应商提供高质量的原材料和零部件,同时企业也需要加强生产过程中的质量控制。这样可以提高产品质量,减少次品和废品的产生。

3. JIT 的缺点

（1）对供应链要求高。JIT 库存管理需要供应链上各个环节的紧密配合,包括供应商、生产商、物流服务商等。如果供应链中的任何一个环节出现问题,都可能导致生产中断和客户满意度下降。

（2）风险较大。由于 JIT 库存管理追求零库存,企业的库存水平很低,一旦出现需求突然增加、供应中断等情况,企业可能会面临缺货的风险。

4. 适用范围

（1）需求稳定且可预测的行业。JIT 库存管理适用于需求稳定且可预测的行业,如汽车制造、电子产品制造等。在这些行业中,企业可以通过准确的需求预测和生产计划,实现准时生产和供应。

（2）供应链管理水平高的企业。JIT 库存管理需要企业具备较高的供应链管理水平,包括与供应商的紧密合作、高效的物流配送系统、先进的信息技术等。

实际工作中,"零库存"是一种理想状态,是物流和仓储工作者追求的最高目标。而"零库存"几乎是不可能的,但是 JIT 的管理理念在物流管理中却大有用武之地。只要正确加以运用,通过减少浪费,消除一些冗余的功能,强调从根源上保证采购质量,就可使公司大幅降低成本费用,实现最优的质量成本比,提高公司在市场上的竞争力。

视频:零库存管理

(五)MRP 管理技术

物料需求计划(material requirements planning,MRP)起源于 20 世纪 60 年代初,最初是针对当时制造企业生产管理中存在的普遍问题以及传统库存控制方法的不足而提出的一种生产组织管理技术。它是一种生产计划与控制技术,以控制整个生产过程中的库存水平为出发点,围绕物料为中心组织生产的一种新的生产方式,也是一种新的库存控制思想。

1. MRP 的基本原理

MRP 是根据市场需求预测和顾客订单制订产品的主生产计划,根据主生产计划(MPS)计算独立需求物料的需求数量和需求日期,再根据物料清单(BOM)得出产品结构各层次物品的从属和数量关系,以完工时期为时间基准倒排计划,按提前期长短区别各个物品下达计划时间的先后顺序,是一种工业制造企业内物资计划管理模式。MRP 思想的提出解决了物料转化过程中的几个关键问题:何时需要,需要什么,需要多少。它不仅在数量上解决了缺料问题,更关键的是从时间上来解决缺料问题。

2. MRP 系统的组成

MRP 系统的基本组成如图 3-29 所示,主要分为输入、处理和输出三部分。

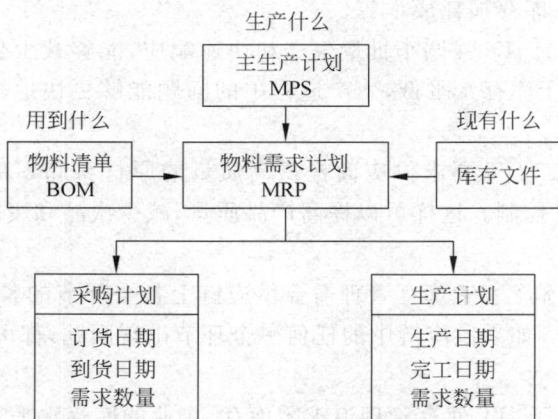

图 3-29　MRP 的基本组成

(1)MRP 系统的输入。MRP 的输入主要有三个数据来源,即主生产计划、物料清单和库存文件。

主生产计划(master production schedule,MPS)是确定每一具体的最终产品在每一具体时间段内生产数量的计划。这里的最终产品是指对于企业来说最终完成、要出厂的完成品,它要具体到产品的品种、型号。这里的具体时间段,通常是以周为单位,在有些情况下,也可以是日、周、月。主生产计划详细规定生产什么、什么时段应该产出,它是独立需求计划。主生产计划根据客户合同和市场预测，把经营计划或生产大纲中的产品系列具体化，使之成为展开物料需求计划的主要依据，起到了从综合计划向具体计划过渡的承上启下作用。

【例3-6】　某产品A主生产计划表如表3-29所示。请说明该计划表。

表3-29　最终产品A的主生产计划

时间/周	1	2	3	4	5	6	7	8
产量/（件/周）	25	15	20		60		15	

解：第1周开始需要（如送给客户）25件、第2周需要15件、第3周需要20件、第5周需要60件、第7周需要15件A产品。

物料清单（bills of materials，BOM）通常称为产品结构文件或产品结构树（图3-30），物料清单不仅反映了物料、零部件的数量组成，而且反映了产品的制造顺序。MRP系统要正确计算出物料需求的时间和数量，特别是相关需求物料的数量和时间，首先要使系统能够知道企业所制造的产品结构和所有要使用的物料。产品结构列出构成成品或装配件的所有部件、组件、零件等的组成、装配关系和数量要求。

产品结构文件是有层次结构的，它显示每完成一单位下一层次的装配所需各物料的数量，一般用树状结构表示，最上层是0级，即主产品级，然后是一级，逐级往下分解，最末一级为n级，一般是最初级的原材料或者外购件，每一层有三个参数：①零部件名称；②组成零部件的数量；③相应的提前期，包括生产提前期和订货提前期。

【例3-7】　某主产品A的树状结构如图3-30所示，请说明该树状结构。

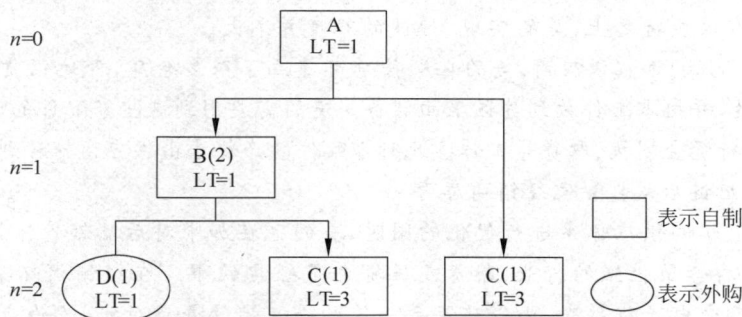

图3-30　A产品的树状结构

解：A由两个部件（即两个B和一个C）装配组成，B由一个外购件D和一个自制件C组成，B、C、D的提前期分别为1周、3周和1周。

库存文件也叫库存状态文件，它包含各个物料品种在系统运行提前期初库存量的现存量以及已订未到量的情况，它提供并记录MRP运行过程中实际库存量的动态变化过程。

（2）MRP系统的处理过程如下。

① 按照产品结构进行分解，确定不同层次物料的总需求量。

② 根据产品最终交货期和生产工艺关系，反推各零部件的投入和出产日期。

③ 根据库存状态，确定各物料的净需求量。

④ 根据订货批量与订货提前期最终确定订货日期与订货数量。

（3）MRP 系统的输出。MRP 输出的文件主要是采购计划和生产计划。其中,采购计划主要包括订货日期、到货日期、需求数量等信息,生产计划主要包括生产日期、完工日期、需求数量等信息。

任务案例

美的集团的供应商管理库存

供应商管理库存(vendor managed inventory,VMI),即客户把库存管理交给供应商,自己并不保留的库存。一般指卖方把货物存放在买方附近的仓库,消耗后结账,但库存水平控制和货物的物理管理都由卖方负责。这种库存管理策略打破了传统的各自为政的库存管理模式。体现了供应链的集成化管理思想,适应市场变化的要求,是一种新的、有代表性的库存管理思想。

美的集团于 1980 年正式进入家电业,1981 年开始使用美的品牌。目前已成为中国颇具规模的白色家电生产基地和出口基地。从历史资料来看,美的集团实行供应商管理库存策略对公司发展做出了重大贡献,企业销售效率和存货使用效率不断提高。

1. 控制供应链前端:供应商管理库存

长期以来,美的在减少库存成本方面一直成绩不错,但依然有 5～7 天的零部件库存和几十万台的成品库存。在此压力下,美的在 2002 年开始尝试 VMI。美的作为供应链里的"链主",即核心企业,居于产业链上游且较为稳定的供应商共有 300 多家。其中 60% 的供货商是在美的总部顺德周围,还有部分供货商在 3 天以内车程,只有 15% 的供货商距离较远。在这个现有供应链之上,美的实现 VMI 的难度并不大。

对于剩下 15% 的远程供应商,美的在顺德总部建立了很多仓库,外地供货商可以在仓库里租赁一个片区,并把零配件放到片区里面储备。美的需要用到这些零配件的时候,就会通知供应商,然后进行资金划拨、取货等工作。此时零配件的产权才由供应商转移到美的手上。

2. 理顺供应链后端:管理经销商库存

在业务链前端的供应体系进行优化的同时,美的也在加紧对后端销售体系的管理渗透。在空调、风扇这样季节性强的行业,断货或压货也是经常的事。在经销商环节上,美的公开了与经销商的部分电子化往来,由以前半年一次的手工性的繁杂对账,改为业务往来的实时对账和审核,运用这些信息,通过合理预测制订其生产计划和安排配送计划以便补货。也就是说,美的作为经销商的供货商,为经销商管理库存。理想的模式是:经销商基本不用备货,缺货时,美的立刻自动送过去,而不需经销商提醒。这种存货管理上的前移,可以有效地削减和精准地控制销售渠道上昂贵的存货,而不是任其堵塞在渠道中,让其占用经销商的大量资金。

3. 供应链管理库存实施效果

VMI 实施后,美的集团库存成效显著,美的零部件库存周转率上升到 70～80 次,零部件库存也由原来平均 5～7 天存货水平,大幅降低为 3 天左右,而且这 3 天的库存也是由供货商管理并承担相应成本。库存周转率提高后,一系列相关的财务"风向标"也随之明显改善:资金占用降低、资金利用效率提高、资金风险下降、库存成本直线下降。

资料来源:https://zhuanlan.zhihu.com/p/402936642.

案例思考：

（1）美的集团采用了哪些方面的库存控制与管理措施？

（2）供应商管理库存模式能为企业带来哪些效益？

任务实训

某电商仓库物动量 ABC 分析

一、实训目的

通过分析某电商仓库的周出库数据，进行 ABC 分类计算，掌握 ABC 分析方法，掌握不同类型物资的库存管理策略。

二、实训内容

电商仓库内，货品 SKU 众多，在库存量较大的情况下，用 ABC 分类法来进行库存优化，以便于仓储管理人员更好地分清主次，更好地进行仓储库存管理。对电商仓库内的货品根据其重要程度、价值高低、发货单量等因素来进行具体分类。

首先是 C 类货品，此类货品基本为滞销品，销售量非常小，甚至没有销售量。因此，电商物流或代发货公司会把该类货品放在电商仓库内靠后的位置，用较少的时间来对其进行管理盘点。B 类货品，是相对于 C 类货品来说，还是有一定发单量的，但是又不足够多的货品。此类货品仓储位置在较优于 C 类货品的位置。最后是 A 类货品，也就是快销品，这类货品销量高，周转速度快。因此，该类货品就需要放置在最靠近分拣、复核打包区域的位置，确保在接到相关订单后，电商物流或代发货公司可以在最短的时间内，对其进行打包发货，加快电商仓库内的工作效率。

现已知某电商仓库存放 SKU 数 50 种，以及连续 6 周的出库作业周报，请根据给定数据，对仓库内存放货物进行 ABC 分类，分类标准如表 3-30 所示。

表 3-30　ABC 分类标准

累计品种所占比重/%	$0 < A \leq 15$	$15 < B \leq 45$	$45 < C \leq 100$
累计周转量所占比重/%	$0 < A \leq 65$	$65 < B \leq 90$	$90 < C \leq 100$

三、实训步骤

（1）教师通过在线学习平台发布实训任务。

（2）根据分类标准，在 Excel 表格中进行 ABC 分类计算。

（3）确定 ABC 分类结果，制定不同类型物资库存管理策略。

（4）小组互评与总结反馈。

任务小结

通过本任务的学习，掌握库存的含义、作用及库存成本的构成，了解库存管理的目的，掌握定量订货法、定期订货法、ABC 分析法、JIT 库存管理、MRP 管理等不同的库存控制方法。

项目四

智慧仓配组织管理

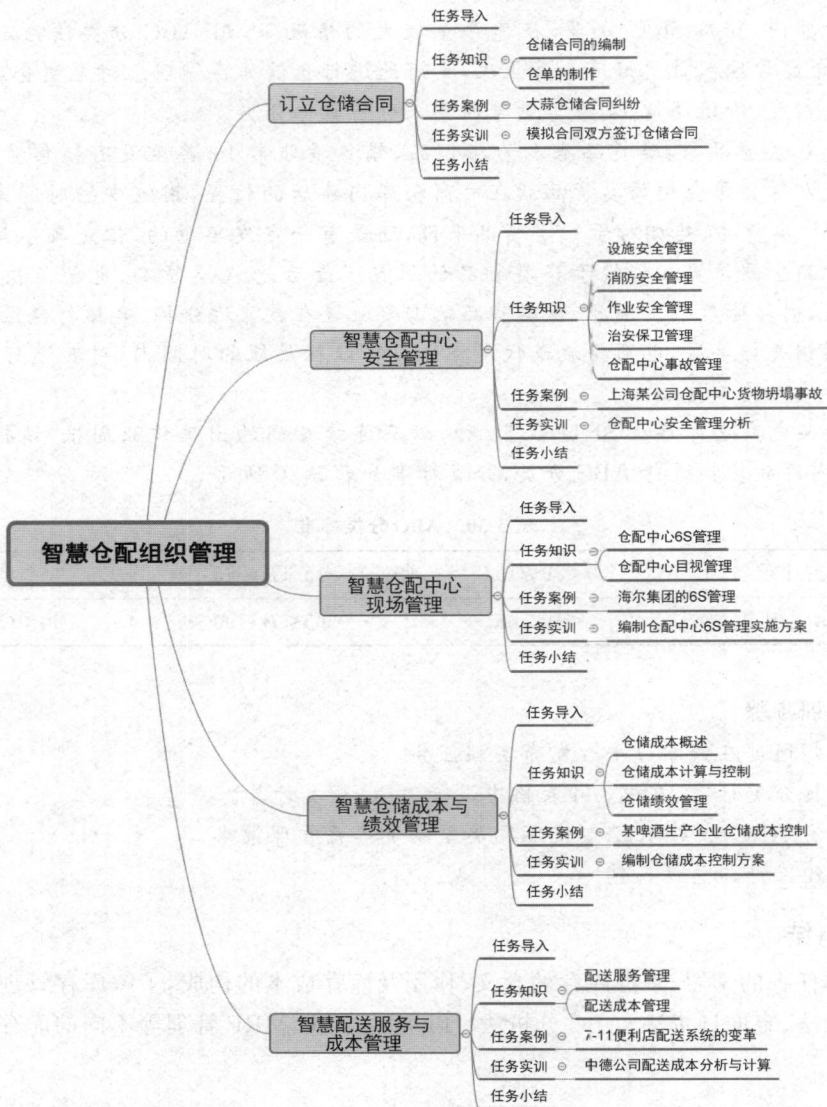

智慧仓配组织管理

- **订立仓储合同**
  - 任务导入
  - 任务知识
    - 仓储合同的编制
    - 仓单的制作
  - 任务案例 ⊙ 大蒜仓储合同纠纷
  - 任务实训 ⊙ 模拟合同双方签订仓储合同
  - 任务小结

- **智慧仓配中心安全管理**
  - 任务导入
  - 任务知识
    - 设施安全管理
    - 消防安全管理
    - 作业安全管理
    - 治安保卫管理
    - 仓配中心事故管理
  - 任务案例 ⊙ 上海某公司仓配中心货物坍塌事故
  - 任务实训 ⊙ 仓配中心安全管理分析
  - 任务小结

- **智慧仓配中心现场管理**
  - 任务导入
  - 任务知识
    - 仓配中心6S管理
    - 仓配中心目视管理
  - 任务案例 ⊙ 海尔集团的6S管理
  - 任务实训 ⊙ 编制仓配中心6S管理实施方案
  - 任务小结

- **智慧仓储成本与绩效管理**
  - 任务导入
  - 任务知识
    - 仓储成本概述
    - 仓储成本计算与控制
    - 仓储绩效管理
  - 任务案例 ⊙ 某啤酒生产企业仓储成本控制
  - 任务实训 ⊙ 编制仓储成本控制方案
  - 任务小结

- **智慧配送服务与成本管理**
  - 任务导入
  - 任务知识
    - 配送服务管理
    - 配送成本管理
  - 任务案例 ⊙ 7-11便利店配送系统的变革
  - 任务实训 ⊙ 中德公司配送成本分析与计算
  - 任务小结

任务一　订立仓储合同

任务导入

在契约精神不断完善的现代,进行交易时,签订合同的重要性不言而喻。《"十四五"现代物流发展规划》提出,我国社会物流统计体系、信用体系更加健全,营商环境持续优化,行业协同治理体系不断完善、治理能力显著提升,促使现代物流发展制度环境更加完善。2025年6月3日,某市盛达粮油进出口有限责任公司(下称盛达公司)与该市东方储运公司签订一份仓储保管合同。合同主要约定:由东方储运公司为盛达公司储存保管小麦60万千克,保管期限自2025年7月10日至11月10日,储存费用为5万元,任何一方违约,均按储存费用的20%支付违约金。合同签订后,东方储运公司立即开始清理其仓库,并拒绝其他有关部门在这三个仓库存货的要求。2025年7月8日,盛达公司书面通知东方储运公司:因收购的小麦尚不足10万千克,故不需存放贵公司仓库,双方于6月3日所签订的仓储合同终止履行,请谅解。东方储运公司接到盛达公司书面通知后,遂电告盛达公司:同意仓储合同终止履行,但贵公司应当按合同约定支付违约金1万元。盛达公司拒绝支付违约金,双方因此而形成纠纷,东方储运公司于2025年11月21日向人民法院提起诉讼,请求判令盛达公司支付违约金1万元。此纠纷中,盛达公司尚未向东方储运公司交付仓储物的情况下,是否应承担违约金1万元?

任务知识

一、仓储合同的编制

(一)仓储合同的基本认知

1. 仓储合同的含义与特征

党的二十大报告指出:"坚持和发展马克思主义,必须同中华优秀传统文化相结合。"其中提及"讲信修睦"等十个同科学社会主义主张具有高度契合性的传统文化理念。此外,《中华人民共和国民法典》合同编确认交易当事人在交易活动的每一个环节,都应该遵循诚实信用原则,才能使商业交易当事人既能遵循商业道德,又能严格守约和正确履约,从而形成交易关系的正常秩序。在仓储合同实施的过程中,诚信的作用尤为突出。

仓储合同又称仓储保管合同,是仓储保管人接收存货人交付的仓储物,并进行妥善保管,在仓储期满将仓储物完好地交还,保管人收取保管费的协议。《中华人民共和国民法典》对仓储合同的定义:仓储合同是保管人储存存货人交付的仓储物,存货人支付仓储费的合同。

文档:仓储合同与保管合同案例

仓储合同是一种特殊的保管合同,它源自一般的保管合同,具有保管合同的一般特性。同时,仓储合同又有别于一般的保管合同,它具有以下特征。

(1)保管人必须具有仓库营业资质,即拥有仓储设备并从事仓储保管业务。

（2）仓储合同的对象仅为动产，不动产不可能成为仓储合同的对象。

（3）仓储合同为诺成合同。仓储合同自成立时生效。

（4）仓储合同为双务、有偿合同。保管人提供储存、保管的义务，存货人承担支付仓储费的义务。

（5）存货人的货物交付或返还请求权以仓单为凭证，仓单具有仓储物所有权凭证的作用。作为法定的提取或存入仓储物的书面凭证，仓单是每一仓储合同中必备的，因此仓单是仓储合同中重要的法律文件之一。

2．当事人

仓储合同双方当事人分别为存货人和保管人。

（1）存货人。存货人是指将仓储物交付仓储的一方。存货人必须是具有将仓储物交付仓储的处分权的人，可以是仓储物的所有人，如货主；也可以是只有仓储权利的占有人，如承运人；或者是受让仓储物但未实际占有仓储物的准所有人，或者是有权处分人，如法院、行政机关等。

（2）保管人。保管人为仓储货物的保管一方。保管人必须是有仓储设备并具有专门从事仓储保管业务资质的法人或其他组织。也就是说，保管人必须拥有仓储保管设备和设施，具有仓库、场地、货架、装卸搬运设施、安全、消防等基本条件；取得相应的公安、消防部门的许可。从事特殊保管的，还要有特殊保管的条件要求。

3．标的与标的物

（1）标的。合同标的是指合同关系指向的对象，也就是当事人权利和义务指向的对象，即存货人按时交付货物，支付仓储费，保管人给予养护，保管期满，完整归还。因此，仓储合同是一种行为合同，一种双方当事人都需要履行的双务合同。

（2）标的物。仓储物、标的物是标的的载体和表现，如仓储货物的质量、数量完好，说明保管人保管行为良好。

作为仓储合同标的物的物品，一般没有太大限制，无论是生产资料还是生活资料，无论是特定物质还是种类物，都可以成为仓储合同的标的物。但是，仓储合同的标的物只能是动产，而不能为不动产。另外，货币、知识产权、数据、文化等无形资产和精神产品也不能作为标的物。

（二）仓储合同的订立

1．签订仓储合同的步骤

仓储合同的签订和履行步骤可划分为邀约、验资、洽约、审约、定约、履约 6 个步骤，如表 4-1 所示。

动画：仓储合同何时成立

表 4-1　仓储合同的签订和履行步骤

序号	步骤名称	主 要 事 项
1	邀约	由委托方向保管方提出订立仓储合同的建议和要求
2	验资	企业法人代表（或委托法人）之间签订合同应出示有关证明法人资格的材料和资信证明
3	洽约	由法人授权的业务人员对邀约方提出的合同条款逐条当面商定

序号	步骤名称	主 要 事 项
4	审约	由有经验的专门人员审查合同条款是否符合法律、政策的规定,权利是否平等,条款是否严密,以防责任不明和签订"不平等条款"
5	定约	双方的法人代表(或授权的委托人)应在仓储合同文本上签字,并加盖公章或合同章,签章后合同即生效
6	履约	在履行合同时,各方承担各自的义务,并享有各自的权利

2. 仓储合同的内容

(1) 仓储物的品名或品类。仓储物的品名或品类是指所存仓储物的名称,即全称、标准名称或类别的标准名称。在订立仓储合同时,必须明确规定仓储物的全名或品类;如果有代号的,应标明代号的全名;不符合法律规定的仓储物不能保管。

(2) 仓储物的数量、质量、包装。仓储物的数量是指所存仓储物的多少,质量是指所存仓储物的优劣,包装是指仓储物表面上的包装。

(3) 仓储物验收的内容、标准、方法、期限。存货人将仓储物交付给保管人储存时,需同时交付仓储物和验收资料,保管人负责验收。具体采用全验还是抽验中哪种验收方法,需在合同中确定。验收期限从仓储物和验收资料全部送达保管人之日起,至验收报告送出之日止。

(4) 仓储物保管条件和保管要求。仓储物在仓库储存期间,由于仓储物的自然性质不同,对仓库的外界条件和仓库内温度、湿度等都有特定的要求。例如:肉类食品要求在冷藏条件下储存;纸张、木材、水泥要求在干燥条件下储存;精密仪器要求在恒温、防潮、防尘条件下储存。因此,合同双方当事人应根据仓储物的性质,选择不同的储存条件,并在合同中明确约定。

(5) 仓储物进出库手续、时间、地点、运输方式。由存货人或运输部门、供货单位送货到库的,或由保管人负责到供货单位、车站、港口等处提运的仓储物,必须按照正常验收项目进行验收,或按国家规定当面交接清楚,分清责任。对于仓储物的出库,也应明确运输方式及相应责任,包括存货人自提、保管人送货上门以及保管人代办运输。

(6) 仓储物的损耗标准和损耗处理。仓储物在运输过程和储存中会发生数量、重量的减少,对这些损耗,合同应明确规定一个标准以作为划分正常与非正常损耗的界限。正常损耗不认为是损耗,视为符合合同要求履行;非正常损耗由运输或保管中的责任人负责。

(7) 计费项目、标准,结算方式,银行账号和时间。计费项目、标准是指保管人收取费用的项目和标准。有国家规定的计费项目和标准的,按国家规定标准和项目执行;没有国家规定的,当事人可以协商议定。结算方式是指存货人和保管人以何种方式结算。银行账号是指各自的银行、账号的名称。时间是指双方结算的时间界限,亦即何时结算,何时结算完毕。以上条款均须在合同中明确、详细规定,以免发生争议。

(8) 责任划分和违约处理。责任划分是指存货人和保管人在仓储物入库、验收、保管、包装、出库等方面的责任。这在合同中应明确规定,划清各自的责任。违约处理是指对保管人和存货人的违约行为如何处理。违约处理的方式有协商、调解、仲裁、诉讼等,违约责任形式有违约金、赔偿金等。

(9) 合同的有效期限。合同的有效期限即储存期限,合同一般应规定储存期限,但有的合同也可不规定储存期限,只要存货人按时支付仓储费,合同就会继续有效。

(10) 变更和解除合同的期限。在确定变更或解除合同期限时,有国家规定的应按国家规定执行;没有国家规定的,当事人应在仓储合同中明确规定变更或解除的期限。此期限的确定应该合理,要考虑国家利益及当事人利益。

(11) 其他事项。仓储合同不仅涉及仓储关系,有时还涉及其他关系。例如,与其有关的仓储物包装、运输、保险等。这些关系也必须在合同中明确规定或另订合同。

文档:仓储
合同范本

3. 仓储合同的格式

下面是两种常见的仓储合同格式,供参考。

格式一:

仓 储 合 同

合同编号:

保管人:_____ 　　签订地点:_____

存货人:_____ 　　签订时间:_____年_____月_____日

第一条　仓储物

品名　品种规格　性质　数量　质量　包装　件数　标记

_____

_____

_____

第二条　储存场所、储存物占用仓库位置及面积:_____

第三条　仓储物(是/否)有瑕疵。瑕疵是:_____

第四条　仓储物(是/否)需要采取特殊保管措施。特殊保管措施是:_____

第五条　仓储物入库检验的方法、时间与地点:_____

第六条　存货人交付仓储物后,保管人应当给付仓单。

第七条　储存期限:从_____年_____月_____日至_____年_____月_____日。

第八条　仓储物的损耗标准及计算方法:_____

第九条　保管人发现仓储物有变质或损坏的,应及时通知存货人或仓单持有人。

第十条　仓储物(是/否)已办理保险,险种名称:_____;保险金额:_____;保险期限:_____;保险人名称:_____。

第十一条　仓储物出库检验的方法与时间:_____

第十二条　仓储费(大写):_____元。

第十三条　仓储费结算方式与时间:_____

第十四条　存货人未向保管人支付仓储费的,保管人(是/否)可以留置仓储物。

第十五条　违约责任:_____

第十六条　合同争议的解决方式:本合同在履行过程中发生的争议,由双方当事人协商解决;也可由当地工商行政管理部门调解;协商或调解不成的,按下列第_____种方式解决:

（一）提交＿＿＿＿＿＿＿＿＿＿＿＿仲裁委员会仲裁；

（二）依法向人民法院起诉。

第十七条　其他约定事项：

存货人	保管人
存货人（章）：	保管人（章）：
住所：	住所：
法定代表人：	法定代表人：
委托代理人：	委托代理人：
电话：	电话：
开户银行：	开户银行：
账号：	账号：
邮政编码：	邮政编码：
监制部门：	印制单位：

鉴（公）证意见：

　　　　　　　　　　　　　　　　鉴（公）证机关（章）

　　　　　　　　　　　　　　　　经办人：

　　　　　　　　　　　　　　　　　　年　　月　　日

格式二：

仓 储 合 同

合同编号：

存货人：＿＿＿＿＿＿＿＿＿＿＿　　签订地点：＿＿＿＿＿＿＿＿＿＿＿

保管人：＿＿＿＿＿＿＿＿＿＿＿　　签订时间：＿＿＿＿＿年＿＿＿＿月＿＿＿＿日

根据我国有关法律规定，存货人和保管人根据委托储存计划和仓储容量，经双方协商一致，签订本合同。

第一条　仓储物的品名、品种规格、数量、质量、包装、件数和标记。

1. 品名：＿＿＿＿＿＿＿＿＿＿＿＿＿＿＿＿＿＿＿＿＿＿＿＿＿＿＿＿＿＿＿

2. 品种规格：＿＿＿＿＿＿＿＿＿＿＿＿＿＿＿＿＿＿＿＿＿＿＿＿＿＿＿＿＿

3. 数量：＿＿＿＿＿＿＿＿＿＿＿＿＿＿＿＿＿＿＿＿＿＿＿＿＿＿＿＿＿＿＿

4. 质量：＿＿＿＿＿＿＿＿＿＿＿＿＿＿＿＿＿＿＿＿＿＿＿＿＿＿＿＿＿＿＿

5. 包装：＿＿＿＿＿＿＿＿＿＿＿＿＿＿＿＿＿＿＿＿＿＿＿＿＿＿＿＿＿＿＿

6. 件数：＿＿＿＿＿＿＿＿＿＿＿＿＿＿＿＿＿＿＿＿＿＿＿＿＿＿＿＿＿＿＿

7. 标记：＿＿＿＿＿＿＿＿＿＿＿＿＿＿＿＿＿＿＿＿＿＿＿＿＿＿＿＿＿＿＿

第二条　货物验收的内容、标准、方法、时间和资料＿＿＿＿＿＿＿＿＿＿＿＿＿

第三条　货物保管条件和保管要求＿＿＿＿＿＿＿＿＿＿＿＿＿＿＿＿＿＿＿＿＿

第四条　货物入库、出库手续、时间、地点和运输方式＿＿＿＿＿＿＿＿＿＿＿＿

第五条　货物的损耗标准和损耗处理＿＿＿＿＿＿＿＿＿＿＿＿＿＿＿＿＿＿＿＿

第六条　仓储费计费项目、标准和结算方式＿＿＿＿＿＿＿＿＿＿＿＿＿＿＿＿＿

第七条　违约责任。

1. 保管人的责任：

（1）在货物保管期间，未按合同规定的储存条件和保管要求保管货物，造成货物灭失、短少、变质、污染、损坏的，应承担赔偿责任。

（2）对于危险物品和易腐物品等未按国家和合同规定的要求操作、储存，造成毁损的，应承担赔偿责任。

（3）由于保管人的责任，造成退仓不能入库时，应按合同规定赔偿存货人运费和支付违约金_____元。

（4）由保管人负责发运的货物，不能按期发货，应赔偿存货人逾期交货的损失；错发到货地点，除按合同规定无偿运到规定的到货地点外，还应赔偿存货人因此而造成的实际损失。

（5）其他约定责任：_____

2. 存货人的责任：

（1）由于存货人的责任造成退仓不能入库时，存货人应偿付相当于相应保管费_____%（或_____‰）的违约金。超议定储存量储存的，存货人除交纳保管费外，还应向保管人偿付违约金_____元，或按双方协议办理。

（2）易燃、易爆、易渗漏、有毒等危险物品以及易腐、超限等特殊物品，必须在合同中注明，并向保管人提供必要的保管运输技术资料，否则造成的货物毁损、仓库毁损或人身伤亡，由存货人承担赔偿责任甚至刑事责任。

（3）货物临近失效期或有异状的，在保管人通知后不及时处理，造成的损失由存货人承担。

（4）未按国家或合同规定的标准和要求对仓储物进行必要的包装，造成货物损坏、变质的，由存货人负责。

（5）存货人已通知出库或合同期已到，由于存货人（含用户）的原因致使货物不能如期出库，存货人除按合同的规定交付保管费外，还应偿付违约金_____元。由于出库凭证或调拨凭证上的差错所造成的损失，由存货人负责。

（6）按合同规定由保管人代运的货物，存货人未按合同规定及时提供包装材料或未按规定期限变更货物的运输方式、到站、接货人，应承担延期的责任和增加的有关费用。

（7）其他约定责任：_____

第八条　储存期间。

从_____年_____月_____日至_____年_____月_____日止。

第九条　变更和解除合同的期限。

由于不可抗力事故，致使直接影响合同的履行或者不能按约定的条件履行时，遇有不可抗力事故的一方，应立即将事故情况通知对方，并应在_____天内，提供事故详情及合同不能履行，或者部分不能履行，或者需要延期履行的理由的有效证明文件，此项证明文件应由事故发生地区的_____机构出具。按照事故对履行合同影响的程度，由双方协商解决是否解除合同，或者部分免除履行合同的责任，或者延期履行合同。

第十条　合同争议的解决方式。

本合同在履行过程中发生的争议，由双方当事人协商解决；协商不成的，按下列第_____种方式解决：

1. 提交_____仲裁委员会仲裁;

2. 依法向人民法院起诉。

当事人双方同意由_____仲裁委员会仲裁;当事人双方未在本合同中约定仲裁机构,事后又未达成书面仲裁协议的,可向人民法院起诉。

第十一条　货物商检、验收、包装、保险、运输及其他约定事项。

第十二条　本合同未尽事宜,一律按《中华人民共和国民法典》执行。

存货人(章):　　　　　　　　　保管人(章):

地址:　　　　　　　　　　　　地址:

法定代表人:　　　　　　　　　法定代表人:

委托代理人:　　　　　　　　　委托代理人:

电话:　　　　　　　　　　　　电话:

传真:　　　　　　　　　　　　传真:

开户银行:　　　　　　　　　　开户银行:

账号:　　　　　　　　　　　　账号:

邮政编码:　　　　　　　　　　邮政编码:

监制部门:　　　　　　　　　　印制单位:

鉴(公)证意见:

鉴(公)证机关(章)

经办人:

年　　月　　日

(三) 仓储合同的管理

1. 仓储合同的转让、变更、解除和终止

(1) 仓储合同的转让。仓储合同的转让是指仓储合同的一方当事人依法将其合同权利义务全部或部分转让给合同以外的第三人,即合同主体的变更,而合同的客体和内容都不发生变化。仓储合同的转让具有以下特征。

① 仓储合同的转让将发生合同主体的变化。仓储合同的转让通常将导致第三人代替原仓储合同当事人一方而成为合同当事人,或者由第三人加入仓储合同关系之中成为合同当事人。

② 仓储合同的转让并不改变原合同的权利义务内容。

③ 仓储合同的转让主要是在转让人和受让人之间完成的。但由于合同的转让涉及原合同当事人的利益,所以合同义务的转让应取得原合同当事人另一方的同意。

(2) 仓储合同的变更。仓储合同的变更是指对已生效的仓储合同的内容进行修改或补充,不改变原合同的关系和本质事项。变更后的仓储合同同样具有法律效力,双方当事人都应遵守合同的规定,切实履行义务。

(3) 仓储合同的解除。《中华人民共和国民法典》对仓储合同解除的规定主要包括以下几个方面。

① 协商解除。当事人协商一致可以解除合同。

② 约定解除。当事人可以在合同中约定解除合同的事由。

③ 法定解除。在某些情况下,因不可抗力导致合同目的无法实现时,仓储合同也可以解除。

④ 解除权行使期限。法律规定或者当事人约定了解除权行使期限,期限届满当事人不行使的,该权利消灭。

(4) 仓储合同的终止。仓储合同的终止是指当事人之间因仓储合同而产生的权利义务关系由于某种原因而归于消灭,不再对双方具有法律约束力。

2. 仓储合同违约责任和免责

(1) 合同违约的责任形式。当事人一方不履行合同义务或者履行合同义务不符合约定的,应当承担继续履行、采取补救措施或者赔偿损失等违约责任。在实际情况中,承担违约责任的具体形式包括以下几种。

① 继续履行。继续履行是指在一方违反合同的情况下,另一方有权请求违约方继续按照合同规定去履行义务,除法律另有规定外,另一方应当继续履行。继续履行可以起到违约金或者赔偿金起不到的作用,它可以实现当事人双方订立合同所要达到的目的。

② 采取补救措施。履行债务的标的物品质不符合合同约定的条件,在不需继续履行而只需采取适当补救措施时,即可达到合同目的或受害方认为满意的目的。例如交付的产品质量不符合约定的,受害方可以合理选择要求对方承担修理、更换、重作、退货、减少价款或者报酬等违约责任。

③ 违约金。违约金是指合同各方在合同中约定的一方或各方违约时,违约方要支付给受害方一定数额的货币,以弥补受害方损失同时兼有惩罚违约行为作用的违约责任方式。根据规定,约定的违约金低于造成的损失的,当事人可以请求人民法院或者仲裁机构予以增加;约定的违约金过分高于造成的损失的,当事人可以请求人民法院或者仲裁机构予以适当减少。

④ 赔偿金。赔偿金是指合同各方在合同中约定的,一方因违约给对方造成实际损害的,按实际损害数额给予赔偿的责任承担方式。当事人在履行义务或者采取补救措施后,对方还有其他损失的,应当赔偿损失。损害赔偿直接关系到当事人双方的利益分配,是一种比较普遍的责任方式。

⑤ 定金罚则。当事人既约定了违约金又约定了定金,一方违约时,对方可以选择适用违约金或者定金罚则,但二者不能并行适用。如果定金不足以弥补违约造成的损失,守约方可以请求超过定金数额的法定赔偿损失。根据《中华人民共和国民法典》规定,定金的数额由当事人约定,但不得超过主合同标的额的 20%。超过部分不产生定金的效力。

⑥ 价格处罚。价格处罚是对执行国家定价或者指导价的合同当事人,由于逾期不履行合同遇到价格调整时,在原价格和新价格当中执行对违约方不利的那种价格的违约责任方式。这是对不按期履行合同的一方当事人从价格结算上的一种惩罚。不过,它仅适用于执行国家定价或者指导价格的合同。

⑦ 解除合同。解除合同既是合同的权利义务终止的一种情形,也是作为违约方承担违约责任的一种形式。当一方当事人违约,另一方(受害方)当事人有权根据法律规定或者合同约定通知违约方解除合同,违约方应承担解除合同的责任。解除合同并不影响当事人要求赔偿损失的权利。

(2) 仓储合同违约责任的免除。违约责任的免除是指一方当事人不履行合同或法律规定的义务,致使对方遭受损失,由于不可归责于违约方的事由,法律规定违约方可以不承担民事责任的情形。违约责任的免除有以下几种情况。

① 因不可抗力而免责。不可抗力是指不能预见、不能避免并且不能克服的客观情况。具体地说,不可抗力独立于人的意志和行为之外,且其影响到合同的正常履行。构成不可抗力的事件繁多,一般而言,包括自然灾害和社会事件两种。其现实表现主要有过分强烈的自然灾难,例如,严重的地震、水灾、风灾、雪灾、高温、低温等人力所不能或很难抗拒的自然突发情况,而这些情况在订立合同时是不能预见或不能确定的。

② 因自然因素或货物本身的性质而免责。货物在储存期间,由于自然原因,如干燥、风化、挥发、锈蚀等,或货物本身的性质,如易碎、易腐、易污染等,导致的损失或损耗,一般由存货人负责,保管人不承担责任。

③ 因存货人的过错而免责。在履行仓储合同时,由于存货人的原因造成货物损失的,如包装不符合约定、未能提供准确的验收资料、隐瞒和夹带、存货人的错误指示和说明等,根据受损害的程度,可以减少或者免除保管人的责任。

④ 合同约定的免责。鉴于当事人的利益,双方在合同中约定免责的相关事项,对免责事项造成的损失,不承担相互赔偿责任。如约定货物入库时不验收重量,则保管人不承担重量短少的赔偿责任;约定不检查货物内容质量,则保管人不承担非作业保管不当造成的内容变质损坏责任。

3. 仓储合同纠纷的解决

仓储合同纠纷是指当事人双方在合同订立后至完全履行之前,因对仓储合同的履行情况、对合同不履行或不完全履行的后果以及合同条款理解不同而产生的争议。仓储合同纠纷的解决有以下几种方式。

(1) 协商解决。仓储合同纠纷的协商解决,是当事人在自愿基础上直接通过商量、互谅互让,按照国家法律、行政法规和合同约定来达成一致意见,使纠纷得到解决。在实践中,协商解决合同纠纷是最常见、最普遍的一种解决合同纠纷的办法。

(2) 调解解决。仓储合同纠纷的调解解决,是指调解人应仓储合同纠纷当事人的请求,根据有关法律的规定和合同的约定,就双方当事人的合同纠纷对双方当事人进行说服教育,以使双方当事人在互谅互让的基础上达成协议,解决合同纠纷。

(3) 仲裁解决。仓储合同纠纷的仲裁是指仓储合同纠纷的当事人根据有关法律的规定,以协议的方式自愿将合同争议提交仲裁机关,由仲裁庭或仲裁员依据有关法律和事实做出对当事人都有约束力的裁决的纠纷解决方式。仲裁实行一裁终局制度,裁决一经做出即产生法律效力,当事人就同一纠纷不能向法院起诉。裁决书和生效判决书一样具有强制执行效力。

(4) 诉讼解决。合同纠纷发生后,当事人协商、调解不成,合同中也没有订立仲裁条款,或者事后没有达成书面仲裁协议,均可以直接向人民法院起诉,通过人民法院的审判活动,使合同纠纷最终得到公正合理的解决。一般而言,仓储合同纠纷由各级人民法院的经济审判庭按照《中华人民共和国民事诉讼法》规定的程序进行审理。

(四) 智慧仓储合同的发展

1. 智慧仓储合同的含义与目的

智慧仓储合同是指仓储服务提供方(如智能仓储企业)与需求方(如电

视频:生鲜食品仓储纠纷案例

商、制造企业等)之间,就利用先进的信息技术、物联网、人工智能等技术手段,实现仓储作业的智能化、自动化管理而签订的协议。该合同旨在通过智慧仓储系统提升仓储效率、降低运营成本、提高客户满意度,并促进双方的长期合作与发展。

2. 智慧仓储合同的特征

(1) 技术应用。充分利用物联网、大数据、人工智能等先进技术,实现仓储作业的智能化、自动化和信息化。合同中会明确提及智能设备的配置、系统的集成与运行、数据的管理与分析等内容。

(2) 服务内容。服务内容更加全面和深入,包括智能仓储系统的建设、运营、维护以及数据分析等。系统能够实时监控库存情况、优化货物存储位置、提高拣选效率等,从而提升整体仓储管理水平。

(3) 合同条款。合同条款更加复杂和详细,涉及技术规格、设备配置、系统维护、数据安全等多个方面。同时,由于技术快速迭代和升级,合同中还可能包含关于系统升级、扩展或调整的相关条款。

(4) 管理效率。通过引入智能设备和系统,实现仓储作业的自动化和信息化管理,大幅提高了仓储作业的运行效率和准确性。同时,系统能够实时监控库存情况、优化货物存储位置等,进一步提升了仓储管理的精细化水平。

(5) 成本结构。初期投入成本可能较高,包括智能设备购置、系统集成与运行等费用。但长期来看,由于提高了仓储作业效率和准确性、降低了人力成本等因素,整体运营成本可能更加经济合理。

3. 智慧仓储合同的内容

智慧仓储合同通常包含以下关键内容。

(1) 服务范围与标准。明确智慧仓储服务的具体范围,包括智能入库、存储、分拣、出库、库存管理、数据分析等环节,以及服务应达到的具体标准和要求。

(2) 技术解决方案。详细描述智慧仓储系统所采用的技术方案,包括智能设备(如自动分拣机、AGV、智能机器人等)、软件系统(如 WMS、TMS 等)以及数据分析平台的配置与运行方式。

(3) 数据安全与隐私保护。鉴于智慧仓储涉及大量敏感数据,合同应明确数据的安全保障措施、隐私保护政策以及数据使用权限等事项。

(4) 费用与支付方式。约定服务费用、支付方式、支付周期以及可能产生的额外费用(如设备维护费、软件升级费等)的承担方式。

(5) 违约责任与争议解决。规定双方在合同履行过程中可能出现的违约责任、赔偿方式以及争议解决机制(如协商、调解、仲裁或诉讼等)。

二、仓单的制作

(一) 仓单基本认知

1. 仓单的含义

中华人民共和国国家标准《仓单要素与格式要求》(GB/T 30332—2024)对仓单(warehouse receipt)的定义:仓单是指保管人在与存货人签订仓储合同的基础上,对存货人所交付的仓储物出具的,经背书可转让的,据以提取仓储物的权力凭证。

仓单,既是存货人已经交付仓储物的凭证,又是存货人或者持单人提取仓储物的凭证,因此,仓单实际上是仓储物所有权的一种凭证。同时,仓单在经过存货人的背书和保管人的签署后可以转让,任何持仓单的人都拥有向保管人请求给付仓储物的权利,因此,仓单实际上又是一种以给付一定物品为标的的有价证券。

2. 仓单的法律性质

(1)仓单的效力。由于仓单上所记载的权利义务与仓单密不可分,因此,仓单具有以下效力。

① 受领仓储物的效力。保管人一经签发仓单,不管仓单是否由存货人持有,持单人均可凭仓单受领仓储物,保管人不得对此提出异议。

② 转移仓储物所有权的效力。仓单上所记载的仓储物,只要存货人在仓单上背书并经保管人签字或者盖章,提取仓储物的权利即可发生转让。

(2)仓单的性质。

① 仓单是要式证券。仓单上必须记载保管人的签字以及必要条款,以此来确定保管人和存货人各自的权利与义务。

② 仓单是物权证券。仓单持有人依仓单享有对有关仓储物品的所有权,行使仓单上载明的权利或对权利进行处分。实际占有仓单者可依仓单所有权请求保管人交付仓单上所载的储存物品。

视频:未见仓单发货纠纷案例

③ 仓单是文义证券。仓单上的权利义务的范围,以仓单的文字记载为准,即使仓单上记载的内容与实际不符,保管人仍应按仓单上所载条款履行责任。

(二)仓单的格式

1. 仓单的内容

仓单应当具备一定形式,其记载事项必须符合《中华人民共和国民法典》及物权凭证的要求,使仓单关系人明确自己的权利并适当行使自己的权利。仓单内容表示的单元信息,即仓单要素,分为必备要素和可选要素两类。其中,仓单必备要素的内容及用语见表 4-2。

动画:仓单的内容

表 4-2　仓单必备要素的内容及用语

仓单面	序号	必备要素	建 议 用 语	填 写 要 求
仓单正面	1	"仓单"字样	现货仓单、普通电子仓单	应根据实际业务情况,选择相应用语
	2	仓单编号	仓单编号、No.	仓单编号应按相关规则设定,编号应具有唯一性
	3	仓单出具时间	仓单出具时间	纸质仓单应填写完整日期,宜用汉字大写;电子仓单出具日期应由系统自动生成,宜精确到秒
	4	仓单注销时间	仓单注销时间	纸质仓单应填写完整日期,宜用汉字大写;电子仓单注销日期应由系统自动生成,宜精确到秒
	5	凭证权利提示	凭单提货	纸质仓单应在明显位置印制"凭单提货";电子仓单除标注"凭单提货"外,还应提示"仓单持有人持本凭证,在电子系统中申请办理手续"等字样
	6	存货人名称	存货人全称	纸质仓单应填写存货人全称;电子仓单应进行电子签章

续表

仓单面	序号	必备要素	建议用语	填 写 要 求
仓单正面	7	仓储物名称	仓储物名称、仓储物品种	应与仓储合同中的仓储物名称或品种以及仓储物的实际名称或品种相符
	8	仓储物规格	规格、型号、等级、批次	应与仓储合同中的仓储物规格、型号、等级、批次以及仓储物的实际规格、型号、等级、批次相符
	9	仓储物包装	包装	应与仓储合同中的仓储物包装以及仓储物的实际包装相符
	10	仓储物计量单位	单位	应与仓储合同中的仓储物计量单位以及仓储物的实际计量单位相符
	11	仓储物计量方式	计量方式	应填写仓储物计量方式；有独立包装的仓储物可选择填写清点计数
	12	仓储物数量	数量	应填写仓储物实际入库数量；电子仓单宜由物联网等设备自动采集
	13	仓储物标记	标记、商标、生产批号、生产厂家、生产日期、产地、含量	应与仓储合同中的仓储物标记以及仓储物的实际标记相符
	14	储存场所	仓库地址	应填写真实仓库地址,描述清晰且无歧义
	15	仓库名称	仓库名称	应填写真实仓库名称,描述清晰且无歧义
	16	存货库位及货位号	库位及货位号	应填写真实库位及货位信息,描述清晰且无歧义
	17	保管人签章	保管人（单位全称）、保管人签章	应据实填写保管人单位全称；纸质仓单应盖章,电子仓单应进行电子签章
仓单背书面	18	仓单持有人声明及签章	仓单持有人声明、仓单持有人签章	应据实填写仓单持有人对仓单用途的描述；纸质仓单应盖章,电子仓单应进行电子签章
	19	被背书人名称	被背书人名称	应据实填写被背书人单位实名全称
	20	背书人签章	背书人签章	纸质仓单应加盖背书人单位公章；电子仓单应进行电子签章
	21	出质人签章	出质人签章	纸质仓单应加盖背书人单位公章；电子仓单应进行电子签章
	22	质权人签章	质权人签章	纸质仓单应加盖背书人单位公章；电子仓单应进行电子签章
	23	保管人签章	保管人签章	纸质仓单应加盖背书人单位公章；电子仓单应进行电子签章
	24	仓单持有人提取货物签章	仓单持有人提取货物签章	纸质仓单应加盖仓持有人单位公章；电子仓单应进行电子签章
	25	提货经办人	提货经办人	提货经办人签字
	26	提货经办人有效证件	提货经办人有效身份证件名称及号码	纸质仓单应填写有效身份证件号码；电子仓单应输入有效身份证件号码,并留存有效身份证件电子资料
	27	仓库发货经办人	仓库发货经办人	仓库发货经办人签字
	28	仓库发货日期	发货日期	应据实填写仓库具体发货日期；应完整填写汉字大写或阿拉伯数字

注：1. 建议用语可根据企业需求自行设定。

2. 仓单背书面必备要素在仓单出具环节可为空。

3. "仓单注销时间"在出具环节可为空。

2. 仓单样式

仓单样式的正面和背书面见图 4-1、图 4-2。

仓储物名称	规格	包装	单位 (件/吨/立方米)	计量方式	数量	标记	仓库名称	库位及货位号

仓单编号：　　　　　　　　　　　　　　　　　　　　凭单提货

×××××公司现货仓单

仓单出具时间：　　　年　　月　　日　　时　　分　　秒

仓单注销时间：　　　年　　月　　日　　时　　分　　秒

保管人（单位全称）：

仓库地址：

存货人全称：

保管人签章：

备注：

图 4-1　仓单样式（正面）

仓单持有人声明：

被背书人名称：　　　　　　　　出质人签章：

　　　　　年　　月　　日　　　　　　年　　月　　日

背书人签章：　　　　　　　　　质权人签章：

仓单持有人签章：

　　　　　年　　月　　日　　　　　　年　　月　　日

　　年　　月　　日

保管人签章：　　　　　　　　　保管人签章：

　　　　　年　　月　　日　　　　　　年　　月　　日

仓单持有人提取货物签章：　　　　　　保管人签章：

提货经办人：　　　　　　　　　　　　仓库发货经办人：

提货经办人有效证件名称及号码：　　　发货日期：

图 4-2　仓单样式（背书面）

（三）仓单业务

1. 签发仓单

仓单是由保管人向存货人签发的。存货人交付仓储物，并经过验收后，保管人会向其签发仓单。仓单经保管人签字或盖章后，才会产生法律效力。

2. 仓单份数

一般来说，保管人只签发一式两份仓单，一份为正式仓单交给存货人，另一份为存底单，由保管人保管。根据业务需要，仓单可被复制相应份数，但需注明"副本"。

动画：仓单
转让的条件

3. 仓单分割

仓单分割是存货人为了便于转让仓储物，请求保管人将能够分批的仓储物进行分割，并对分割后的仓储物分别签发仓单。仓单分割便于存货人处理仓储物。

4. 仓单转让

仓单作为有价证券，具有流通性，其流通方式为仓单转让和以仓单出质。

（1）仓单转让。根据《中华人民共和国民法典》规定，仓单是提取仓储物的凭证。存货人或仓单持有人在仓单上背书经保管人签字或盖章的，可以转让提取仓储物的权利。这表明仓单可被转让，即仓储物的所有权可以被仓单持有人转让。

仓单转让是指仓单持有人可以通过背书转让的方式转让仓储物的所有权。仓单的转让要符合法律规定的形式，才能产生法律效力。仓单转让生效的必要条件是背书完整和保管人的签章。记名仓单的转让采取背书转让的方式，背书则是存货人在仓单的背面或者在仓单上记载被背书人（即受让人）的名称或姓名、住所等有关事项。仓单背书后，必须经保管人签署，否则转让无效。保管人的签字或盖章是确保仓单、仓单利益以及明确转让仓单法律责任的手段。

（2）以仓单出质。根据《中华人民共和国民法典》规定，仓单质押属于权利质押的一种。以仓单出质是指以仓储物为标的物的权利质押，即质权人享有提取仓单上仓储物的权利。以仓单出质需要仓单持有人与质权人签订质押合同，同时持有人将背书且经保管人签字或盖章的仓单交予质权人。质权人在债务人无法偿还债务时，有权提取仓储物。

5. 凭单提货

凭单提货是指在保管期满或约定的提货时间，仓单持有人向保管人提交仓单并出示身份证明，经保管人核对无误且持有人交付相关费用后，办理提货手续。凭单提货的一般程序如下。

（1）核对仓单。保管人将提货人所提交的仓单与存底仓单核对，确定仓单的真实性，检查仓单背书的完整性，并核对仓单上的存货人或者被背书人与其所出示的身份证明是否一致。

（2）提货人缴纳相关费用。仓单记载由提货人缴纳仓储费用的，提货人按约定支付仓储费。

（3）保管人签发提货单证并安排提货。保管人收取费用、收回仓单后，签发提货单证，安排货物出库。

（4）提货人验收仓储物。提货人根据仓单的记载与保管人共同查验仓储物，签收提货单证，收取仓储物。如果查验时发现仓储物受到损坏，应现场编制记录，并要求保管人签署。

必要时申请商品检验，以备事后索赔。

6. 仓单灭失的提货

仓单因故灭失或毁损，会出现无单提货的现象。原则上，提货人无仓单，保管人不能交付货物，但是在特殊情况下，无仓单也可以提货。

（1）通过人民法院的公示催告使仓单失效。根据《中华人民共和国民事诉讼法》规定，原仓单持有人或仓储合同人可以申请人民法院对仓单进行公示催告。当60天公示期满无争议后，人民法院可以判决仓单无效，申请人可以向保管人请求提货。

（2）提供担保提货。提货人向保管人提供仓储标的物的担保后提货，由保管人掌握担保财产，将来有人出示仓单，保管人不能交货需要进行赔偿时，可以使用担保财产进行赔偿。担保在可能存在的仓单失效后，方可解除。

7. 不记名仓单

记名仓单是指仓单的存货人处填写的不是真正的存货人或所有人，而是通知人或经手人等非实际仓储物的所有人，若保管人与存货人达成协议，存货人处也可以空白。不记名仓单在转让时无须背书，仓储物存期届满，只需持有人签字并出示同样的身份证明即可提货，但是不能提前提货。

（四）电子仓单的发展

1. 电子仓单的含义与性质

电子仓单是指在现代期货市场或大宗商品交易中，将传统的纸质仓单转换为电子形式，用于记录商品的种类、数量、存储地点以及所有权变更等信息的电子凭证。它是现货电子盘交易申请交割后，并将货送入交割仓库后的持仓凭证，也是商品所有权的重要数字化证明。

2. 电子仓单的核心功能

（1）记录与管理。电子仓单通过电子平台记录商品的存储信息，包括商品的种类、数量、质量、存储地点等，实现了对商品存储状态的实时管理和监控。

（2）所有权转移。在交易中，电子仓单可以作为商品所有权的证明，通过电子签名和加密技术，实现所有权的快速、安全转移。

（3）交易效率提升。电子仓单通过在线平台进行创建、传输和验证，极大地缩短了交易时间，加快了资金和货物的流转速度。

（4）安全性增强。电子仓单的存储和验证都通过加密技术实现，确保了信息的安全性和不可篡改性，降低了纸质文件丢失或篡改的风险。

3. 电子仓单的优势

电子仓单是现代仓储和交易领域的一项重要创新，它通过电子化的方式记录和管理商品的存储信息及所有权转移。电子仓单具有便捷性、安全性和可追溯性等特点，能够极大地提高交易效率和安全性。电子仓单的优势主要包括以下几点。

（1）便捷性。电子仓单可以通过网络快速传递，大幅缩短了交易时间，减少了因物理传递而产生的风险和成本。

（2）安全性。电子仓单的存储和验证都通过加密技术实现，确保了信息的安全性和不可篡改性。

（3）可追溯性。电子仓单记录了商品的存储和所有权变更信息，具有可追溯性，有助于防止欺诈和纠纷。

4. 智能化仓储与电子仓单的融合

智能化仓储与电子仓单之间存在着密切的联系和相互促进的关系。智能化仓储的发展为电子仓单的广泛应用提供了有力支持,而电子仓单的推广又进一步推动了仓储管理的智能化和数字化。

(1)数据共享与协同。智能化仓储系统可以与电子仓单平台实现数据共享和协同,通过物联网技术实时采集仓储数据,并同步到电子仓单平台,为交易双方提供准确的货物信息和所有权证明。

(2)优化库存管理。电子仓单的应用可以使得库存管理更加精确和高效。通过电子仓单系统,企业可以实时掌握库存情况,优化库存布局和存储策略,降低库存成本。

(3)提升交易透明度。电子仓单的可追溯性特点有助于提升交易的透明度。交易双方可以通过电子仓单平台查询货物的存储和所有权变更信息,减少信息不对称和欺诈风险。

任务案例

大蒜仓储合同纠纷

地处鲁西南的金乡县,隶属山东省济宁市,已有2000多年建县史,是千年诚信典范——"鸡黍之约"的发源地。金乡县农业资源丰富,是世界大蒜种植培育、储藏加工、贸易流通、信息发布和价格形成中心,享有"世界大蒜看中国,中国大蒜看金乡"的美誉。

2020年5月,金乡县人民法院在山东省率先设立农产品交易纠纷审判法庭,实行涉农产品交易纠纷案件集中管辖,健全专业化审判机制,深化诉源治理,厚植群众法治意识,以高质量司法服务乡村振兴,赋能"菜篮子工程"。

作为国内大蒜最大集散地,在金乡县收购大蒜并在当地冷库仓储的外地客商逐年增多。为便于在大蒜价格上涨时出售谋求差价利润,存货人选择在当地储存大蒜,且一般储存数量较多。大蒜长期储存容易生芽变质,根据大蒜储存自然规律和大蒜仓储行业规则,仓储合同的仓储到期日一般在次年4月1日前,超过4月1日保管人无法保证大蒜质量。因此,每年临近4月1日之际,保管人往往会催促存货人及时提取仓储物。一旦超过合同约定仓储期,存货人要求继续储存的,保管人为规避风险、减少纠纷,同意继续仓储的愿望不强。即使同意继续仓储,也往往会标注不保证质量。一旦超期储存,存货人在仓储期限届满后提取仓储物时发现仓储物损坏,易与保管人发生纠纷,存货人往往要求保管人赔偿损失。

济宁市民胡某就是这样一位大蒜存货人。2019年8月18日,胡某与金乡县鸡黍镇农民仝某签订《大蒜冷库储存合同》,约定将177.504t、4 128袋大蒜储存在仝某经营的某蒜业冷库7号库房内,合同有效期截至2020年4月1日,后期双方约定大蒜续库至2020年5月1日,仝某并在储存合同空白部分备注"4月1日后,续库期间,质量尽量保存(不保证质量)"等内容。其后,胡某又购买其他人储存在该冷库的787袋大蒜继续储存。胡某的大蒜实际出库时间为2020年6月6日、7日,冷库储存费同时结清。在出库过程中,胡某发现部分大蒜出现发霉、发芽等问题。胡某遂起诉仝某和同为某蒜业冷库库主的金乡县金乡镇农民肖某、鸡黍镇农民赵某,要求法院依法判令被告赔偿损失1 256 040元。

2020年12月29日,依据民事诉讼法等相关规定,金乡县人民法院认为,根据原告胡某陈述及其提交的证据,无法证实原告储存的大蒜,究竟是在约定的大蒜储存截止时间即

2020年4月1日前质量出现问题,还是在续库期间出现的质量问题,故原告胡某应承担举证不能的法律责任,一审判决驳回胡某的诉讼请求。2021年10月14日,济宁市中级人民法院驳回原告胡某上诉,维持原判。

胡某诉被告全某、肖某、赵某仓储合同纠纷案,充分显示出金乡县农产品交易纠纷的特点:地域性显著、专业要求高、涉案金额大。这一案例也正是金乡县人民法院创设农产品交易纠纷审判法庭后,以高质量司法服务乡村振兴、赋能"菜篮子工程"的实绩。

资料来源:https://m.thepaper.cn/baijiahao_19551063.

案例思考:

(1)金乡县人民法院在山东省率先设立农产品交易纠纷审判法庭的意义是什么?

(2)此次案件对将来我们签订仓储合同有何启示?

任务实训

模拟合同双方签订仓储合同

一、实训目的

对仓储合同的各个主要条款进行洽谈,从而签订仓储合同,熟悉仓储合同双方的权利和义务。

二、实训内容

某渔业公司于2025年6月18日向某冷库发出一份函电称:"我公司有100吨黄花鱼、50吨带鱼要仓储入库,每天储存费用为6 000元,请在一周内答复。如无异议,一周后签订合同。"

三、实训步骤

(1)教师通过在线学习平台发布实训任务。

(2)学生分组扮演存货人和保管人,模拟洽谈。

(3)小组成员根据洽谈内容签订仓储合同并制作仓单。

(4)小组互评与总结反馈。

任务小结

通过本任务的学习,了解仓储合同的含义与种类,明确仓储合同双方当事人的权利与义务,掌握合同的格式和主要条款,熟悉仓储合同纠纷的处理方式,结合智能化仓储理解仓储合同与电子仓单,能够根据实际需要撰写、签订仓储合同并制作仓单。

任务二　智慧仓配中心安全管理

任务导入

仓配中心安全严重影响企业人员生命安全、财产安全以及正常运营和可持续发展。人命关天,发展决不能以牺牲人的生命为代价。这必须作为一条不可逾越的红线。仓配中心储存着大量的物资和商品,是经济活动中的重要环节。确保仓储安全,防止火灾、爆炸、盗窃等事故的发生,可以保障物资的供应稳定,维护经济秩序,避免因仓储事故导致的经济损失和供应链中断,从而为国家经济安全提供有力支撑。仓配中心安全是指仓配中心的安全运行和持续发展,对于企业的财产保护、经济损失减少、人员安全保障、运营效率提高、企业形象维护以及法律法规遵守等方面都具有重要意义。因此,企业应当高度重视仓配中心的安全管理,制定和执行严格的安全管理制度和措施,确保仓配中心的安全运行。

📜 任务知识

一、设施安全管理

（一）仓配中心建筑结构安全

仓配中心建筑结构安全主要包括以下几个方面。

1. 承重能力

仓配中心在设计时就应该根据储存货物的类型、重量和储存方式,设计合理的承重标准。设计中不仅要考虑静载荷(货物自身重量),还要考虑动载荷(如叉车运行、货物搬运时产生的冲击力)等因素对建筑结构的影响。2022 年,山西省某地发生一起严重坍塌事故,造成 4 人死亡,5 人受伤,直接经济损失 580 万元,事故的直接原因就是载重平台未按要求进行正规设计和施工,钢结构分层载重平台的支撑立柱及横梁承载力不能满足工况条件要求,货物堆放重量及作业人员身体重量远远超过钢结构分层载重平台支撑立柱及横梁的承载力,导致钢结构分层载重平台整体坍塌。

2. 稳定性

仓配中心在设计时需要对地基进行勘察和处理,避免沉降、倾斜等问题的发生。如已发生,要及时采取加固等补救措施;使用阶段注意检查墙体的完整性,柱子是否有裂缝、倾斜或变形等问题,砖块、混凝土等材料是否有破损、脱落等情况。对于钢结构仓配中心,要检查钢柱的连接部位是否牢固,焊缝是否有开裂等问题;经常检查屋顶是否有漏水、变形等问题,及时修复损坏部位。大型仓配中心还要考虑屋顶的通风和采光设计,以确保仓配中心内的环境舒适和安全。

3. 抗震性能

仓配中心在设计时,要考虑当地的抗震要求,采用符合规范的抗震设计,定期评估仓配中心的抗震性能,如果已发生过地震,要重新评估仓配中心的防震能力。

4. 维护与加固

仓配中心建筑要定期进行维护保养,及时修复加固损坏的部位,防止问题扩大。加固工程应委托专业的设计和施工单位进行,确保工程的质量。

（二）仓配中心电气设施安全

仓配中心的电气设施安全需要从设备选型、安装、运行维护和安全管理等多个方面进行综合考虑和管理,确保电气设备的安全可靠运行,为仓配中心的安全生产提供有力保障。

（1）根据仓配中心的实际需求和环境特点,选择符合国家标准和安全要求的电气设备。对于有易燃易爆物品存储的仓配中心,应选用防爆型电气设备。

（2）由专业的电气工程师或有资质的施工队伍严格按照电气安装规范进行电气设备的安装操作。

（3）建立电气设备日常检查制度，定期对仓配中心内的电气设备进行巡检。

（4）制订电气设备定期维护计划，对设备进行全面的维护保养，如图 4-3 所示。当发现电气设备出现故障时，应立即停止使用，并及时进行维修。

图 4-3　某仓配中心检查电气设备

（5）建立健全电气安全管理制度，明确电气设备的管理职责和操作规范。

（6）制定电气事故应急预案，提高应对突发事件的能力。

（7）对仓配中心员工进行电气安全培训，提高员工的安全意识和操作技能。

二、消防安全管理

（一）消防安全认知

1. 消防安全的重要性

消防是仓配中心安全管理的重要工作内容，是长期的、细致的、不能疏忽的工作。从仓配中心不安全的因素及危害程度来看，火灾造成的损失最大。对于火灾要防患于未然。仓配中心必须认真贯彻"预防为主，防消结合"的消防方针，坚决执行《中华人民共和国消防法》和公安部制定的《仓库防火安全管理规则》。

2. 产生燃烧的条件

火灾的发生必须同时具备三个条件，即可燃物质、助燃物质及火源。可燃物质包括火柴、草料、棉花、纸张、油品等；助燃物质一般指空气中的氧和氧化剂；而火源是指能引起可燃物质燃烧的热能源，如明火、电气火、摩擦冲击产生的火花、静电产生的火花、雷电产生的火花、化学反应等。以上的三个条件必须同时具备，并相互作用，燃烧才能发生。其中火源是引起火灾的罪魁祸首，是仓配中心防火管理的核心。

文档：仓库防火安全管理规则

3. 仓配中心火灾种类

对火灾进行分类是为了有效地防止火灾的发生和有针对性地灭火。按着火源不同，分为直接着火源和间接着火源，如明火源、电火源、化学火源、自燃等。从灭火的方法角度看，根据可燃物的不同，需要采用不同的灭火方法，如表 4-3 所示。

表 4-3　火灾类别

类　　别	可　燃　物	特　　点	灭火注意事项
普通火灾	普通可燃固体,如棉花、化纤、煤炭等	燃烧扩散较慢,但燃烧较深入,货堆内部都在燃烧。灭火后重燃的可能性极高	较适合用水扑灭
油类火灾	各种油类、油脂	油类属于易燃物品,且还具有流动性,着火的油流动,会迅速扩大着火范围	油类轻于水,会漂浮在水面,随水流动,因此不能用水灭火,只能采用泡沫、干粉等灭火
电气火灾	电器、供电系统、具有供电的仓库	有人员触电的危险,在电路的其他地方产生电火源	发生火灾后,要迅速切断供电,采用其他安全方式照明
爆炸性火灾	具有爆炸性的货物、爆炸性物品	爆炸不仅会加剧火势,扩大燃烧范围,更危险的是直接对人生命的伤害	保证人身安全,迅速撤离人员

4. 灭火方法

(1) 常规的灭火方法。火灾是物质的燃烧过程,破坏燃烧的三个条件之一,就会达到灭火的目的,根据这一原理,常见的灭火方法有以下几种。

① 冷却法。冷却法是在灭火过程中,把燃烧物的温度降低到其燃烧点以下,使之不能燃烧。如水、酸碱灭火器、二氧化碳灭火器等均有一定的冷却作用,同时还能够隔绝空气。

② 窒息法。窒息法是使燃烧物周围的氧气含量迅速减少,致使火窒息的方法。在灭火过程中,可以用水、黄沙、湿棉被、四氯化碳灭火器、泡沫灭火器等,这些都是用窒息方法灭火的器具。

③ 隔绝法。隔绝法是在灭火过程中,为避免火势蔓延和扩大,采取拆除部分建筑或及时疏散火场周围的可燃物,孤立火源,从而达到灭火的目的。

④ 分散法。分散法是将集中的货物迅速分散,孤立火源。一般用于露天仓库的灭火。

(2) 特殊货物的扑救方法。存有特殊货物的仓配中心的消防工作有其特殊的要求,其火灾的扑救工作也有特殊的方法。

① 爆炸品引起的火灾一般用水扑救,氧化剂引起的大多可用雾状水扑救,也可以用二氧化碳灭火器、泡沫灭火器和沙等进行扑救。

② 易燃固体一般可以用水、沙土和泡沫灭火器、二氧化碳灭火器等进行扑救。

③ 易燃液体引起的火灾用泡沫灭火器最有效,也可以用干粉灭火器、沙土、二氧化碳灭火器等进行扑救。由于绝大多数易燃液体都比水轻,且不溶于水,故不能用水扑救。

④ 有毒物品失火,一般可以用大量的水扑救,液体有毒物品的失火宜用雾状水或沙土、二氧化碳灭火器等进行扑救。但其中氧化物着火,绝不能用酸碱灭火器和泡沫灭火器,因为酸与氧化物作用,会产生剧毒的氢化氢气体,危害极大。

⑤ 腐蚀性物品,酸类和碱类的水溶液着火可用雾状水扑救,但遇水分解的多卤化合物、氯氨酸等,绝不能用水扑救,只能用二氧化碳灭火器扑救,也可用干沙灭火。

⑥ 遇水燃烧的物品只能用干沙和二氧化碳灭火器灭火。

⑦ 自燃性物品起火,可用大量水或其他灭火器灭火。

⑧ 压缩气体起火,用干沙二氧化碳灭火器、泡沫灭火器扑救。

⑨ 放射性物品着火,可用大量的水或其他灭火剂扑救。

（二）仓配中心消防

1．火灾风险评估

仓配中心管理人员需要了解仓配中心存放货物的种类、性质和数量,根据《建筑防火通用规范》(GB 55037—2022)评估其火灾危险性,分析检查建筑结构是否符合消防安全要求,布局是否有利于火灾的扑救和人员疏散,货物堆放是否过于密集,通道是否畅通等。

2．仓配中心防火的工作要点

（1）仓配中心的防火工作要依法办事,根据企业法人是第一责任人的规定,遵循"谁主管,谁负责"的原则,成立防火灭火安全委员会（领导小组）,全面负责仓配中心的消防安全工作。

（2）建立以岗位责任制为中心的三级防火责任制,把防火安全工作具体落实到各级组织和责任人。

（3）建立健全各工种的安全操作制度和安全操作规程,特别是各种用电设备的安全作业规程,经常进行安全教育,坚持做到职工考核合格持证上岗的制度。

（4）定期开展防火灭火的消防安全检查,消除各种火灾隐患,落实各项消防措施,及时处理各类事故。

动画：工业厂房库房消防日常防范工作

3．防火工作的措施

（1）普及防火知识。坚持经常性的防火宣传教育,普及消防知识,不断提高全体仓配中心职工防火的警惕性,让每个职工都学会基本的防火灭火方法。

（2）遵守《建筑防火通用规范》(GB 50037—2022)。新建、改建的仓配中心要严格遵照《建筑防火通用规范》(GB 50037—2022)的规定,不得擅自搭建违章建筑,也不得随意改变建筑的使用性质。仓配中心的防火间距内不得堆放可燃物品,不得破坏建筑物内已有的消防安全设施、消防通道、安全门、疏散楼梯、走道,要经常保持畅通。

视频：仓储物流场所消防教育片

（3）易燃、易爆的危险品仓配中心必须符合防火防爆要求。凡是储存易燃、易爆物品的危险品仓配中心,进出的车辆和人员必须严禁烟火;储存危险品应专库专储,性能相抵触的商品必须严格分开储存和运输,专库须由专人管理,防止遭受剧烈震动和撞击。

（4）电气设备应始终符合规范的要求。仓配中心中的电气设备不仅安装时要符合规定要求,而且要经常检查,一旦发现绝缘损坏,要及时更换,不应超负荷,不应使用不合规格的保险装置。电气设备附近不能堆放可燃物品,工作结束应及时切断电源。

（5）明火作业须经消防部门批准,方可动火。若需电焊、气割、烘烤取暖、炉灶、安装锅炉等作业,必须经有关消防部门批准,才能动火工作。

（6）配备适量的消防设备和火灾报警装置要有防火安全措施。根据仓配中心的规模、性质、特点,配备一定数量的防火灭火设备及火灾报警器,按防火灭火的要求,分别布置在明显和便于使用的地点,并定期进行维护和保养,使之始终保持完好状态。

（7）遇火警或爆炸应立即报警。如遇仓配中心发生火情或爆炸事故,必须立即向当地的公安消防部门报警。事故过后,应认真追查原因,严肃处理事故责任者,并以此教育广大职工。

4. 常用的灭火器材、设备及使用范围

灭火器材主要有灭火器、水和沙土等，还有消火栓、消防泵、消防车等。

（1）常用的灭火器。常用灭火器包括干粉灭火器、二氧化碳灭火器、泡沫灭火器等。

① 干粉灭火器不导电、不腐蚀、毒性低，可用于扑救易燃液体、有机溶剂、可燃气体和电气设备的初起火灾，如图4-4所示。

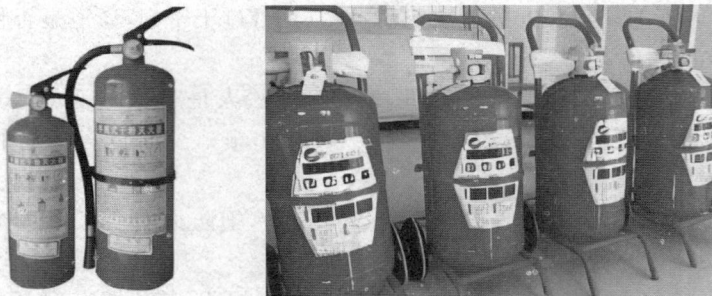

图4-4　干粉灭火器

② 二氧化碳灭火器不导电、不含水分、不污损仪器和设备，可用于扑灭贵重仪器、电气设备及其他忌水物资的初起火灾，但不能用于含碳商品（如木材、棉、毛、纸张）的灭火，如图4-5所示。

③ 泡沫灭火器可导电，不能用于电气设备灭火，可用于扑救汽油、煤油等油类、香蕉水、松香水等易燃液体、木材及一般货物的初起火灾。

（2）水是仓配中心消防的主要灭火剂。仓配中心中应有足以保证消防用水的给水、蓄水、泵水的设备以及水塔、消防供水管道、消防车等。当库场中无自来水设备、距自然水源又远时，则必须修建水池，以储备消防用水。

（3）沙土。沙土可用以扑救电气设备及液体燃料引起的初起火灾，也可用于扑灭酸碱性物质引起的火灾，以及扑灭过氧化剂及遇水燃烧的液体和化学危险品引起的火灾。因此，仓配中心应备有沙箱。但须注意的是，爆炸性物品（如硫酸铵等）不可用沙土灭火，而应用冷却法灭火，可将用水浸湿的旧棉絮、旧麻袋覆盖在燃烧物上。

（4）自动消防设备。常见的自动消防设备有离子烟感火灾探测报警器（图4-6）、光电烟感报警器、温感报警器、紫外火焰光感报警器、红外火焰光感报警器和自动喷洒灭火装置等。

图4-5　二氧化碳灭火器　　　　图4-6　离子烟感火灾探测报警器

（三）仓配中心火灾保险

火灾保险简称火险，是指以存放或坐落在固定地点范围内的各种物质财富及有关利益为保险标的，由保险人承担保险财产遭受保险事故损失的经济赔偿责任的一种财产保险。火灾保险的期限多数约定为一年。

传统火灾保险根据保险标的种类的不同而划分为动产火灾保险和不动产火灾保险两种。动产火灾保险的范围通常包括住宅内的家具、电器、衣着、书籍；商店内的商品、存货；工厂内的机器、原料及成品等。不动产火灾保险的范围则包括住宅、办公用房、店铺、工厂、医院、学校、影剧院等建筑物及其附属的固定设施，也包括在建中的建筑物。

三、作业安全管理

（一）货物存储安全

1. 货物分类存放

易燃、易爆、有毒等危险货物应单独存放于符合安全标准的专用区域，并设置明显的警示标志。普通货物根据其物理性质（如固体、液体、气体）、化学性质（如酸性、碱性、中性）等进行分类存放，防止不同性质的货物相互影响引发危险，如图 4-7 所示的食品区货物的分类存放。

图 4-7 食品区货物的分类存放

2. 货物堆放安全

企业应根据仓配中心的建筑结构和货架的承载能力，确定货物堆放的合理高度。一般来说，不得超过货架或仓配中心规定的最大高度，防止因重心过高而导致坍塌。

货物堆放时，重量应均匀分布，避免集中在某一局部区域。对于重型货物，可采用分层堆放或使用托盘等方式，分散重量，确保货架或地面的受力均匀。

货物堆放要整齐、稳固，避免歪斜或松动，可以使用捆绑带、防滑垫等工具，增强货物的稳定性。对于容易滚动的货物，应采取固定措施，防止其滚落。

企业应及时处理过期、变质、损坏的货物，对贵重物品和重要物资要进行特殊管理和监控。

3. 库存管理

企业应制定严格的库存盘点制度,定期对货物进行盘点,确保账实相符。盘点频率可根据仓配中心的规模、货物的种类和流通速度等因素确定,一般每月或每季度进行一次全面盘点。

对于每一件货物,应进行清晰的标识,包括货物名称、规格、数量、生产日期、保质期、存储位置等信息。标识应醒目、易读,便于货物的管理和查找。

对于有保质期或有效期的货物,应遵循先进先出的原则进行存储和发放。这样可以确保货物在有效期内被使用,减少过期浪费和质量问题。

对于对温湿度敏感的货物(如食品、药品、电子产品等),应配备相应的温湿度控制设备,如空调、除湿机、加湿器、冷藏、冷冻设备等,确保仓配中心内的温湿度在合适的范围内。

对于易碎品,应采用特殊的包装材料(如泡沫、气垫膜等)进行包装,以减少运输和存储过程中的损坏。在堆放时,应放置在平稳的位置,避免受到挤压或碰撞。

对于化学品的存储,应符合国家相关标准和规定,根据化学品的性质和危险等级,选择合适的存储方式和容器。对于易燃易爆、有毒有害的化学品,应存放在专用的化学品仓配中心。

(二)搬运设备安全

1. 设备选型与维护

根据仓配中心的存储需求和作业特点,选择合适的搬运设备,如叉车、起重机、手推车等。确保设备的性能、承载能力等符合实际需求。

建立设备维护保养制度,定期对搬运设备进行检查、保养和维修,包括检查设备的机械部件、电气系统、制动系统等,确保设备处于良好的运行状态。

企业应对设备进行定期安全检测,如叉车的年检等,确保设备符合安全标准。

2. 操作人员培训

搬运设备操作人员必须经过专业培训,取得相应的操作资格证书后方可上岗。培训内容包括设备的操作方法、安全注意事项、应急处理等,提高操作人员的安全意识和操作技能。

3. 安全操作规程

企业应制定搬运设备的安全操作规程,明确设备的使用范围、操作步骤、安全注意事项等。操作人员必须严格遵守操作规程,不得违规操作。例如,叉车在行驶过程中要保持低速、平稳,不得超载、超高、超速行驶;起重机在起吊货物时要确保吊钩牢固、吊索无破损等。

视频:叉车作业安全警示教育片

(三)装卸作业安全

1. 作业流程规划

企业应制定合理的装卸作业流程,明确各个环节的操作步骤和安全要求。例如,货物的装卸顺序、搬运路线、堆放位置等。对装卸作业现场进行合理布局,确保作业区域宽敞、明亮、通风良好,便于操作和安全疏散。

2. 安全防护措施

企业应为装卸作业人员配备必要的安全防护用品,如安全帽、安全带、安全鞋、手套等。在装卸作业现场设置安全警示标志,如"当心坠落""严禁

视频:人工装卸操作规程

超载"等,提醒作业人员注意安全,如图4-8所示。对于高处装卸作业,应设置防护栏、安全网等防护设施,防止作业人员坠落。

图4-8　作业现场安全警示标志

3. 货物固定与捆绑

在装卸货物时,要确保货物的固定与捆绑牢固可靠。对于大型、重型货物,可采用钢丝绳、链条等进行捆绑;对于易碎品、贵重物品,要采取特殊的包装和固定措施。在运输过程中随时检查货物的固定情况,确保不会发生松动、滑落等情况。

(四)人员作业安全

1. 劳动保护

企业应为仓配中心工作人员提供符合国家标准的劳动保护用品,如工作服、安全帽、安全鞋、手套等。定期检查劳动保护用品的使用情况,确保其完好无损、有效。

2. 安全培训与教育

企业应对仓配中心工作人员进行安全培训和教育,包括仓配中心安全规章制度、作业安全操作规程、应急处理知识等,提高工作人员的安全意识和自我保护能力。定期组织安全演练,如火灾逃生演练、急救演练等,提高工作人员的应急处置能力。

3. 作业现场管理

企业应加强对作业现场的管理,保持作业现场整洁、有序。清理作业现场的杂物、障碍物,确保通道畅通。禁止在作业现场吸烟、使用明火或进行其他危险行为。对违反安全规定的行为,要及时纠正和处理。

动画:仓库生产安全教育片

(五)特殊作业安全

1. 高处作业

凡在坠落高度基准面2m以上(含2m)的可能坠落的高处进行的作业,都称为高处作业。从事高处作业前,必须办理高处作业许可证。高处作业人员必须保证身体健康,必须经过审批,并采取相应的安全措施,如佩戴安全带、设置防护栏、使用安全网等,并设置如图4-9所示的安全警示标志。

2. 受限空间作业

作业人员要正确认识受限空间标志(图4-10),在受限空间作业前,要进行风险评估,制订作业方案和应急预案。在受限空间内作业,可能存在缺氧、有毒气体、坍塌、淹溺等风险,要先对受限空间进行通风,并检测合格,确保安全后,方可进入作业。

视频:高处作业安全教育片

图 4-9　高处作业安全警示标志　　　　　　图 4-10　受限空间标志

四、治安保卫管理

（一）治安保卫管理概述

治安保卫管理是仓配中心管理的重要的组成部分，是仓配中心为了防范、制止恶性侵权行为的发生，意外事故对仓配中心及仓储财产造成的破坏和侵害，维护稳定安全的仓配中心环境，保证仓储生产经营的顺利开展所进行的管理工作。它不仅涉及财产安全、人身安全、执行国家的治安保卫管理法规和政策，同时也涉及仓配中心能否按照合同如约履行各项义务，降低和防止经营风险等。

（二）治安保卫管理组织

治安保卫的管理机构由仓配中心的整个管理机构组成，高层领导对整个仓配中心的安全负全责；各部门、机构的领导是本部门的治安责任人，负责本部门的治安保卫管理工作，对本部门的治安保卫工作负责；治安保卫的职能机构协助领导的管理工作，指导各部门，领导其执行机构。仓配中心治安保卫执行机构采用由专职保卫机构和兼职安全员相结合的组织方式。

专职保卫机构既执行整个仓配中心的保卫工作，同时也负责治安管理。专职保卫机构根据仓配中心规模的大小、人员的多少、任务的繁重程度、仓配中心所在地的社会环境确定机构设置、人员配备，一般设置保卫部、保卫队、门卫队等。专职保卫机构在仓配中心高层领导的领导下，制定仓配中心治安保卫规章制度、工作计划；督促各部门领导的治安保卫工作，组织全员的治安保卫学习和宣传，做好仓配中心内的治安保卫工作；与当地公安部门保持密切联系，协助公安部门在仓配中心内的治安管理活动，管理治安保卫的器具，管理专职保卫员工。

（三）治安保卫工作的内容

1. 守卫大门和要害部门

大门守卫是维持仓配中心治安的第一道防线。大门守卫除了要负责开关大门，限制无关人员、接待入库办事人员，并及时审核身份与登记以外，还要检查入库人员是否携带火源、易燃易爆物品，检查入库车辆的防火条件，放行条内容是否相符，收留放行条，查问和登记出库人员随身携带的物品，特殊情况下有权检查当事者物品、封闭大门。

2. 治安检查

治安责任人应按规章准则经常检查治安保卫工作。治安检查实行定期检查与不定期检查相结合的制度。班组每日检查、部门每周检查、仓配中心每月检查，及时发现治安保卫漏洞、安全隐患，通过有效手段消除各种隐患。

3. 巡逻检查

巡逻检查一般由两名保安员共同进行，携带保安器械和强力手电筒不定时、不定线、经常地巡视整个仓配中心的安全保卫工作。保安员应查问可疑人员，检查各部门的防卫工作，关闭无人办公的办公室、关好仓配中心门窗、关闭电源，禁止挪用消防器材，检查仓配中心内有无异常现象，停留在仓配中心内过夜的车辆是否符合规定等。

4. 防盗设施、设备的使用

仓配中心的防盗设施大至围墙、大门、防盗门，小到门锁、窗。仓配中心应该根据法规规定和治安保管的需要设置和安装这些设施。仓配中心使用的防盗设备除专职保安员的警械外，主要有视频监控设备、自动警报设备等，仓配中心应按照规定合理利用配置的设备，专人负责操作和管理。

5. 治安应急

治安应急是指仓配中心发生治安事件时，采取紧急措施，防止和减少事件造成损失的制度。治安应急需要通过制订应急方案，明确应急人员的职责，规定发生事件时的信息发布和传递方法。这些应急方案要在平时经常进行演习。

（四）治安保卫管理制度

仓配中心应通过规章制度明确工作规范、工作行为、划分岗位责任；通过制度建立管理系统，及时顺畅地交流信息，随时堵塞保卫漏洞，确保工作进行及时有效。仓配中心治安规章制度有安全防火责任制度，安全设施设备保管使用制度，门卫值班制度，人员、车辆进出库管理制度，保卫人员值班巡查制度等。

为了使得治安保卫规章制度得以有效执行，规章制度需要有相对的稳定性，使每一位员工都清楚，以便依照规章制度严格行事。随着形势的发展、技术的革新、环境的变化，规章制度也要适应新的需要进行相应修订。

五、仓配中心事故管理

（一）仓配中心事故的特征

仓配中心事故的发生是由多方面因素造成的，一旦发生事故，就会带来损失或产生不良的社会影响，主要表现为物品直接受损（爆炸、设备损坏）、人员伤亡等。仓配中心事故的发生具有一定的规律性，事故具有以下特征。

1. 损害性

仓配中心事故发生后都会不同程度上带来损失或产生不良的社会影响，应根据权威性部门制定的相关标准及有关文件，确认事故损失，区分事故等级。

2. 多因素性

仓配中心事故的发生是由多种因素共同作用的结果。仓配中心作业的各个环节及人员等，如果未严格按操作规程进行相关的作业，均可引发事故。因此，仓配中心工作应加强各种影响因素的管理，避免或减少事故的发生。

3. 偶然性

仓配中心事故的发生往往是由于人为过失、设备故障、突如其来的外界干扰等事件意外发生而导致的,因此具有偶然性。在仓配中心管理工作中,应从偶然的事故中发现必然,从而研究事故发生的规律,总结经验,吸取教训。

(二)仓配中心事故的分类

由于事故发生的性质、后果的不同,可将其划分为不同的种类或等级。

1. 按照事故的性质分类

(1)政治事故。因政治目的或私欲的有意识的破坏活动,而导致爆炸、燃烧、偷盗等事故的发生,造成极坏的政治影响。

(2)责任事故。由于收发、门卫、操作等工作的失误或责任心不强而导致数量差错、商品变质、损坏、丢失或电路起火等事故的发生。

(3)技术事故。由于缺乏业务知识,在作业过程中,因工艺规范或设施设备的技术原因造成的损失。

(4)产品质量事故。由于产品设计结构不合理、生产工序工艺存在严重质量隐患,使得其在使用中,发生失效、自燃、自爆等事故。

(5)天然事故。由于不可抗力(如洪水、雷电、地震、滑坡)等原因造成的仓配中心物资受损事故。

2. 按照事故的后果分类

(1)人员伤亡事故。伤亡事故按伤害后果或丧失劳动能力程度可分为死亡、永久性全部丧失劳动能力、永久性部分丧失劳动能力和暂时性丧失劳动能力。

(2)经济损失事故。经济损失有人身伤亡支出的费用、善后处理费用、财产损失等直接经济损失和工作日损失、处理环境污染的费用等间接经济损失两种。按事故经济损失的严重程度可分为一般损失事故、较大损失事故、重大损失事故和特大损失事故。

3. 按照事故的等级分类

事故等级是根据事故造成损失的严重程度或对社会的影响程度进行划分的。一般可划分为一等事故、二等事故、三等事故、四等事故和五等事故。

(三)仓配中心事故的处理

1. 相关人员的处理

事故相关人员主要有事故中伤亡人员、责任人、有功人员。根据相关的抚慰政策对事故中伤亡人员给予妥善地安置和处理;依照相关法律、规章和纪律的有关规定,根据其责任轻重,予以处罚或处理;按照有关规定对事故中表现突出的有功人员进行表彰和奖励。

2. 事故损失的处理

仓配中心事故发生后,会造成不同程度的损失。应按照有关的规定和程序进行处理。可修复的,制订计划报请有关部门批准,予以修复;报废的,报请有关部门审批;涉及责任人的应按相关规定进行赔偿;已入保险的,向保险公司进行索赔。

3. 总结教训

事故发生后,应认真总结教训。根据事故发生的原因、后果及各种影响因素进行分析、总结,找出薄弱环节,提出相应改进措施,不断提高认识,以便更好地指导今后的工作。

4. 建立预警机制

在总结教训的基础上,企业有针对性地采取防范措施,提出预防事故的目标和要求,制定有关的规章制度,加强人员的思想教育,提高安全防范,使各项措施落到实处,一旦发生事故,能够及时应对。

仓配中心发生事故后,应建立健全事故报告制度,使得上级业务部门及时了解情况,掌握动态。依据相关资料进行分析,为安全决策提供依据。事故报告的程序一般可分为首次报告、后续报告和调查报告三个阶段。事故报告是事故处理的凭证、复审考核的依据,也是进行事故统计分析的最原始资料。

📚 任务案例

上海某公司仓配中心货物坍塌事故

2月13日,客户吴某某到上海某实业公司(以下简称A公司)仓配中心提货,发生货物坍塌事故,客户当场死亡。据调查,发生事故的仓配中心为简易钢棚仓配中心,面积108m²,系公司转租自林某某,而仓配中心的原所有者为某建材公司(以下简称B公司),堆放物为腻子粉,采用叉车卸车,腻子粉每包20kg,94包叠放打成一件,总重1 880kg,堆成四排三层高,总计100多件。为了防潮,部分腻子粉底下垫了木质仓板。吴某某因与A公司负责人较为熟识,此次来装运货物未事先告知。吴某某将车停妥后,把堆垛最外面放在底层的一件腻子粉封装塑料膜拆开,然后逐包把腻子粉搬运至依维柯车内。12时03分,该堆垛里侧一排二层高的一件腻子粉突然向外倾倒,砸在搬运腻子粉的吴某某身上。事故发生后,现场人员拨打了120急救电话,经120到现场确认吴某某已死亡,公安部门确认死亡原因为挤压伤。事故发生的直接原因是木质垫仓板强度不够,在被堆放货物自重作用下,垫仓板上木条板被压断裂产生凹陷,上面堆放货物倾斜处于失稳状态,当吴某某把外面腻子粉包货物搬掉后,里面已产生倾斜的货堆失去依靠加大倾斜,引起上面一件二层高腻子粉货物倾倒,砸在吴某某身上导致其死亡,事故发生的间接原因有以下几点。

(1) 吴某某安全意识差,对已产生倾斜存在事故隐患的货堆边拆包取货缺乏安全的防范意识,未采取正确的方法取货。

(2) B公司安全主管杨某某对堆货现场未及时排查清理,未及时消除安全事故隐患。

(3) 林某某在未经B公司书面同意的情况下,私自将部分场地转租给A公司,并未与A公司明确双方安全管理责任,未定期对转租的现场进行安全检查。

(4) A公司在货物进库堆放时,未针对腻子粉外包装特点、每件重量及堆放高度,选用材质合适的垫仓板,对堆放货物缺乏相应规定和安全要求。

(5) A公司对租借仓配中心存放货物安全管理不严,未制定相应安全管理制度和操作规程,对仓配中心存放货物安全风险管控不力,未及时消除事故隐患。

资料来源:https://news.sohu.com/a/803677891_121873590.

案例思考:

(1) A公司的仓配中心管理存在哪些问题?

(2) 结合实例,分析如何防范类似的事故再次发生?

任务实训

仓配中心安全管理分析

一、实训目的

通过调研分析某仓配中心安全管理措施，了解仓储安全的重要性，掌握仓储安全管理的基本知识和技能，提高安全意识和应急处理能力，能够提出相应的改进措施。

二、实训内容

在仓库管理中，安全问题是一项非常重要的工作，因为一旦发生安全事故，不仅会给企业带来巨大的经济损失，还会给员工的生命安全和企业形象带来极大的威胁。因此，建立安全管理制度和完善安全保障措施就显得尤为重要。

1. 仓库消防安全管理规范

消防安全是仓库安全管理中的一个重要环节。

（1）仓库内应按照国家有关消防技术规范设置和配备消防设施和器材。配备充足数量且定期检修的消防设施，如灭火器、消火栓、烟雾报警器等。

（2）仓库应设置醒目的防火标志，严禁抽烟以及使用明火，禁止出入仓库人员携带任何火种。

（3）员工需要接受专业的消防知识培训，掌握基本的灭火技能和逃生方法。

（4）仓库内部的电气设备和线路要定期检查，避免老化、短路等问题引发火灾。

（5）存放易燃易爆物品的仓库，还需设置专门的防火隔离区，并限制无关人员进入。

（6）仓库周边环境也需保持消防通道的畅通，以便在紧急情况下消防车能够迅速到达展开救援。

（7）定期进行消防演习，加强员工的消防安全意识和应急处理能力。

2. 货物安全管理规范

（1）货物必须按照"五距原则"（灯距、堆距、行距、柱距、墙距）堆放，并按货物包装提示安全堆码，货物摆放要分类、整齐、稳定、限高。

（2）严禁在消防通道堆放货物，严禁堵塞消防门及消防器材。

（3）仓库的电气装置必须符合国家现行的有关电气设计和施工安装验收标准规范的规定。

（4）房内不准设置移动式照明灯具。照明灯具、电器设备的周围和主线槽下方严禁堆放物品。

（5）防止白蚁。仓库要定期进行白蚁防治检查和消杀，仓库所有工作人员都要对出入库的货物进行白蚁检查，严禁有白蚁的货物出入库房。

（6）切实做好库区内的防盗工作，确保仓库门窗紧固有效，杜绝无关人员进入仓库，对进入仓库操作人员或其他检查人员采取登记制度，仓管人员离开仓库时必须锁上仓库大门。

3. 仓库储存管理规范

依据国家《建筑防火通用规范》（GB 50037—2022）的规定，将仓库储存的商品按火灾危险程度进行不同的分类，采取有效的措施，做好消防工作。

（1）商品入库前应当派专人负责检查，确定无火种等隐患后，方可入库。

（2）露天存放的商品应当分类、分堆、分组和分垛，并留出必要的防火间距。堆场的总储量以及建筑物之间的防火距离，必须符合《建筑防火通用规范》（GB 50037—2022）的规定。一般情况下，每垛占地面积不宜大于 $100m^2$，垛与垛间距不小于 $1m$，垛与墙间距不小于 $0.5m$，垛与梁、柱间距不小于 $0.3m$，主要通道的宽度不小于 $2m$。

（3）易自燃或遇水分解的商品，应在温度较低、通风良好和空气干燥的场所储存，并安装专用仪器定时检测，严格控制温湿度。

4. 货物装卸与搬运规范

（1）仓库机械实行专人专管，建立岗位责任制，防止丢失和损坏，且负责兼操作人员应做到"会操作、会保养、会检查、会排查一般故障"，且杜绝疲劳作业。

（2）根据货物尺寸、重量、形状来选用合理的装卸、搬运设备，严禁超高、超宽、超重、超速等其他不规范操作，避免安全风险。

（3）确保所有货物都稳妥地堆放，避免堆放过高或不平衡，减少倒塌的风险。

（4）夜间搬运时，应保证照明和道路畅通。

（5）所有作业人员应佩戴适当的个人防护装备，如安全帽、防滑鞋、护手套等。

（6）在狭小通道、出入库房或接近货物时应限速鸣号。

（7）制订详细的应急处理预案，包括事故响应程序和急救措施，确保在发生意外时能迅速有效地处理。

三、实训步骤

（1）教师通过在线学习平台发布实训任务。

（2）调研某仓配中心，了解其平面布局、存储类型、设施设备、安全标识、规章制度等。

（3）分析可能的安全隐患并提出整改措施。

（4）小组互评与总结反馈。

任务小结

通过本任务的学习，了解仓配中心设施安全管理、消防安全管理、作业安全管理、治安保卫管理及仓配中心事故管理的内容，掌握仓配中心安全管理应注意的内容及仓配中心安全管理的方法，能够对仓配中心的各项安全问题进行检查并做好预防工作。

任务三　智慧仓配中心现场管理

任务导入

在当今竞争激烈的市场环境下，仓储配送中心的管理已经成为企业提高效率、降低成本的必要举措。随着现代物流行业的快速发展，仓库现场管理也变得越发重要。通过整理、整顿、清扫、清洁、素养、安全六个方面的管理，以及开展目视管理，能够为企业带来更高效、更经济、更标准化的物流管理效益，降低物品管理的时间、精力和成本，提高仓配中心管理和工作效率，创造更加安全、有序、卫生的工作环境。除此之外，科学有效的6S及目视管理还能够提升整体供应链的效益，从而帮助企业赢得市场竞争优势。

任务知识

一、仓配中心 6S 管理

（一）6S 管理概述

6S 管理由日本企业的 5S 扩展而来,是现代工厂行之有效的现场管理理念和方法,也是仓储配送中心常用的现场管理方法。提起 6S,首先要从 5S 谈起。5S 起源于日本,指的是在生产现场中将人员、机器、材料、方法等生产要素进行有效管理,它针对企业中每位员工的日常行为方面提出要求,倡导从小事做起,力求使每位员工都养成事事"讲究"的习惯,从而达到提高整体工作质量的目的。

6S 指的是整理(seiri)、整顿(seiton)、清扫(seiso)、清洁(seiketsu)、素养(shitsuke)、安全(security)六个项目,因均以"S"开头,简称 6S。其作用是提高效率,保证质量,使工作环境整洁有序,预防为主,保证安全。

6S 的本质是一种执行力的企业文化,不怕困难,想到做到,做到做好。6S 管理的精髓是全员参与、全过程和全效率。

动画:什么是 6S 管理

1. 整理

将工作场所的任何物品区分为有必要和没有必要的,除了有必要地留下来,其他的都消除掉。

目的:腾出空间,空间活用,防止误用,塑造清爽的工作场所。

2. 整顿

把留下来的必要用的物品依规定位置摆放,并放置整齐加以标识。

目的:工作场所一目了然,消除寻找物品的时间,打造整整齐齐的工作环境,消除过多的积压物品。

3. 清扫

将工作场所内看得见与看不见的地方清扫干净,保持工作场所干净、亮丽的环境。

目的:稳定品质,减少工业伤害。

4. 清洁

将整理、整顿、清扫进行到底,并且制度化,经常保持环境处在整洁美观的状态。

目的:创造明朗现场,维持整理、整顿、清扫的推行成果。

5. 素养

每位成员都养成良好的习惯,并遵守规则做事,培养积极主动的精神(也称习惯性)。

目的:培养有好习惯、遵守规则的员工,营造团队精神。

6. 安全

重视成员安全教育,每时每刻都有安全第一的观念,防患于未然。

目的:建立起安全生产的环境,所有的工作应建立在安全的前提下。

"6S"之间彼此关联,整理、整顿、清扫是具体内容;清洁是指将上面的整理、整顿、清扫的实施的做法制度化、规范化,并贯彻执行及维持结果;素养是指培养每位员工养成良好的习惯,并遵守规则做事,开展 6S 容易,但长时间的维持必须靠素养的提升;安全是基础,要尊重生命,杜绝违章。

(二) 6S 管理的推行

1. 整理的推行

整理的推行思路主要包括:对每件物品都要看是必要的吗? 非这样放置不可吗? 要区分对待马上要用的、暂时不用的、长期不用的;即便是必需品,也要适量;将必需品的数量降到最低程度;可有可无的物品,不管是谁买的,有多昂贵,也应坚决处理掉。非必需品应寻找它合适的位置;当场地不够时,首先考虑整理现有的场地,而非直接增加场所。

整理的推行要领:全面检查工作场所;制定"需要"和"不需要"的判别基准;清除不需要物品;调查需要物品的使用频度,决定日常用量;制定废弃物处理办法;每日进行检查。

2. 整顿的推行

整顿的推行思路主要包括:将寻找的时间减少为零;所有场所、物料一目了然,有异常(如丢失、损坏)能马上发现;其他人员也能迅速找到物品并归位;将所有作业流程标准化;整顿使"寻找"消失,是提高效率的基础。

整顿的推行要领:要落实前一步整理工作;布置流程,确定置放场所;规定放置方法;划线定位;标识场所物品(目视管理的重点)。

3. 清扫的推行

清扫的推行思路主要包括:最好能分配每个人应负责清洁的领域。区域划清界限,没有无人负责的死角;对自己责任区域不负责的员工,不让他担任更重要的工作;营造干净整洁的环境,让客户感动,让员工心情舒畅;在整洁的环境中,任何异常都可马上发现;设备异常在保养中就能发现和得到解决,不会在使用中"罢工"。

清扫的推行要领:建立清扫责任区;执行例行扫除,清理脏污;调查污染源,予以杜绝;建立清扫基准,作为规范。

4. 清洁的推行

清洁的推行思路主要包括:实施了就不能半途而废,否则又回到原来的混乱状态;领导的言传身教、制度监督非常重要;清洁要制度化,需定期检查。

清洁的推行要领:落实整理、整顿、清扫工作;制定目视管理、颜色管理的基准;制定稽核方法;制定奖惩制度,加强执行;维持 6S 意识;高级主管经常带头巡查,带头重视。

5. 素养的推行

素养的推行思路主要包括:学习公司的规章制度,理解规章制度,努力遵守规章制度,成为他人的榜样,具备成功的修养;领导者的热情帮助与被领导者的努力自律是非常重要的;人性化管理时代的到来,需要人们具有更高的合作奉献精神和职业道德;相互信任,管理公开化、透明化;勇于自我检讨反省,为他人着想,为他人服务;只有长期坚持,才能养成良好的习惯。

素养的推行要领:持续推行整理、整顿、清扫、清洁至习惯化;制定共同遵守的有关规则、规定;制定礼仪守则;进行教育训练;推动各种精神提升活动。

6. 安全的推行

安全的推行思路主要包括:安全生产、人人有责。

安全的推行要领:制定严格的操作规程;完善各种安全制度。

（三）6S 管理的实施步骤

1. 成立组织机构

成立专门的 6S 管理推进领导小组。明确组织机构的职责、相关成员的主要工作，以及编组和责任区划分。组长一般由公司主要领导担任。

视频：6S 管理能够避免哪些浪费现象

2. 制订实施计划

在实施 6S 管理前，应制订实施计划，至少包括以下内容。

（1）实施方针。方针的制定要结合企业具体情况，要有号召力。方针制定后，要广为宣传。

（2）实施目标。要结合企业的实际情况设定期望的目标，作为活动努力的方向及后续的检查、考核标准。

（3）制定实施标准。拟订工作计划作为推行与控制的依据，制定 6S 活动实施办法；制定"要"与"不要"物品的区分方法；制定 6S 活动评比方法；制定 6S 活动奖惩办法。

（4）教育。有计划、按步骤地对参与推广工作的人员进行思想启发，提高认识，明确任务。通过教育，让员工了解 6S 管理能给工作及自己带来好处，从而主动地去做。

视频：如何做好 6S 管理工作

（5）宣传与培训。对全员进行宣传与培训，内容包括 6S 管理的内容、目的、实施方法、评比方法等。可结合企业实际采用多样化的教育形式，如讲课、播放录像、观摩案例、学习推行手册等。

（6）责任部门和责任人。明确 6S 管理实施的责任部门及各个阶段的责任人。

（7）时间进度。制定详细的实施进度，按部就班地开展 6S 管理的实施。

3. 确定 6S 管理标准

通过 6S 作业指导书或制度化的形式，确立 6S 管理各个阶段的实施范围、职责划分、实施要求与标准。

4. 组织实施

根据实施计划，组织 6S 的实施，按照以下几个阶段逐步推进实施。

（1）宣传。可采用网站、宣传栏、标语等多种形式对 6S 管理进行宣传，营造良好的实施氛围。

（2）具体实施。6S 管理的实施按照整理、整顿、清扫、清洁、素养、安全逐段实施。

（3）阶段考核。在 6S 管理的每一个阶段实施结束后，应及时对各个阶段的实施情况进行阶段考核，考核结果应及时反馈，对考核中发现的问题应及时采取纠正措施，并形成记录备查。

（4）达标考核。6S 现场管理各个阶段全部实施结束后由推进小组进行达标考核。

5. 持续推进

6S 现场管理达标考核通过后，进入持续推进阶段。

通过建立有效的 6S 监管体系，建立巡查制度，并成立相应的巡查小组，确定巡查标准，定期对 6S 管理的活动成果进行检查，巡查结果应当公开、透明；巡查发现的问题要及时通报并改进。

（四）6S 管理的作用

1. 提高工作效率

在仓库里进行 6S 管理，可以有效地优化仓库各项工作流程，例如设定合理的储存位置、货物分类管理、工具和设备归位管理等，最终实现良好的流转速度和处理效率。通过 6S 管理，可以将工作效率提高 30% 以上。

2. 提高安全生产水平

在现代物流仓库环境中，面对各种应用工具和设备，容易发生事故或故障。因此，6S 管理非常重视安全生产，并实施相关的安全规章制度。通过 6S 管理，员工在安全监管下更好地开展工作，限制个人及整体的犯错和减少失误率。

3. 改进服务质量

6S 管理强调"服务即品质"，和服务紧密相关的 5S、6S 管理项目可以帮助仓库实现无故障、零误差的管理目标，为客户提供及时和准确的服务。6S 管理提倡留意细节，注重优质服务，并追求客户的满意度，助力企业推进服务升级和质量转型。

4. 降低企业运作成本

在现代物流仓库中，运作成本一直是制约企业盈利的一大难点。6S 管理节省企业运作成本的核心在于优化流程、降低浪费，减少企业因非正常损耗而产生的资本支出。往往影响企业成本的并不是众所周知的购买什么设备或材料，而是在流程中的浪费，包括时间、能源和物质等方面的浪费。

视频：智能仓库现场管理场景

二、仓配中心目视管理

（一）目视管理概述

1. 目视管理的含义

目视管理是利用形象直观而又色彩适宜的各种视觉感知信息来组织现场生产活动，达到提高劳动生产率的一种管理手段。目视管理是一种以公开化和视觉显示为特征的管理方式，也可称为"看得见的管理"，凭借眼睛视察而能看出生产现场的异常所在。

2. 目视管理的目的

目视管理的目的：以视觉信号为基本手段，以公开化为基本原则，尽可能地将管理者的要求和意图让大家都看得见，借以推动看得见的管理、自主管理、自我控制。

（1）视觉化。大家都看得见。

（2）公开化。自主管理与控制。

（3）普通化。员工、领导、同事相互交流。

3. 目视管理的原则

（1）激励原则。目视管理要起到对员工的激励作用，要对生产改善起到推动作用。

（2）标准化原则。目视管理的工具与使用色彩要规范化与标准化，要统一各种可视化的管理工具，便于理解与记忆。

（3）群众性原则。目视管理是让"管理看得见"，因此目视管理的群众性体现在两个方面：一是要得到群众理解与支持；二是要让群众参与。

（4）实用性原则。目视管理必须讲究实用，切忌形式主义，要真正起到现场管理的作用。

（二）目视管理的工具

1．红牌

红牌适宜于6S中的整理，是改善的基础起点，用来区分日常生产活动中非必需品，挂红牌的活动又称为红牌作战。

2．看板

看板是传递信号的工具，现场人员借助于看板，可以实现目视化管理，并利用形象直观、色彩适宜的各种视觉感知信息（表格、图形、数据、颜色）来组织、管理和改善现场生产活动，同时可以一目了然地发现异常状态及问题点。

文档：13个步骤让你做好目视化管理

3．信号灯

在仓库作业现场，第一线的管理人员必须随时知道，作业员或机器是否在正常地开动、是否在正常作业。信号灯是在工序内发生异常时，用于通知管理人员的工具。例如，在智能仓入库过程中，输送线上的托盘货物在通过外形检测或称重装置时，当尺寸或重量不合格，则红色信号灯亮，应及时通知相关人员处理。

4．操作流程

操作流程图是描述工序重点和作业顺序的简明指示书，也称步骤图，用于指导仓配生产作业。特别是在智能化设备应用较多的仓库内，在看板上或者操作设备旁边的明显位置，需要有操作流程图。

5．反面教材

反面教材（如照片上墙），就是让现场的作业人员明白，并知道它的不良的现象及后果。一般是将反面教材放在人多的显著位置，让人一看就明白，用于提醒作业人员不能违规操作。

6．区域线

区域线就是用线条画出半成品放置的场所或通道等区域，主要用于整理与整顿、异常原因、停线故障等，常见于看板管理。

7．警示线

警示线就是在仓库或其他物品放置处用来表示最大或最小库存量的涂在地面上的彩色漆线，常用于看板管理。

8．告示板

告示板是一种及时管理的道具，也称公告。例如，在告示板上书写"今天下午两点开会"等内容。

（三）仓库目视化管理措施

仓库目视化管理是一种有效的管理手段，它利用标识、颜色、布局等手段使仓库的货物、设备、空间等管理要素直观化、可视化，提高仓库的运作效率和管理水平。

1．物品标识与定位

（1）企业应对仓库内所有物品进行明确的标识，包括名称、规格、数量、生产日期等信息，确保标识清晰可见、准确无误。

（2）制订物品的定置管理方案，确保每种物品都有固定的存放位置和数量限制，方便取用和盘点。

（3）采用颜色管理或标签管理等方式，对物品进行分类和区分，提高管理效率和准确性。

2．安全管理与警示

（1）制定安全管理制度，明确安全责任和操作规程，确保员工安全意识和操作技能。

（2）设置安全警示标识和警示线，提醒员工注意安全事项和危险区域。

（3）定期进行安全检查和隐患排查，及时消除安全隐患，确保仓库现场安全无事故。

3．区域划分与布局

（1）根据仓库内物品的种类和数量，合理划分区域并设置标识牌，方便员工查找和取用物品。

（2）制订仓库布局方案，优化空间利用和作业流程，提高仓库管理效率。

（3）对仓库现场进行定期清理和整顿，保持现场整洁有序。

4．信息可视化与展示

（1）信息可视化与展示措施

① 建立信息化管理系统，将仓库内的物品信息、作业进度等实时更新到系统中，方便管理人员随时掌握情况。

② 设立信息展示屏或电子看板，展示仓库内的关键信息和数据，以及当前出入库信息，提高信息的传递效率和透明度，如图 4-11 所示的显示屏。

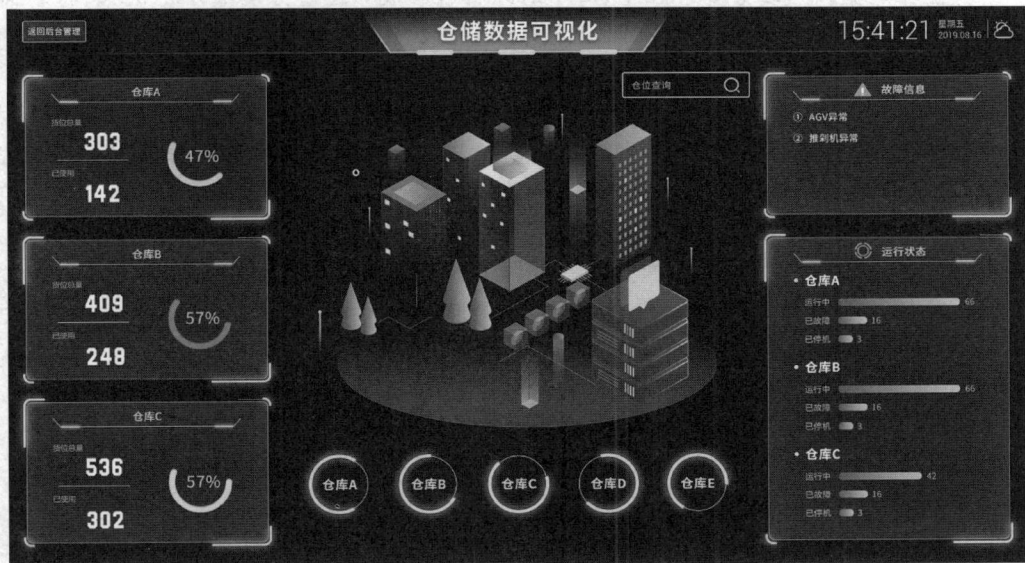

图 4-11　某仓储数据可视化平台显示屏

③ 利用数据分析和可视化技术，对仓库管理数据进行深入挖掘和分析，为管理决策提供支持。

通过以上措施的实施，可以全面提升仓库现场的目视化管理水平，提高管理效率，降低成本，确保质量和安全，为企业创造更大的价值。

（2）信息可视化管理注意事项。

① 规划布局。在仓库设计和布局阶段考虑目视化需求，合理设置货物存放区域、工作

流程和安全标识,确保信息清晰可见。

②标识设计。设计清晰简洁的标识,包括颜色、字体、符号等,使信息易于理解和识别,避免混淆和误解。

③设备投入。投入合适的设备,如标识牌、显示屏、LED灯等,将数据、信息直观地展示给工作人员和管理人员,提高工作效率和准确性。

视频:某智慧仓储数据可视化平台

④定期检查。定期检查目视化标识的完整性和清晰度,确保标识内容和信息没有损坏或遮挡,及时进行修复和更新。

⑤员工培训。企业应对仓库工作人员进行目视化操作培训,使他们了解并遵循目视化标识,提高工作效率和准确性。通过有效的仓库现场目视化管理,可以提高仓库运营效率,降低误操作率和工作风险,增强工作人员的工作积极性和生产力。

📚 任务案例

海尔集团的 6S 管理

海尔是全球大型家电品牌,其生产车间和仓库面积大,员工多。在激烈的市场竞争中,为了提高企业的综合管理水平,海尔推行了 6S 管理,尤其注重安全管理这一环节。

海尔推行 6S 管理的具体做法如下。

(1)整理和整顿。在仓库管理中,海尔对原材料和成品进行分类整理。例如,将不同型号的冰箱压缩机按照型号和进货时间分类存放,并在货架上标明名称、型号、数量等信息。在生产车间,工具和零部件也有明确的定位,方便员工取用。

(2)清扫和清洁。海尔制订了详细的清洁计划,对生产设备和工作场所进行定期清扫。在清洁过程中,会检查设备的运行状况。例如,对洗衣机生产线上的电机检测设备进行清扫时,会检查设备的传感器是否灵敏、内部线路是否老化等。

(3)素养。海尔通过企业文化建设和员工培训,让员工养成遵守 6S 管理的习惯。公司内部定期开展 6S 管理培训课程,新员工入职时也会接受系统的 6S 管理培训。

(4)安全。在安全管理方面,海尔采取了多项措施。在生产车间设置了安全通道,并确保通道畅通无阻。对危险设备,如冲压机、注塑机等,设置了防护装置和安全警示标志。同时,为员工提供了必要的安全防护用品,如安全帽、防护手套等,并定期开展安全演练。

海尔推行 6S 管理的实施效果如下。

(1)提高了企业形象。海尔的生产车间和仓库整洁有序,给客户和合作伙伴留下了良好的印象,有助于品牌推广和市场拓展。

(2)提升了产品质量。通过 6S 管理,生产过程更加规范,产品质量更加稳定,产品返修率降低了 15%。

(3)确保了安全生产。安全事故发生率大幅下降,员工安全意识得到显著提高。通过实施 6S 管理,海尔连续多年实现安全生产零事故的目标,保障了员工的生命安全和企业的财产安全。

资料来源:https://baijiahao.baidu.com/s?id=1818194727362722148&wfr=spider&for=pc.

案例思考:

(1)海尔集团推行 6S 管理的具体做法是什么?

(2)海尔集团推行 6S 管理的目的及意义是什么?

任务实训

编制仓配中心 6S 管理实施方案

一、实训目的

通过分析仓配中心 6S 管理的目的及意义,详细研究 6S 管理的推行细则,以某仓配中心开展 6S 管理为背景,编制《仓配中心 6S 管理实施方案》。

二、实训内容

仓配中心 6S 管理实施方案是对仓库的物品分类、分配、整理、清理、美化、标准化进行全面管理。6S 管理对于提高仓库效率、降低运营成本、提高工作效率和减少误工误料等方面都有非常实际的价值和意义。仓配中心在推行实施 6S 管理之前,需要编制《仓配中心 6S 管理实施方案》,指导和规范 6S 管理的施行。

一般来说,6S 管理方案需要满足以下三个要求。

1. 全员参与,人人有责

6S 现场管理与每一个员工息息相关,只有企业所有成员的共同参与,才能保证 6S 管理的顺利落实。6S 管理成功与否,领导是决定因素。各级领导者要承担倡导、组织、计划、协调、检查、奖惩等管理职能,自上而下地推进 6S 管理,并为实现 6S 管理目标创造和维持良好的企业内部环境。员工既是 6S 管理的实施者,又是 6S 管理的受益者。让员工在健康安全舒适的环境中愉快高效地工作,为企业持久地创造良好业绩。

2. 不走过场,注重实效

6S 管理不是刷刷墙面、画画线条、贴贴标识、搞搞卫生。在实施过程中,要建立科学的流程控制,做到事事有人管,职责明确,奖惩兑现;方法要多样,包括表格控制、目视管理、定置管理、看板管理、目标管理等;要按流程、部门、工序逐级建立检查网,层层有人负责,步步有结果。

3. 持续推进,持之以恒

6S 管理是一项长远和基础性的工作,一两次的整理或清扫、清洁不能从根本上解决实际问题,必须长期坚持,反复执行,使工作现场时刻处于 6S 的管理状态,促使 6S 管理从"形式化"走向"行事化",最后向"习惯化"演变,积极提升企业的规范管理水平。在 6S 现场管理中发现的问题应及时改进,研究和创新有效的工作方法,使 6S 管理随着时间、环境、任务的变化不断进行调整、更新和改进。

三、实训步骤

(1) 教师通过在线学习平台发布实训任务。

(2) 结合企业 6S 管理实施案例,明确 6S 管理实施的方法和步骤。

(3) 编制《仓配中心 6S 管理实施方案》。

(4) 小组互评与总结反馈。

任务小结

通过本任务的学习,掌握仓配中心 6S 管理的含义及推行思路,能够编制 6S 管理相关制度和实施方案,掌握仓配中心目视管理工具,能够制定仓库目视化管理措施。

任务四　智慧仓储成本与绩效管理

任务导入

物流,一头连着生产,另一头连着消费,是实体经济的"筋络"。有效降低全社会物流成本对于构建新发展格局、实现经济社会高质量发展具有重要意义。2024年12月11日至12日,中央经济工作会议提出,实施降低全社会物流成本专项行动。从直观角度看,降低全社会物流成本,既直接体现为各类工、贸企业的效益,也直接体现为因流通全过程优化带来的终端商品价格下降和民生获利;从深层次的发展模式看,物流及供应链,深度嵌入产业组织,降低全社会物流成本,意味着产业组织模式变革和产业链供应链运行效率的提升,是我国构建现代产业体系,推进高质量发展的重要体现。同时,"降本增效"也一直是物流企业追求的目标,是物流企业提升服务质量的有效途径。不论是在企业物流系统中还是在社会物流系统中,仓库作为供应链中最重要的物流节点之一,在保障产业链供应链稳定中担负着重要职能。同时对于货主企业是否能够按计划完成生产经营目标、控制仓储成本和物流总成本也至关重要。因此,开展仓储成本控制与绩效管理是现代仓储管理的重要环节,更是有效降低全社会物流成本的重要抓手。通过仓储成本与绩效管理,有助于正确判断仓储的实际经营水平,提高经营能力,挖掘服务潜能,进而增加企业的效益,助推全社会物流成本降低。

任务知识

一、仓储成本概述

（一）仓储成本的含义

推进物流提质、增效、降本,是促进国民经济循环畅通、推动经济高质量发展的重要抓手。党的二十大报告提出,"加快发展物联网,建设高效顺畅的流通体系,降低物流成本"。仓储成本是物流成本的重要组成部分,合理的仓储安排可以直接实现物流总成本的降低。

国家标准《企业物流成本构成与计算》(GB/T 20523—2006)对仓储成本的定义:一定时期内,企业为完成货物储存业务而发生的全部费用,包括仓储业务人员费用,仓储设施的折旧费、维修保养费,水电费,燃料与动力消耗费,相关税金,业务费等。仓储成本的高低直接影响着企业的利润水平,因此在物流管理系统中,仓储成本管理的目的是以尽可能低的费用在适当的时间、适当的地点和适当的场所存放适当数量的存货,仓储成本管理是企业物流管理的一项重要内容。

（二）仓储成本的构成

与库存成本不同,货物的仓储成本主要是指货物保管的各种支出,其中一部分为仓储设施和设备的投资,另一部分则为仓储保管作业中的活劳动或者物化劳动的消耗,主要包括工资和能源消耗等。根据货物在保管过程中的支出,可以将仓储成本分成以下几类。

视频：物流
成本的内容

1. 保管费

为存储货物所开支的货物养护、保管等费用，包括用于货物保管的货架、货柜的费用开支，仓库场地的房地产税等。

2. 仓库管理人员的工资和福利费

仓库管理人员的工资一般包括固定工资、奖金和各种生活补贴。福利费可按标准提取，一般包括住房基金、医疗以及退休养老支出等。

3. 折旧费或租赁费

仓储企业有的是以自己拥有所有权的仓库以及设备对外承接仓储业务，有的是以向社会承包租赁的仓库及设备对外承接业务。自营仓库的固定资产每年需要提取折旧费，对外承包租赁的固定资产每年需要支付租赁费。

4. 修理费

修理费主要用于设备、设施和运输工具的定期大修理，每年可以按设备、设施和运输工具投资额的一定比率提取。

5. 装卸搬运费

装卸搬运费是指货物入库、堆码和出库等环节发生的装卸搬运费用，包括搬运设备的运行费用和搬运工人的成本。

6. 管理费用

管理费用是指仓储企业或部门为管理仓储活动或开展仓储业务而发生的各种间接费用，主要包括仓库设备的保险费、办公费、人员培训费、差旅费、招待费、营销费、水电费等。

7. 仓储损失

仓储损失费是指保管过程中货物损坏而需要仓储企业赔付的费用。造成货物损失的原因一般包括仓库本身的保管条件，管理人员的人为因素，货物本身的物理、化学性能，搬运过程中的机械损坏等。

二、仓储成本计算与控制

（一）仓储成本计算

1. 购进存货的成本计算

库存商品购进是指流通企业为了出售或加工后出售，通过货币结算的方式取得商品或商品所有权的交易行为。

视频：如何降低仓储成本

存货的形成主要有外购和自制两个途径。从理论上讲，企业无论从何种途径取得存货，凡与存货形成有关的支出，均应计入存货的成本。流通企业由于其行业的特殊性，在购进商品时，以进价和按规定应计入商品成本的税金作为实际成本，采购过程中发生的运输费、装卸费、保险费、包装费、仓储费等费用以及运输途中发生的合理损耗、入库前的挑选整理费用等，直接计入当期损益。

2. 仓储成本的计算方法

为了合理地计算仓储成本，有效地监控仓储过程中发生的费用来源，可以按不同的方法计算仓储成本。

（1）按支付形式计算仓储成本。即把仓储成本分别按仓储搬运费、仓储保管费、材料消耗费、人工费、仓储管理费、仓储占用资金利息等支付形态分类，就可以计算出仓储成本的总

　　额。这样可以了解花费最多的项目，从而确定仓储成本管理的重点。

　　这种计算方法是先从月度损益表中的"管理费用""财务费用""营业费用"等各个项目中，取一定数值乘以一定的比率(物流部门比率,分别按人数平均、台数平均、面积平均、时间平均等计算出来)算出仓储部门的费用,再将仓储成本总额与上一年度的数值作比较,明确增减的原因并制订整改方案。例如,某公司从报表数据中划分仓储成本,见表 4-4。

表 4-4　某公司仓储成本计算表

项　　目	管理费明细/元	仓储成本/元	分配比率/%	备　　注
仓库租赁费	100 080	100 080	100	金额
材料消耗费	30 184	30 184	100	金额
工资津贴	631 335	178 668	28.3	人数比例
燃料动力费	12 645	6 664	52.7	面积比例
保险费	10 247	5 400	52.7	面积比例
修缮维护费	19 596	10 327	52.7	面积比例
仓储搬运费	28 114	14 816	52.7	面积比例
仓储保管费	39 804	20 977	52.7	面积比例
仓储管理费	19 276	8 115	42.1	仓储费比率
易耗品消耗	21 316	8 974	42.1	仓储费比率
资金占用利息	23 861	10 045	42.1	仓储费比率
税金	33 106	13 937	42.1	仓储费比率
合计/分配比率	969 564	408 187	42.1	仓储费占管理费总额的比重

　　(2) 按仓储活动项目计算仓储成本。按仓储活动项目计算仓储成本是将仓库中的各个运作环节发生的成本分别统计,如入库费用、出库费用、分拣费用、检查费用、盘点费用等。在仓库众多的情况下,采用按仓储活动项目计算仓储成本的方法可以较容易地进行相互之间的比较,从而达到有效管理的目的。

　　(3) 按适用对象计算仓储成本。仓储成本的计算也可以按照仓库商品所适用的对象,按产品、地区的不同分别计算仓储成本,这就是一般所说的按适用对象计算仓储成本。

(二) 仓储成本控制

　　我国政府高度重视解决物流成本问题。《"十四五"现代物流发展规划》明确将"推动物流提质、增效、降本"作为"十四五"时期现代物流发展的重要任务。2024 年 11 月,中共中央办公厅、国务院办公厅印发《有效降低全社会物流成本行动方案》,强调以调结构、促改革为主要途径,统筹推动物流成本实质性下降,有效降低运输成本、仓储成本、管理成本。

　　在实践中,强调仓储成本的控制不是一味地减少开支,而是要在平衡成本水平与服务水平、仓储成本与物流总成本、物资储备与生产销售需求关系的基础上,针对仓储管理物资资金占用分布实际,采取综合措施,以期获得企业最大的经济效益。以下给出部分仓储成本的控制方法。

　　(1) 合理规划仓库布局。仓库布局的合理规划可以最大限度地利用仓库空间,减少占地面积,从而降低租金和土地成本。同时,科学合理的货物存储布局可以提高仓库工作效率,减少人力成本。

　　(2) 优化仓库库存管理。通过合理的库存管理方法,如精确预测需求、采取适当的订货数量、订货时间和批量,以及合理的货权转移规则等,可以减少库存积压,降低仓库占用费用和货物损耗。

（3）优化仓储设备和技术。采用先进的仓储设备和技术可以提高仓库运作效率,减少人力成本。例如,自动化仓储设备可以实现货物的快速装卸和存储,减少人力投入;仓库管理系统能够实现对货物的快速定位和管理,提高货物的周转速度。

动画：如何降低库存成本

（4）控制损耗和盗窃。加强仓库的安全管理和监控措施,提高货物的安全性和防盗能力,避免因损耗和失窃导致的仓储成本增加。

（5）选用合适的包装材料。选择合适的包装材料可以减少货物的损耗和破损,并且能够防潮、防尘等,降低仓库的维护成本。

（6）进行仓库管理培训。加强对仓库管理人员的培训,提高他们的专业知识和管理能力,使其能够高效地管理仓库和货物。培训内容包括高效率作业、库存管理、货物保管保养、智能化设备使用等方面的知识和技能。

（7）收货检验和质量管理。加强对收货的检验和质量管理,减少次品和不合格货物的入库,避免不必要的仓储成本。

（8）合理安排货物揽收和发货时间。合理安排货物的揽收和发货时间,避免仓库拥堵和滞留,降低因等待产生的仓储成本。

（9）优化仓库运输和配送。通过优化仓库运输和配送方案,合理组织货物的运输线路和运输方式,减少仓库运输和配送成本。

（10）数据分析和优化。通过对仓库运作数据的分析,识别出存在的问题和瓶颈,并对仓库管理流程进行优化改进,降低仓储成本。

（三）智能化仓储成本分析

智能化仓储成本分析是一个复杂而细致的过程,涉及多个方面的投入和支出。它与传统仓储成本相比,在多个方面存在显著差异。

1. 硬件成本

（1）仓储设备购置。智能化仓储的核心硬件包括自动化设备（如自动化拣选系统、无人驾驶叉车、智能货架等）、传感器和物联网（IoT）系统等。这些设备的购置费用往往较高,尤其是自动化拣选系统等大型设备,可能需要数百万甚至上千万的投资。

（2）维护与升级。除了购置费用,还需要考虑设备的日常维护和定期升级费用,以确保设备的正常运行和适应业务发展的需求。

2. 软件成本

（1）仓库管理系统（WMS）与仓库控制系统（WCS）。智能化仓储依赖先进的软件系统来优化库存管理和执行仓储作业。这些软件的购买、定制化开发和集成成本也是一笔不小的开支。例如,WMS的定制开发可能需要几十万元到几百万元的预算,并且每年还有维护费用。

（2）软件更新与升级。随着技术的发展,软件的更新与升级也是必要的,以提供新的功能和改善系统性能。

3. 人力成本

（1）员工培训。智能化仓储虽然减少了对人力的依赖,但仍需专业团队来操作和维护

系统。因此,初期培训员工掌握新系统和设备的操作是必不可少的,这会产生额外的培训成本。

（2）人员招聘与薪资。招聘具备相关技能的人员也是一项重要支出,包括薪资、福利等。

4. 安全与合规成本

（1）数据安全。智能化仓储涉及大量数据处理和传输,因此数据安全和合规性的投入必不可少。这包括购买防火墙、加密技术,以及遵守 GDPR 等数据保护法规,以防止数据泄露和确保合规运营。

（2）安全审计与应急响应。应对潜在的网络安全威胁,如定期的安全审计和应急响应计划,也是必不可少的成本项。

5. 运营成本

（1）能源消耗。智能化仓储设备的运行会消耗大量电力,包括自动化设备、空调和照明系统等。虽然节能设计和绿色能源的采用可以降低长期运营成本,但初始投资可能会增加。

（2）仓储空间成本。还需要考虑仓储空间的租赁或购买成本,以及日常维护、清洁和保险费用。

6. 其他成本

（1）管理成本。智能化仓储系统的管理需要涉及人员、流程和技术等多个方面,因此管理成本也是需要考虑的因素之一。

（2）咨询与定制化服务。如果企业需要专业的咨询或定制化服务来建设或优化智能化仓储系统,这些服务费用也应计入总成本中。

综上所述,智能化仓储成本是多方面的,包括硬件、软件、人力、安全与合规、运营等多个层面。企业在考虑引入智能化仓储时,应全面评估成本效益,制订合理的投资计划,并持续优化运营策略,以实现长期的经济效益。

三、仓储绩效管理

（一）仓储绩效管理分析

1. 仓储绩效管理的含义

仓储绩效管理是通过对仓储过程中的各项指标的观察与评估,按计划完成生产经营目标,保持并逐步提高对客户和其他部门的服务水平,保证战略目标的实现的过程,强调的是对仓储过程的监控。

2. 仓储绩效评价指标体系

仓储的绩效如何,需要用绩效评价指标来评价分析。仓储绩效考核的指标是指仓储经营管理中多方面的指标所构成的指标体系,主要包括资源利用程度方面的指标、服务水平方面的指标、能力与质量方面的指标、库存效率方面的指标等。

（1）资源利用程度方面的指标。

① 仓库利用率。仓库利用率是进行仓库管理首先要考虑的一个问题,它可以用仓库面积利用率和仓库容积利用率来表示,其计算公式为

$$仓库面积利用率 = \frac{仓库实际利用面积}{仓库总面积} \times 100\%$$

$$仓库容积利用率 = \frac{仓库实际使用容积}{仓库总容积} \times 100\%$$

仓库面积利用率和仓库容积利用率是反映仓库管理工作水平的主要经济指标。考核这两项指标,可以反映货物储存面积与仓库实际面积的对比关系及仓库面积的利用是否合理,也可以为挖潜多储、提高仓库面积的有效利用率提供依据。仓库面积利用率越大,表明仓库面积的有效使用情况越好;仓库的容积利用率越大,表明仓库的利用效率越高。

② 设备利用率。设备利用率是考核仓储设备利用程度的指标。设备利用率越大,说明设备的利用程度越高。设备利用率包括设备能力利用率和设备时间利用率两个方面,其计算公式为

$$设备能力利用率 = \frac{设备实际载荷量}{设备额定载荷量} \times 100\%$$

$$设备时间利用率 = \frac{设备实际工作时间}{设备额定工作时间} \times 100\%$$

式中,设备额定载荷量和额定工作时间可以由设备的性能情况和设备工作时间长短计算得出。对于多台设备而言,设备利用率可以用加权平均法来计算。仓储设备是企业的重要资源,设备利用率高,表明仓储企业业务量大,这是经营绩效良好的表现。

③ 劳动生产率。仓库劳动生产率可以用平均每人每天完成的出入库货物量来表示,其计算公式为

$$仓库劳动生产率 = \frac{全年货物出入库总量}{仓库全员年工日总数}$$

此外,考核仓库劳动生产率也可以用仓库员工平均每日收发货的笔数、员工平均保管货物吨数等指标来评价,其计算公式为

$$仓库劳动生产率 = \frac{仓库全年吞吐量}{年平均员工人数} \times 100\%$$

(2) 服务水平方面的指标。

① 客户满意度。客户满意度是衡量企业竞争力的重要指标,客户满意度不仅影响企业经营业绩,而且影响企业的形象。考核这项指标不仅可以反映企业服务水平的高低,同时也可以衡量企业竞争力的大小。其计算公式为

$$客户满意度 = \frac{满足客户要求数量}{客户要求数量} \times 100\%$$

② 缺货率。缺货率是衡量仓储商品可得性的度量指标。将全部商品所发生的缺货次数汇总起来与客户订货次数进行比较,就可以反映一个企业实现其服务承诺的状态。其计算公式为

$$缺货率 = \frac{缺货次数}{客户订货次数} \times 100\%$$

③ 准时交货率。准时交货率是反映满足客户需求的考核指标。其计算公式为

$$准时交货率 = \frac{准时交货次数}{总交货次数} \times 100\%$$

④ 平均收发货时间。平均收发货时间指标是指仓库收发每批货物(即每张出入货单据上的货物)平均所用的时间,它既能反映仓储服务质量,同时也能反映仓库的劳动效率。其

计算公式为

$$平均收发货时间 = \frac{收发时间总和}{收发货的总批数}$$

收发货时间一般界定为：收货时间是指自单证和货物到齐后开始计算，经验收入库后把入库单送交保管会计登账为止所经历的时间。发货时间是指自仓库接到发货单（调拨单）开始，经备货、包装、填单等流程，到办妥出库手续为止所经历的时间。一般不把在库待运时间列为发货时间。

（3）能力与质量方面的指标。

① 货物吞吐量。货物吞吐量是计算期内进出库货物的总量，一般以吨（t）表示。它不仅反映仓储的工作量和周转量，还反映仓库的规模和劳动强度。吞吐量越大，仓库的规模越大、周转量越大、工作量越大、劳动强度越高。吞吐量要靠仓库的装卸能力、仓储面积来支持。其计算公式为

$$货物吞吐量 = 货物入库量 + 货物出库量 + 直拨量$$

式中，货物入库量是指经仓库验收入库的数量，不包括到货未验收、不具备验收条件、验收发现问题的数量；货物出库量是指按出库手续已经点交给客户或承运单位的数量，不包括备货待发运的数量；直拨量是指在车站、码头、机场、供货单位等提货点办理完提货手续后，直接将物品从提货点分拨转运给客户的数量。

② 库存量。库存量通常指计算期内的日平均库存量。该指标同时也是反映仓库平均库存水平和库容利用状况的指标。其计量单位为吨（t），计算公式为

$$月平均库存 = \frac{月初库存量 + 月末库存量}{2}$$

$$年平均库存 = \frac{各月平均库存量之和}{12}$$

库存量是指仓库内所有纳入仓库经济技术管理范围的全部本单位和代存单位的物品数量，不包括待处理、待验收的物品数量。

月初库存量等于上月末库存量，月末库存量等于月初库存量加上本月入库量再减去本月出库量。

③ 单位面积储存量。单位面积储存量是仓库单位使用面积每日平均储存商品的数量，单位是吨/平方米（t/m^2）。这一指标可以综合评价仓库利用程度和经营管理水平。其计算公式为

$$单位面积储存量 = \frac{仓库每日平均储存量}{仓库使用面积}$$

$$仓库每日平均储存量 = \frac{计算期内商品储存总量}{计算期日历天数}$$

（4）库存效率方面的指标。

① 库存周转率。库存物品的周转速度是反映仓储工作水平的重要效率指标。在物品的总需求量一定的情况下，降低仓库的物品储备量，物品周转速度就加快。从降低流动资金占用和提高仓储利用率的要求出发，就应当减少仓库的物品储备量。但是，一味地减少库存，就有可能影响物品的供应。因此，仓库的物品储备量应建立在一个合理的基础上，做到在保证供应需求的前提下尽量降低库存量，从而加快物品的周转速度，提高资金和仓储效率。

动画：库存周转率对企业库存管理的意义

物品的周转速度可以用周转天数和周转次数两个指标来反映。其计算公式分别为

$$物品周转次数 = \frac{全年物品消耗总量}{全年物品平均储存量}$$

或

$$物品周转次数 = \frac{360}{物品周转天数}$$

$$物品周转天数 = \frac{全年物品平均储存量}{全年物品消耗总量}$$

或

$$物品周转天数 = \frac{全年物品平均储存量}{物品平均日消耗量}$$

其中,全年物品消耗总量是根据年度仓库实际发出物品的总量得到的;全年物品平均储存量为每月初物品储存量的平均数,或为平均库存,平均库存是指库存年初数与库存年末数的平均值,即 $平均库存 = \dfrac{库存年初数 + 库存年末数}{2}$。物品周转次数越多越好。

② 仓储收入。仓储收入水平的高低直接影响着仓储企业的经济效益,它是计算期内仓储各项收入的总和,单位为元。其计算公式为

仓储收入 = 物品进出库装卸收入 + 物品储存保管收入 + 物品流通加工收入 + 其他收入

③ 平均仓储收入。平均仓储收入是指计算期内仓储保管1吨商品的平均收入,该指标常以月度为时间计算单位。平均仓储收入的计算单位是元/吨。其计算公式为

$$平均仓储收入 = \frac{计算期内仓储收入总额}{计算期内平均储存量}$$

式中,平均储存量是指月平均的商品储存量,它是一个以时点数计算的序时平均数。若已知某月每天的商品储存量,可用简单算术平均数的方法求出月平均储存量;若已知某月初及某月末的商品储存量,则可用公式 $平均储存量 = \dfrac{月初储存量 + 月末储存量}{2}$ 来计算。

3. 仓储绩效指标分析

现代仓储企业的各项考核指标是从不同角度反映某一方面的情况。如果仅凭某一项指标,则很难反映事物的总体情况,也不容易发现问题,更难找到产生问题的原因。因此,要全面、准确地认识仓储企业的现状和规律,把握其发展的趋势,必须对各个指标进行系统而周密的分析。通过对各项指标的分析,能够全面了解仓储企业各项业务工作的完成情况和取得的绩效,发现存在的问题及薄弱环节,可以全面了解仓储企业设施、设备的利用程度和潜力,可以掌握客户对仓储企业的满意度及服务水平,可以认识仓储企业的运营能力和运营质量及运营效率,从而不断改进各项业务工作,找出规律,为仓储企业的发展规划提供依据。仓储绩效指标分析的方法主要有以下五种。

(1) 对比分析法。对比分析法是将两个或两个以上有内在联系的、可比的指标(或数量)进行对比分析,从而认识仓储企业的现状及其规律性。对比分析法是绩效考核指标分析法中使用最普遍、最简单和最有效的方法。运用对比分析法对指标进行对比分析时,一般都应首先选定对比标志来衡量指标的完成程度。根据分析问题的需要,主要有以下几种对比方法。

① 计划完成情况的对比分析。计划完成情况的对比分析是将同类指

动画:仓库管理的五个关键绩效指标

标的实际完成数或预计完成数与计划数进行对比分析,从而反映计划完成的绝对数和程度,分析计划完成或未完成的具体原因,肯定成绩、总结经验、找出差距、提出措施。

② 纵向动态对比分析。纵向动态对比分析是将仓储企业的同类有关指标在不同时间上的对比,如本期与基期(或上期)比、与历史平均水平比、与历史最高水平比等。这种对比反映事物的发展方向和速度,说明当前状态的纵向动态,分析增长或降低的原因并提出建议。

③ 横向类比分析。横向类比分析是将仓储企业的有关指标在同一时期相同类型的不同空间条件下的对比分析。类比单位的选择一般是同类企业中的先进企业,它可以是国内的,也可以是国外的。通过横向对比,往往能起到"清醒剂"的作用,更能够找出差距,采取措施,赶超先进。

④ 结构对比分析。结构对比分析是将总体分为不同性质的各部分,然后以部分数值与总体数值之比来反映事物内部构成的情况,一般用百分数表示。例如,在货物保管损失中,我们可以计算分析因保管养护不善造成的霉变残损、丢失短少、不按规定验收、错收错付而发生的损失等各占的比例。

(2)因素分析法。因素分析法是用来分析影响指标变化的各个因素以及它们对指标各自的影响程度。因素分析法的基本做法是假定影响指标变化的诸多因素中,在分析某一因素变动对总指标变动的影响时,假定只有这一个因素在变动,而其余因素都必须是同度量因素(即固定因素),然后逐个替代某一项因素并单独变化,从而得到每项因素对该指标的影响程度。

在采用因素分析法时,注意各因素应按合理的顺序排列,并注意前后因素按合乎逻辑的衔接原则处理。如果顺序改变,各因素变动影响程度之积(或之和)虽仍等于总指标的变动数,但各因素的影响值就会发生变化,从而得出不同的答案。

(3)价值分析法。要提高仓储的经营效益,无非是采用开源或节流的方法,降低成本便是为了节流。在降低成本开支的分析方法中,价值分析是一种较有效的方法。所谓价值分析,就是通过综合分析系统的功能与成本的相互关系来寻求系统整体最优化途径的一种技术经济分析方法。采用价值分析法主要是通过对功能和成本的分析,力图以最低的寿命周期成本实现系统的必要功能。

在各种经济活动中,无论是制订计划还是生产制造,无论是销售工作还是购买工作或是设备的选用,都期望以最低的价格实现最大价值,即为了实现最佳价值要进行各种探讨和分析,这个过程称为价值分析。价值分析大体按下列顺序进行。

① 使用此物品是否必要(必要性)。

② 研究所使用的这些物品,其价值与效用是否相悖(效用)。

③ 为满足这种用途,是否还有其他方法或代用品(替代性)。

④ 物品所有的性能是否都必要(物品性能的必要性)。

⑤ 质量要求是否过高(质量的浪费)。

⑥ 形状、尺寸是否浪费(形状、尺寸的浪费)。

⑦ 重量是否浪费(重量的浪费)。

⑧ 能否使用标准件和通用件(标准件适用性)。

⑨ 物品的成本相对于用途是否必要或适宜(成本的适宜性)。

⑩ 能否采用更适宜、更经济的方法进行生产(生产的适宜性)。

价值分析研究的范围很广,如经营方针、生产计划、销售业务、利润计划、作业计划、设计管理、技术管理、科研管理、生产方法、工具管理、工程管理、作业管理、进度管理、质量管理、安全、检查、库存管理等。

(4) 因果分析法。因果分析图或鱼刺图中,每根鱼刺都代表一个可能的差错原因,一张鱼刺图可以反映企业或仓储部门质量管理中的所有问题。因果分析图可以从物料(material)、机器设备(machine)、人员(man)和方法(method)四个方面进行,这 4 个"M"即为原因。4M为因果分析提供了一个好的框架,很容易找出可能的质量问题并设立相应的检验点进行重点管理。例如,一些客户对仓库服务的满意度下降,仓库管理部门可以从以上四个方面分析原因,以便改进服务体系,如图 4-12 所示。

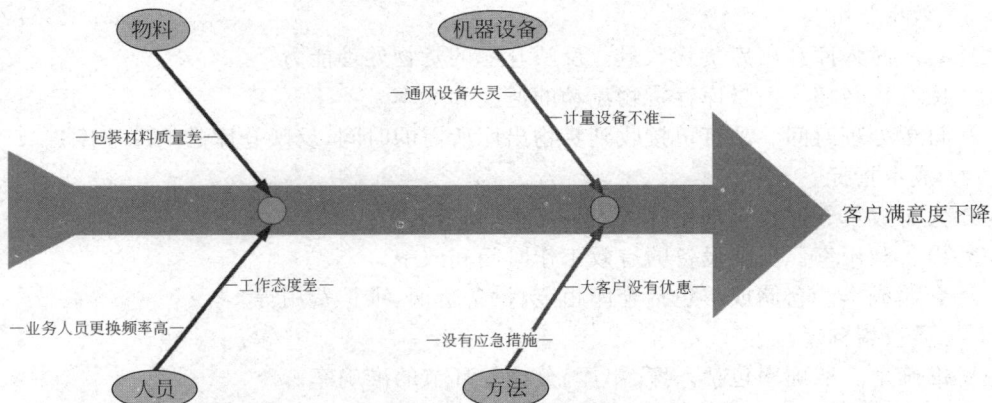

图 4-12　仓库客户满意度因果分析

(5) 指标权重的确定。针对实际问题选定被综合的指标后,确定各指标的权重的方法有很多种。总体上,权重的确定方法可归为三大类:主观赋权法、客观赋权法及组合集成赋权法。

主观赋权法是指基于决策者的知识经验或偏好,通过按重要性程度对各指标(属性)进行比较、赋值和计算得出指标权重的方法。主观赋权法常用的有层次分析法(AHP)、德尔菲法(Delphi)。

客观赋权法是基于各方案评价指标值的客观数据的差异而确定各指标权重的方法,常用的有主成分分析法、均方差法、熵值法及极差法等。

组合集成赋权法是将运用主、客观赋权法所得的各评价指标的权重通过集成的方法形成最终权重的方法。这样既能客观反映各指标的重要程度,又能反映决策者的主观愿望。

在这些方法中,德尔菲法(Delphi)是经常被采用的,其他方法相对来说用得不多。

德尔菲法又称为专家法,其特点在于集中专家的知识和经验,确定各指标的权重,并在不断地反馈和修改中得到比较满意的结果。其基本步骤如下。

① 选择专家。这是很重要的一步,选得好不好将直接影响结果的准确性。一般情况下,选本专业领域中既有实际工作经验,又有较深理论修养的专家 10～30 人,并应征得专家本人的同意。

② 将待定权重的 n 个指标和有关资料以及统一的确定权重的规则发给选定的各位专

家,请他们独立地给出各指标的权数值。

③ 回收结果并计算各指标权数的均值和标准差。

④ 将计算的结果及补充资料返还给各位专家,要求所有的专家在新的基础上确定权数。

⑤ 重复第③和第④步,直至各指标权数与其均值的离差不超过预先给定的标准为止,也就是各专家的意见基本趋于一致,以此时各指标权数的均值作为该指标的权重。

(二)　智能化仓储绩效管理

智能化仓储绩效管理分析是一个综合性的过程,它涉及对仓储系统效率、成本、客户满意度等多个方面的评估与改进。

1. 智能化仓储绩效管理的主要指标

(1)效率指标。

① 每小时入库和出库货物数量。反映仓库的货物处理能力。

② 库存周转率。衡量库存货物流动的速度和效率。

③ 订单处理时间。从订单接收到货物出库所需的时间,反映仓库的响应速度。

(2)成本指标。

① 人力成本。通过自动化减少人工需求,降低人力成本。

② 设备利用率。反映设备的有效工作时间和效率。

③ 仓储成本。仓储成本包括仓库租金、设备折旧、维护费用等。

(3)质量指标。

① 准确率。准确率包括入库、出库、分拣等环节的准确率。

② 货物破损率。反映仓库在货物处理过程中对货物的保护能力。

(4)客户满意度。

① 交货准时率。反映仓库对客户需求的响应速度和准确性。

② 客户服务质量。客户服务质量包括订单处理、售后服务等方面的客户满意度。

2. 智能化仓储绩效管理的评估方法

(1)定期监测关键指标。通过定期收集和分析上述关键指标,对仓库的绩效进行客观评估。

(2)用户满意度调查。通过向系统用户发送调查问卷或进行面对面的访谈,了解他们对系统的满意度和改进建议。

(3)系统稳定性测试。模拟各种运营场景,观察系统在高负载、高流量、异常情况下的表现,评估系统的性能瓶颈和潜在风险。

3. 智能化仓储绩效管理的持续改进

(1)根据评估结果调整策略。针对评估中发现的问题和不足,及时调整和优化仓库的运营策略。

(2)引入新技术和新设备。关注新技术和新方法的发展,不断更新系统的功能和性能,提高仓库的自动化和智能化水平。

(3)培训和提升操作人员技能。通过定期的培训和技能提升,提高操作人员的工作效率和准确率,进而提升系统的整体绩效。

(4)优化库存管理。利用 WMS(仓库管理系统)等工具实现库存的精准管理和优化,减少库存积压和浪费,提高资金周转率。

4. 智能化仓储绩效管理的经济效益

(1) 降低物流成本。通过自动化和智能化减少人力成本、提高设备利用率、降低仓储和运输成本。

(2) 提高物流效率。加快物流响应速度、提升物流准确性、优化物流路径,提高整体物流效率。

(3) 提升客户满意度。实现对客户需求的快速响应和高质量服务,提高客户满意度和忠诚度。

文档:提升智能仓库管理系统绩效的关键策略

智能化仓储绩效管理是一个复杂而系统的过程,需要综合考虑多个方面的因素。通过科学的评估方法和持续的改进措施,可以不断提升仓库的绩效水平,为企业创造更大的价值。

任务案例

某啤酒生产企业仓储成本控制

月山啤酒集团在几年前就借鉴国内外物流公司的先进经验,结合自身的优势,制订了自己的仓储物流改革方案。首先,成立了仓储调度中心,对全国市场区域的仓储活动进行重新规划,对产品的仓储、转库实行统一管理和控制。由提供单一的仓储服务,到对产成品的市场区域分布、流通时间等全面的调整、平衡和控制,仓储调度成为销售过程中降低成本、增加效益的重要一环。其次,以原运输公司为基础,月山啤酒集团注册成立具有独立法人资格的物流有限公司,引进现代物流理念和技术,并完全按照市场机制运作。作为提供运输服务的"卖方",物流公司能够确保按规定要求,以最短的时间、最少的投入和最经济的运送方式,将产品送至目的地。再次,筹建了月山啤酒集团技术中心。月山啤酒集团应用建立在网络信息传输基础上的 ERP 系统,筹建了月山啤酒集团技术中心,将物流、信息流、资金流全面统一在计算机网络的智能化管理之下,建立起各分公司与总公司之间的快速信息通道,及时掌握各地最新的市场库存、货物和资金流动情况,为制定市场策略提供准确的依据,并且简化了业务运行程序,提高了销售系统工作效率,增强了企业的应变能力。

通过这一系列的改革,月山啤酒集团获得了很大的直接和间接经济效益。首先,集团的仓库面积由 7 万多平方米下降到不足 3 万平方米,产成品平均库存量由 12 000t 降到 6 000t。其次,这个产品物流体系实现了环环相扣,销售部门根据各地销售网络的要货计划和市场预测,制订销售计划,仓储部门根据销售计划和库存及时向生产企业传递要货信息;生产厂有针对性地组织生产,物流公司则及时地调度运力,确保交货质量和交货期。再次,销售代理商在有了稳定的货源供应后,可以从人、财、物等方面进一步降低销售成本,增加效益,经过一年多的运转,月山啤酒物流网取得了阶段性成果。实践证明,现代物流管理体系的建立,使月山集团的整体营销水平和市场竞争能力大大提高。

资料来源:http://disstream.bjtu.edu.cn/tjz_0011shipin/lanmu/vc88.html.

案例思考:

(1) 结合案例分析仓储成本分析的意义所在?

(2) 分析月山集团是怎样通过控制仓储成本,获得经济效益的?

任务实训

编制仓储成本控制方案

一、实训目的

通过分析某公司仓储成本控制方案,理解仓储成本分析及控制的重要性,掌握仓储成本的构成及控制措施,能够编制仓储成本控制方案。

二、实训内容

《嘉兴顶鲜食品有限责任公司仓储成本控制方案》全文如下。

（一）编制目的

为降低仓库库存物料资金,提高库存物料周转率,提升仓储管理水平,编制此方案。

（二）适用范围

本方案适用于仓储部所有物料及仓储部各库房管理。

（三）术语定义

（1）库存。库存是指处于储存状态的物品。

（2）储备。储备是指储存起来以备急需的物品。

（3）仓储。仓储是指保护、管理、储藏物品。

（4）仓储持有成本。仓储持有成本是指为保持适当的库存而发生的成本,它可以分为固定成本和变动成本。

（5）缺货成本。缺货成本是指由于库存供应中断而造成的损失,包括原材料供应中断造成的停工损失、产成品库存缺货造成的延迟发货损失和丧失销售机会的损失。

（四）权责

（1）员工所属部门。负责本部门内对本方案的执行工作。

（2）工厂负责人。负责监控公司仓库成本控制是否符合公司要求,并有权对违反本方案者进行负激励。

（五）细则

1. 仓储持有成本控制

（1）仓储持有成本——资金占用成本。

① 对于库存周转率低于 25 天的物料,不做库存储备,根据客户订单实际需求再进行相应的采购。市场部根据采购周期和生产周期、物流周期告知客户交货时间。

② 鲜品蔬菜各类品项库存数量不得大于周日均使用量 3 天,当库存鲜品蔬菜低于日均使用量 2 倍时,仓储部门负责对缺失物料的填写采购申请单,于当日以书面方式告知采购部门。采购部门于次日将需求物料采购到位。因产品质量产生的退货造成的生产延误由采购部门负责。

③ 包材库物料数量根据月日均使用量储备(7 天＋采购周期/天)用量。

（2）仓储持有成本——仓储维护成本。

① 非仓储部人员未得到厂长的同意下不得擅自关闭成品冻库、保鲜库制冷设备开关,机修维护除外。违反该条对当事人当月绩效扣 10 分/次。

② 对于保鲜库的照明设施,仓储部人员白天在整理和收货时只允许开一个开关(3 个灯)。违反该条对当事人当月绩效扣 2 分/次。

③ 设备部做好仓储部门仓库制订的保养计划,防止设备停工。

④ 仓储部人员在每日下班后,最后下班的人员应做好库房照明设施和设备的检查(重点检查成品冻库和保鲜库的开关),并做好日检查表。违反该条对当事人当月绩效扣 5 分/次。

(3) 仓储持有成本——仓储运作成本。仓储运作成本计算方式:统一按 20 元/t。

(4) 仓储持有成本——仓储风险成本。

① 仓库严格按照《仓库管理制度》先进先出原则执行,若当日发货未按先进先出原则,发现一起当月绩效考核扣 10 分。

② 内包材和辅料库仓储人员应做好防鼠工作,在未进行入库或发货时,库房应安放防鼠栏,未按要求操作的,发现一起,当月绩效考核扣 10 分。防止因鼠咬造成物料报废。

③ 库房管理人员每周五下班前应将辅料库和冻品原料库物料批次上报厂长,对临期产品实行预警机制,对未按时上报人员当月绩效扣 2 分/次。

2. 缺货成本控制

仓储部根据上月物料的使用量建立本月日安全库存量,并根据资金占用成本计算方式,做好对应物料的储备;因缺失物料影响生产,对仓储负责人当月绩效扣 5 分/次。

三、实训步骤

(1) 教师通过在线学习平台发布实训任务。

(2) 学习研究《嘉兴顶鲜食品有限责任公司仓储成本控制方案》。

(3) 小组讨论,编制某企业仓储成本控制方案。

(4) 小组互评与总结反馈。

任务小结

通过本任务的学习,了解仓储成本的构成,掌握仓储成本控制的方法,掌握智能化仓储成本分析,明确仓储管理绩效评价内容,理解智能化仓储绩效管理内容,能够对仓储成本进行管理、运用各种指标对绩效进行评估并提出改进措施。

任务五　智慧配送服务与成本管理

任务导入

党的十八大以来,我国持续推动物流降本增效,社会物流总费用呈现稳步下降态势。但有的领域与发达国家相比,物流"成本高、效率低"的问题仍较突出。党的二十大报告强调,建设高效顺畅的流通体系,降低物流成本。物流成本与配送成本之间存在着密切的关系,在物流的各项成本中,配送成本占了相当高的比例。因此,对配送成本进行管理和控制,可以显著降低物流总成本,提高物流效率和企业竞争力。配送作为物流系统的终端,直接面对服务对象,其服务水平的高低直接决定了整个物流系统的效益。配送成本和配送服务之间并非简单的正比关系,而是可以通过不同的策略和方法达到平衡和优化。企业需要根据市场需求、成本控制和竞争状况等因素,灵活调整配送成本和服务质量的平衡,以实现最佳的经济效益和社会效益。

📜 任务知识

一、配送服务管理

(一)配送服务的含义及构成要素

1. 配送服务的含义

配送服务是通过集货、分拣、配货配装、流通加工、配送运输、送达服务等环节来满足对客户商品物流的需求的一种活动。简单地说,配送服务是对客户商品物流的保证。

2. 配送服务的构成要素

(1)功能构成要素。配送服务是对客户商品物流的保证,那么,从配送的功能上来看,其构成主要包含了三个要素,即备货保证(确保拥有客户所需要的商品)、品质保证(在动态保管期间商品质量不会降低)及输送保证(在客户规定或者期望的时间内送达目的地)。配送服务功能要素内容如图 4-13 所示。

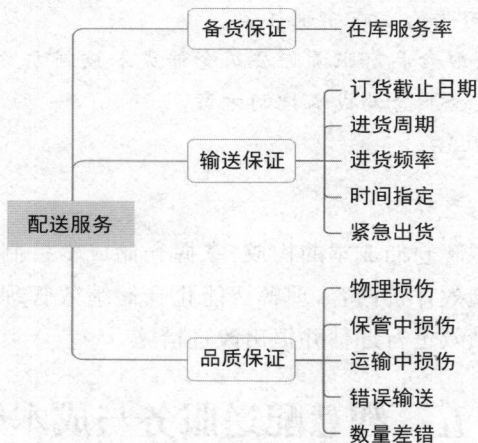

图 4-13　配送服务功能要素内容

(2)时间逻辑构成要素。按照时间逻辑来进行分析可以认为配送服务包含配送服务前、配送服务中、配送服务后的相关的工作流程。

① 配送服务前期工作。此阶段主要包含了提供信息、市场调查预测、产品定制、加工整理、提供咨询、接收电话订单、提供多种方便服务等。此阶段,如果是有条件的企业,还要有目的地协助客户做好配送规划和配送需求分析,使配送整体服务能够最大限度地满足客户需求。

② 配送服务中期工作。此阶段主要包含了具体的配送工作,如运输、分拣、配装、流通

加工、送达服务等。此阶段通常是在现实中,对于配送活动的重点把握部分,几乎包含了现代配送服务中需要完成的所有功能。

③ 配送服务后期工作。当配送的具体工作完成后,不能简单地认为整个配送已经彻底结束。对于提供专业的配送服务而言,后期工作主要是指配送服务的反馈,解答客户的咨询,采用某些方式(电话、信件、E-mail 等)来收集客户意见,并根据情况进行及时改进,以保持与客户的长期合作关系。

(二)配送服务管理

1. 配送服务的目标及影响因素

(1)配送服务目标。配送服务目标是 7R 标准,即在恰当的时间(right time)、地点(right place)和恰当的条件(right condition)下,将恰当的产品(right product)以恰当的成本(right cost)和恰当的方式(right way)提供给恰当的消费者(right consumer)。

视频:末端
无人配送行
业发展

(2)配送服务影响因素。由配送服务的定义可以看出,配送服务包含了集货、分拣、配货配装、流通加工、配送运输、送达服务等环节。显然,任一环节出现问题就会影响整个配送服务的水平。

① 集货主要是将分散的或小批量的货物集中起来。准确进行集货,按照计划进行相应操作是满足整个配送服务的基本要求。

② 分拣是将货物按品名、规格、出入库先后顺序进行分门别类的作业,是整个配送成败重要的支持性工作。

③ 配货配装。配货是将存放的货品根据客户要求拣选出来,配备齐全,送入指定发货区。配装则是为了充分利用运力,进行货品的搭配装载。配货配装结合起来可以降低配送成本,是提高配送服务水平的重要手段。

④ 流通加工。在配送服务过程中提供流通加工服务可以大大提高用户的满意程度。

⑤ 配送运输。较短距离、较小规模、较高频率的运输形式,如何进行路线选择,如何进行时间预测是良好的配送服务必须考虑的重要问题,也是整个配送服务里难度最大的部分。

⑥ 送达服务。其环节体现了如何完成货品的移交,有效而方便地处理相关手续并完成结算等细节,这中间的卸货地点、卸货方式都是提供良好配送服务需要考虑的内容。

综合地说,尽管这些环节需要解决的问题各不相同,表现方式也不相同,但是,从客观来看,由于配送流程的订单推动性特点,这些环节中的一些具体要求,实际都体现了配送服务的影响因素主要包含了时间性、可靠性、方便性及信息沟通四个方面。

2. 配送服务流程

(1)提供业务咨询和相关资料。主要明确配送中心的服务项目和范围配送费用。

(2)接受货主委托,签订配送服务合同。配送中心经营人与配送委托人进行反复磋商,达成共识,并签订配送合同。

视频:全球
首个地下微
型配送中心

(3)配送委托人根据配送服务合同下达配送订单。配送订单主要以电话、传真、书面等方式下达。

(4)配送中心配送部门进行配送订单审核。配送部门和配送人员主要审核品名、数量、

质量、规格、送货时间等。经理签字确认。

（5）根据配送订单制订配送计划并形成送货单，并将送货单信息传达到配送中心仓储部门。

（6）按下达送货单进行拣选。为了保证商品能够及时准确送达客户手中，需要根据客户要求对商品进行拣取分拣作业。这是配送服务过程中体现配送时间效率、工作准确率的关键作业。

视频：伦茨
物流中心配
送服务流程

（7）配送中心出货检验。其主要是按送货单和出库单进行过秤、登记，抽检质量、留样，配送中心仓管员在"出货单"上签字并放行。

（8）配货配载。配送虽然批量小，但是总的货品数量却比较大。因此要提高客户满意度，我们就需要按照客户订单要求进行配货配载并充分利用车辆的容积和载重量，同时考虑卸货时的先后顺序，尽可能做到满载满装，以降低成本。

（9）配送运输。根据货物进行合理选用配送工具，充分利用运输工具的容积和载重能力，合理安排配送线路，合理完成配装、配载作业能够减少配送时间，提高配送效率，准时发车送货，从而提升配送服务水平。

（10）送达服务。由于直接面对配送业务的最终客户，送达服务人员的微笑服务、职业素质、单据的核对等方面不仅是配送服务质量的外在表现，更是配送企业开拓市场形成稳定合作关系的潜在影响。全程跟踪售后服务，以最快速度为客户提供退换货或补货。

（11）客户收货与货款结算。配送员与客户对收到的货物进行检验和确认，并在送货单上签名。同时，配送员与客户财务部门对账，双方签名确认，客户按时支付货款。

（12）及时处理客户的投诉及建议。

3．配送服务战略

（1）制定配送服务战略需要考虑的内容。配送服务战略的制定之前，需要考虑以下几个方面的内容。

① 用户需求。考虑服务战略的时候，必须从客户角度来了解配送服务的需要，否则会偏离要求，导致不必要的浪费。客户需求一般包括适时和可靠的送货、良好的沟通、送货的准时性和高频率、订单状态信息的可得性、高效的信息反馈、紧急情况及时处理、货物的完好性等。

② 服务能力。一旦了解和掌握了客户的需求后，配送服务供应商就必须找出其当前服务能力与实际需要之间的差距，并能采取一定的方法来满足客户的需求。

③ 缩短服务上的差距。对于提供配送服务的供应商来说，应该积极采取一定措施来缩小服务能力与需求的差距。在实际工作中，及时送货与无损送货是评价配送服务的两个最重要的标准。

④ 提供针对性服务。为了让更多的客户满意，应该按照客户需求和期望的相似性对用户进行分类，形成不同类别的用户群，针对其不同的需求来进行相应的服务。例如，按照客户的配送时间要求来进行分类，或者按照客户的配送频率来进行分类。

⑤ 创造服务。在满足客户的需求基础上给他们提供超值的服务，把满足客户最低要求作为客户满意的开始，只有当提供的服务超出客户最低要求时，才会让客户满足，达到增加价值的目的。

⑥ 改进服务。客户满意指数可以用来评价配送服务的综合水平，但是，客户满意是一

个不断变化的动态过程,随着服务的内容、水平等变化,客户的要求也在变化。配送服务的供应商必须跟得上这些变化的要求,始终保持用户有较高的满意指数。

(2) 配送服务策略。分析了以上六个方面的内容后,综合配送服务的目标——7R 目标,配送服务的影响因素——时间、可靠性、方便性和信息的沟通,以及考虑降低配送服务的成本,可以制定相应的配送服务战略。一般而言,不同的企业(配送服务提供商)根据各自企业的特点、实力、市场需求等方面会采取不一样的策略,简单地将不同的策略概述成以下几种。

① 差异化策略。针对不同的客户提供不一样的服务,即提供差异化服务。分析客户需求,提供独特的服务。客户对于日杂用品与冷鲜食品在时间、配送方式、配送频率上的要求显然是完全不一样的,对此进行分析,提供不一样的配送服务,即视为差异化战略。

② 创新策略。现代社会发展很快,因此,企业的配送要求也变化很快,要适应社会发展,不断提供新的配送服务满足客户的配送要求,这是企业的生存之道。有时候,我们视之为提供增值服务,如在配送过程中提供分拣、包装等有特点的流通加工服务,能够从容地处理高频率小批量的订单,或者提供延迟服务,以减少客户的库存压力。

③ 品牌策略。配送服务提供商需要创造出自己的服务品牌,相对于产品的品牌策略而言,提供服务的配送企业品牌战略则相对简单,即通过提供灵活、便利、专业化、标志性的服务来满足客户需求,使得自身企业在同类的服务企业中能够脱颖而出,得到客户的信赖。

④ 价格策略。一般而言,配送服务的水平越高,则其需要的成本相应也会较高,因此,在提供使客户满意的配送服务水平的同时,也需要考虑价格因素。因为从另外一个角度来说,客户选择企业的一部分原因是配送服务能够降低企业自身的经营成本,所以说,配送服务的定价也是配送服务供应商需要慎重考虑的问题。采用不同的服务定价,可能对于配送服务提供商的发展有不一样的影响。

视频:海外仓配送服务

(三) 智能化配送服务的发展

智能化配送服务是随着物流行业的快速发展和技术的不断进步而兴起的一种服务模式。它利用物联网、大数据、人工智能等先进技术,实现仓储和配送环节的高度自动化、智能化和信息化,以提高物流效率、降低成本、提升客户满意度。在过去 10 余年间,物流业迅速从传统的人工搬运、人工配送、人工管理升级到无人仓库、自动分拣、智能配送。智慧物流在缩短物流时间、提升配送效率、减少物流延误和损失、降低人工成本、提高物流资金使用效率等方面发挥着越来越大的作用,已经成为物流业降本增效的主攻方向。当今,物流数字化转型取得显著成效,物流科技创新能力不断增强,智慧物流应用场景更加丰富。

1. 智能化配送服务的特点

(1) 高度自动化与智能化。智能化配送服务通过集成先进的物联网、大数据、人工智能等技术,实现了配送过程的高度自动化和智能化。从订单处理、路径规划、货物分拣到配送执行,整个流程都能够在系统的智能调度下自动完成,大大减少了人工干预,提高了作业效率和准确性。

(2) 实时追踪与可视化。智能化配送服务利用 GPS、GIS 等技术,实现了对配送车辆和货物的实时追踪和可视化展示。企业可以通过系统平台实时查看配送车辆的位置、行驶轨迹、货物状态等信息,确保配送过程的透明度和可控性。同时,客户也可以通过手机 App 等渠道实时查询订单状态和配送进度,提升购物体验。

(3) 灵活性与动态调整能力。智能化配送服务具备高度的灵活性和动态调整能力。系统能够实时接收交通状况、客户需求等动态信息,并根据这些信息动态调整配送计划。例如,在遇到交通拥堵或客户地址变更时,系统能够迅速重新规划路线,确保配送任务的顺利完成。这种灵活性使得智能化配送服务能够更好地应对各种复杂情况和突发事件。

(4) 数据驱动决策与优化。智能化配送服务通过收集和分析大量的配送数据,如配送时间、成本、客户满意度等,为企业提供精准的决策支持。企业可以利用这些数据优化配送流程、提高配送效率、降低运营成本。同时,系统还能够通过大数据分析预测未来的订单量和配送需求,从而提前做好准备,确保配送服务的顺利进行。

(5) 绿色环保与可持续发展。智能化配送服务注重环保和可持续发展。通过优化配送路径、减少空驶率、采用新能源配送车辆等措施,智能化配送服务能够降低能源消耗和碳排放量,减少对环境的影响。这种绿色配送理念符合现代社会的可持续发展要求,也是企业社会责任的体现。

文档:顺丰同城绿色配送

(6) 提升客户体验与满意度。智能化配送服务通过提供实时追踪、快速响应、灵活调整等优质服务,能够显著提升客户的购物体验和满意度。客户可以随时了解订单状态和配送进度,对配送过程有更清晰的了解和控制。同时,智能化配送服务还能够通过数据分析为客户提供更加个性化的服务建议,增强客户的忠诚度和黏性。

2. 智能化配送服务的内容

(1) 智能订单处理。

① 订单接收与分配。系统能够自动接收来自不同渠道的订单,并根据订单的属性(如时间、地点、货物类型等)以及配送员的位置和状态,智能地分配订单给最合适的配送员。

视频:亚马逊智能物流服务

② 订单状态跟踪。提供实时的订单状态跟踪功能,客户可以通过手机 App 或网站等渠道随时查询订单的当前状态,包括已接单、配送中、已送达等。

(2) 智能路径规划与优化。

① 路径规划。利用先进的算法技术(如遗传算法、蚁群算法等),综合考虑交通状况、客户分布、货物类型等多种因素,为配送员规划出最优的配送路线。

② 实时调整。在配送过程中,系统能够实时接收交通拥堵、客户地址变更等动态信息,并据此动态调整配送路线,确保配送任务的顺利完成。

(3) 智能分拣与配装。

① 智能分拣。通过自动化分拣设备或机器人,根据货物的种类、大小、重量等特征进行快速、准确的分拣,提高分拣效率和准确性。

② 合理配装。根据配送车辆的负载能力和客户订单的需求,对分拣后的货物进行合理搭配装载,以充分利用车辆空间并降低配送成本。

视频:同城智能配送服务

(4) 智能配送执行。

① 实时追踪。利用 GPS 等定位技术,实时追踪配送车辆的位置和行驶轨迹,确保配送过程的安全和可控。

② 智能调度。系统能够实时分析配送员的状态(如空闲、配送中)和位置,动态调整配

送任务,以最大化配送资源的利用率。

（5）客户服务与反馈。

① 实时通知。通过短信、App 推送等方式,实时向客户发送订单状态更新和配送通知,提升客户体验。

② 反馈与投诉处理。建立健全的客户反馈和投诉处理机制,及时响应并妥善处理客户的意见和建议,不断提升服务质量。

（6）数据分析与决策支持。

① 数据分析。收集和分析大量的配送数据（如配送时间、成本、客户满意度等）,为企业提供精准的决策支持。

② 优化建议。基于数据分析结果,为企业提供优化配送流程、提高配送效率、降低运营成本的建议。

二、配送成本管理

（一）配送成本认知

1. 配送成本的含义

配送成本是配送过程中所支付的费用总和。根据配送流程及配送环节,配送成本实际上是含配送运输费用、分拣费用、配装及流通加工费用等全过程。配送成本费用的核算是多环节的核算,是各个配送环节或活动的集成。配送各个环节的成本费用核算都具有各自的特点,如流通加工的费用核算与配送运输费用的核算具有明显的区别,其成本计算的对象及计算单位都不同。

2. 配送成本的特征

（1）配送成本与服务水平密切相关。提高配送服务水平会使配送成本大幅度增加,二者成正比。

（2）配送成本的隐蔽性,配送成本中有不少是配送部门不能控制的,受商品交易市场、交通运输条件的直接影响。

（3）配送成本中不同功能成本之间存在二律背反现象,即一种功能成本的消减会使另一种功能成本增加,因此,配送管理的目标是追求总成本最小化,而不是个别成本的最优化。

（4）配送成本削减的乘法效应。如果配送成本占销售额的 1%,那么当配送成本降低 1 元,相当于使销售额增加 100 元。可见,配送成本的下降对企业的经营影响巨大。

（5）配送成本具有补偿的性质。它是为了保证企业再生产而应从配送收入中得到补偿的价值。

（6）配送成本具有不可控性。配送是一种服务,为了满足客户需要,则会难免有些"不可控"的情况出现,而随着这个"不可控"情况的产生,则会带来配送成本的"不可控"性。

（二）配送成本管理与控制

1. 配送成本的构成

配送成本是配送运输费用、分拣费用、配装以及相关的流通加工费用等所构成的全过程费用总和。

（1）配送的运输费用。这部分主要包含了车辆费用、营运间接费用。其中车辆费用主要是指从事配送运输生产而发生的各项费用。营运间接费用主要是指营运过程中发生的,不能直接计入各成本计算对象的站、队经费,如站、队人员的工资及福利、办公费、折旧费等内容,但不含管理费用。

(2)分拣费用。分拣费用包含了分拣人工费用(即主要是从事分拣工作的作业人员及有关人员的工资、奖金、补贴等费用的总和)、分拣设备费用(分拣机械设备的折旧费用及维修费用)。

(3)配装配送费用。配装配送费用主要包含配送材料费用、配送辅助费用和配送人工费用。

(4)流通加工费用。流通加工费用主要包含了流通加工设备费用、流通加工材料费用、流通加工人工费用。

2. 配送成本的影响因素

配送成本的影响因素主要包含竞争性因素、产品因素、空间因素、管理因素。

(1)竞争性因素。竞争性因素是指配送企业所处的社会市场环境竞争激烈,为了得到更多的客户,必须提供更好的服务,具有较高的服务水平。而较高的服务水平则决定了需要提高配送成本。例如,客户为了降低库存会减少订货量而增加订货次数,对于客户而言,其库存成本降低了,但是,为了响应客户需求,配送企业需要频繁配货配载,多次运输,从而增加了配送过程中的劳动力成本、装卸搬运成本及运输成本,导致了配送的高成本投入。

(2)产品因素。产品因素主要是指由于产品自身的特性(如价值、密度、易损性等)都会导致配送成本的增加或者降低。对于高价值类型的产品,运输工具要求较高,同时储存保管费用也较高,这样整个配送成本也会提高。产品的密度则会影响产品的重量、体积,从而对于配送过程中的运输、配送配载等都产生影响,最终会体现到配送成本的变动上来,货品的易损性则会提高配送过程中的各种费用,如包装费用、装卸搬运费用等。

(3)空间因素。空间因素主要是指配送中心的辐射范围,以及各供应商与配送中心的距离。显然,空间因素直接影响了配送运输的距离。运输成本的高低对于配送总成本的影响就是非常直接而明显的。

(4)管理因素。管理因素对于配送成本的影响表现就不如上述几种因素那么明显,但是配送管理本身就是管理的一个方面。如果能够有科学的管理方式方法,就能够降低整个企业的管理成本,提高其管理效率,从而也能降低配送成本。

文档:
冷链配送成本与一般配送成本的区别

3. 配送成本的计算

配送总成本是各个配送环节或者活动的集成,即

$$配送总成本=配送运输成本+分拣成本+配装成本+流通加工成本$$

在进行具体配送成本计算时,要注意避免配送成本费用的重复交叉计算,夸大或者减少费用支出。

(1)配送运输成本计算。配送运输成本的计算,是指将配送车辆在配送生产过程中所发生的费用,按照规定的配送对象和成本项目,计入配送对象的运输成本项目中去的方法。配送运输成本项目主要包括工资及职工福利费、燃料费、轮胎摊销费、修理费、折旧费、运输管理费、车船使用税、行车事故损失和其他费用,以及营运间接费用等。配送运输成本计算表的格式如表4-5所示。

表 4-5　配送运输成本计算表

编制单位：　　　　　　　　　　　　　年　月　　　　　　　　　　　　　单位：元

项　目	计算依据	配送车辆合计	配送营运车辆				
			车辆1	车辆2	车辆3	车辆4	……
一、车辆费用							
工资							
职工福利							
燃料							
轮胎							
修理费							
折旧							
车船使用税							
运输管理费							
行车事故损失							
其他							
二、营运间接费用							
三、配送运输总成本							
四、周转量/（千吨·公里）							
五、单位成本/［元/（千吨·公里）］							
六、成本降低率							

（2）分拣成本计算。配送环节分拣成本计算，是指分拣过程中所发生的费用，按照规定的成本计算对象和成本项目，计入分拣成本的方法。分拣成本项目主要包括工资与职工福利费、修理费、折旧，以及分拣间接费用等。配送企业月末应编制配送分拣成本计算表，如表 4-6 所示，反映配送分拣总成本。

表 4-6　分拣成本计算表

编制单位：　　　　　　　　　　　　　年　月　　　　　　　　　　　　　单位：元

项　目	计算依据	合计	分拣品种				
			货物甲	货物乙	货物丙	货物丁	……
一、分拣直接费用							
工资							
福利							
修理费							
折旧							
其他							
二、分拣间接费用							
分拣总成本							

（3）配装成本计算。配送环节的配装活动是配送的独特要求,配装成本是指完成配装货物过程中所发生的各种费用,计算方法是按照规定的成本计算对象和成本项目进行计算。配装成本项目主要包括工资及福利费、材料费用、辅助材料费用,以及配装间接费用等。物流配送企业月末应编制配送环节配装成本计算表,如表4-7所示,以反映配装过程发生的成本费用总额。

表 4-7　配装成本计算表

编制单位：　　　　　　　　　　　　年　　月　　　　　　　　　　　　单位：　元

项　　目	计算依据	合计	配装品种				
			货物甲	货物乙	货物丙	货物丁	……
一、配装直接费用							
工资							
职工福利费用							
材料费							
辅助材料费							
其他							
二、配装间接费用							
配装总成本							

（4）流通加工成本核算。

① 直接材料费。流通加工的直接材料费用是指对流通加工产品加工过程中直接消耗的材料、辅助材料、包装材料及燃料和动力等费用。与工业企业相比,在流道加工过程中的直接材料费用,占流通加工成本的比例不大。

② 直接人工费用。流通加工成本中的直接人工费用,是指直接进行加工生产的生产工人的工资总额和按工资总额提取的职工福利费。生产工人工资总额包括计时工资、计件工资、奖金、津贴和补贴、加班工资、非工作时间的工资等。

③ 制造费用。流通加工制造费用是配送中心设置的生产加工单位为组织和管理生产加工所发生的各项间接费用,主要包括人员工资及提取的福利费、生产加工单位房屋、建筑物、机器设备等的折旧和修理费、生产单位固定资产租赁费、机物料消耗、低值易耗品摊销、取暖费、水电费、办公费、差旅费、保险费、试验检验费、季节性停工和机器设备修理期间的停工损失及其他制造费用。

物流配送企业月末应编制流通加工成本计算表,如表4-8所示,以反映配送总成本和单位成本。

表 4-8　流通加工成本计算表

编制单位：　　　　　　　　　　　　年　　月　　　　　　　　　　　　单位：　元

项　　目	计算依据	合计	流通加工品种				
			产品甲	产品乙	产品丙	产品丁	……
直接材料							
直接人工							
制造费用							
合计							

4. 配送成本分析

配送成本分析是指利用配送成本核算及其他有关资料,分析配送成本水平与构成的变动情况,研究影响配送成本升降的各种因素及其变动原因,寻找降低配送成本的途径。配送成本分析是成本管理的重要组成部分。

成本分析方法有很多,一般有对比分析法、连锁替代法、相关分析法。

(1) 对比分析法。对比分析法是通过成本指标在不同时期(或不同情况)数据的对比,来揭露矛盾的一种方法,成本指标的对比,必须注意指标的可比性。

比较形式主要有绝对数比较、增减数比较及指数比较三种。

绝对数比较,如上年产品单位成本 10 元,本年产品单位成本为 9.5 元;增减数比较,如本年成本比上年降低 0.5 元;指数比较,如本年成本比上年降低 5%。

(2) 连锁替代法。连锁替代法也称连锁置换法、连环替代法。它是确定引起某经济指标变动的各个因素影响程度的一种计算方法。在几个相互联系的因素共同影响着某一指标的情况下,可应用这一方法来计算各个因素对经济指标发生变动的影响程度。

其计算步骤如下。

① 在计算某一因素对一个经济指标的影响时,假定只有这个因素在变动而其他因素不变。

② 确定各个因素替代顺序,然后按照这一顺序替代计算。

③ 把这个指标与该因素替代前的指标相比较,确定该因素变动所造成的影响。

(3) 相关分析法。企业的各种经济指标,存在着相互依存关系,一个指标变了,就会影响其他经济指标。例如,配送距离的变化,必然会引起成本的相应变化,利用数学方法进行相关分析,找出有关经济指标之间规律性的联系,即为相关分析法。

正如前面所提到的配送是由很多环节所构成的,而配送成本也是由那些环节中的每项成本所构成,对于配送成本进行分析,除采用这三种财务分析方法以外,还需要将配送过程中的相关环节进行综合分析,只有这样,才能全面地、没有遗漏地分析好配送成本,做好配送成本的控制。

下面以配送环节中的配送运输成本为例来进行有关配送成本分析。

(1) 利用已有的配送运输成本计算表(表 4-9),来进行相应的配送运输成本汇总表制作。利用汇总表可以分析、考核各项计划执行情况和各种消耗定额完成情况。

(2) 将有关的数据记录列入配送运输成本汇总表。配送运输成本降低额和配送运输成本降低率按以下公式计算。

$$配送运输成本降低额 = 配送车辆上年实际单位成本 \times 本年配送实际周转量 - 本年配送实际总成本$$

$$配送运输成本降低率 = \frac{配送成本降低额}{配送车辆上年实际单位成本 \times 本年实际配送周转量}$$

补充资料部分则包含了上年配送运输总成本,上年周转量及配送总行程等项目。

(3) 逐项分析。根据汇总表中的所列数值,采用对比分析法,计算比较本年计划、本年实际与上年实际成本升降情况,结合有关统计、业务、会计核算资料和其他调查研究资料查明成本水平变动原因,提出降低成本的意见。

表 4-9　配送运输成本计算分析表

编制单位：　　　　　　　　　　　年　月　　　　　　　　单位：元

项　目	行次	计划数	本期实际数	本年累计实际数
一、车辆费用	1			
工资	2			
职工福利	3			
燃料	4			
轮胎	5			
保修	6			
大修	7			
折旧	8			
养路费	9			
运输管理费	10			
行车事故损失	11			
其他	12			
二、营运间接费用	13			
三、配送运输总成本	14			
四、周转量/(千吨·公里)	15			
五、单位成本/[元/(千吨·公里)]	16			
六、成本降低额	17			
七、成本降低率/%	18			
补充资料(年表填列)	19			
上年单位成本/[元/(千吨·公里)]	20			
总行程/km	21			
燃料消耗汽油柴油/(升/百吨)	22			
历史最好水平：单位成本	23			

（4）深入分析。通过以上的逐项分析，可以了解成本水平升降的概略情况，为了进一步深入分析成本变动的具体原因，则需要从另外几个角度进行思考。例如，燃料等材料的价格和一些费用比率(折旧率、大修理基金提存率等)变动对成本水平的影响；各项消耗定额和费用开支标准变动对成本水平的影响；配送车辆数及其重量变动和车辆运用效率高低对成本水平的影响。

5. 配送成本控制策略

配送活动在完成的过程中，也同时增加了产品的价值，这有助于提高企业的竞争力。但完成配送活动是需要付出代价的，即需要一定的配送成本。企业对配送成本的控制，就是要在满足一定的顾客服务水平的前提下，尽可能地降低配送成本，或者是在一定的服务水平下使配送成本最低。一般来说，企业要想在一定的服务水平下使配送成本最小可以考虑以下策略。

（1）混合策略。混合策略是指配送业务一部分由企业自身完成。这种策略的基本思想是：尽管采用纯策略(即配送活动要么全部由企业自身完成，要么完全外包给第三方物流完成)易形成一定的规模经济，并使管理简化，但由于产品品种多变、规格不一、销量不等等情况,采用纯策略的配送方式超出一定程度不仅不能取得规模效益,反而会造成规模不经济。而采用混合策略,合理安排企业自己完成的配送和外包给第三方物流完成的配送,能使配送成本最低。

例如,一家全国连锁电器卖场为实现商品高效配送,在北京、天津、上海、成都、重庆等地均建设了大型物流配送中心。家电产品由厂家直接拉进这些配送中心,再由配送中心分送至与它相对应的众多门店。每个配送中心都有自己的运输车队,利用自己的车队来完成门店配送,而从门店到消费者最后一公里的配送则选择外包给专业的配送公司来完成。特别是对于农村或偏远地区来说,采用外包的形式更有利于降低综合配送成本。

(2)差异化策略。差异化策略的指导思想是:产品特征不同,顾客服务水平也不同。当企业拥有多种产品线时,其不能对所有产品都按同一标准的顾客服务水平来配送,而应按产品的特点、销售水平,来设置不同的库存、不同的运输方式以及不同的储存地点。忽视产品的差异性会增加不必要的配送成本。例如,一家生产化学品添加剂的公司,为降低成本,对各种产品按销售量比重进行分类:A类产品的销售量占总销售量的70%以上,B类产品占20%左右,C类产品则为10%左右。对A类产品,公司在各销售网点都备有库存,B类产品只在地区分销中心备有库存而在各销售网点不备库存,C类产品连地区分销中心都不设库存,仅在工厂的仓库才有存货。经过一段时间的运行,事实证明这种方法是成功的,企业总的配送成本下降了20%之多。

(3)合并策略。合并策略包含以下两个层次。

① 配送方法上的合并。企业在安排车辆完成配送任务时,应充分利用车辆的容积和载重量,做到满载满装,这也是降低成本的重要途径。产品品种繁多,不仅包装形态、储运性能不一,在密度方面也往往相差甚远。一辆车上如果只装密度大的货物,往往是达到了载重量,但容积空余很多;只装密度小的货物则相反,看起来车装得满,实际上并未达到车辆载重量。这两种情况实际上都造成了浪费。实行合理的轻重配装、将容积大小不同的货物搭配装车,不但可以在载重方面达到满载,而且可以充分利用车辆的有效容积,取得最优效果。企业最好是借助计算机计算货物配车的最优解。

② 共同配送。共同配送是一种产权层次上的共享,也称为集中协作配送。它是几个企业联合起来集小量为大量共同利用同一配送设施的配送方式。其标准运作形式是:在中心机构的统一指挥和调度下,各配送主体以经营活动(或以资产)为纽带联合行动,在较大的地域内协调运作,共同为一个或多个客户提供系列化的配送服务。这种配送有两种情况:一是中小生产、零售企业之间分工合作实行共同配送,即同一行业或在同一地区的中小型生产、零售企业在单独进行配送的运输量小、效率低的情况下进行联合配送。这不仅可减少企业的配送费用,使配送能力得到互补,而且有利于缓和城市交通拥挤,提高配送车辆的利用率。二是几个中小型配送中心之间的联合,即针对某一地区的用户,由于各配送中心所配物资效率低等原因,几个配送中心将用户所需物资集中起来,共同配送。

(4)延迟策略。传统的配送计划安排中,大多数库存是按照对未来市场需求的预测量设置的,这样就存在着预测风险,当预测量与实际需求量不符时,就会出现库存过多或过少的情况,从而增加配送成本。延迟策略的基本思想就是对产品的外观、形状及其生产、组装、配送应尽可能推迟到接到顾客订单后再确定。企业一旦接到订单就要快速反应,因此采用延迟策略的一个基本前提是信息传递要非常快。一般来说,实施延迟策略的企业应具备以下几个基本条件。

①产品特征。生产技术非常成熟,模块化程度高,产品价值密度大,有特定的外形,产品特征易于表述,定制后可改变产品的容积或重量。

②生产技术特征。模块化产品设计、设备智能化程度高,定制工艺与基本工艺差别不大。

③市场特征。产品生命周期短,销售波动性大,价格竞争激烈,市场变化大,产品的提前期短。

实施延迟策略常采用两种方式:生产延迟(或称形成延迟)和物流延迟(或称时间延迟)。而配送中往往存在着加工活动,所以实施配送延迟策略既可采用形成延迟方式,也可采用时间延迟方式。具体操作时,延迟策略常常发生在诸如贴标签(形成延迟)、包装(形成延迟)、装配(形成延迟)和发送(时间延迟)等领域。美国一家生产金枪鱼罐头的企业就通过采用延迟策略改变配送方式,降低了库存水平。历史上这家企业为提高市场占有率曾针对不同的市场设计了几种品牌,产品生产出来后运到各地的分销仓库储存起来。由于顾客偏好不一,某种品牌畅销而缺货,另一些品牌滞销而压仓的现象经常出现。为了解决这个问题,该企业改变以往的做法,在产品出厂时不贴标签就将产品运到各分销中心储存,当接到各销售网点的具体订货要求后,才按各网点指定的品牌标志贴上相应的标签,这样就有效地解决了此缺彼涨的矛盾,从而降低了库存。

(5)标准化策略。标准化策略就是尽量减少因品种多变而导致的附加配送成本,尽可能多地采用标准零部件、模块化产品。例如,服装制造商按统一规格生产服装,直到顾客购买时,才按顾客的身材调整尺寸大小。采用标准化策略要求厂家从产品设计开始就要站在消费者的立场去考虑怎样节省配送成本,而不要等到产品定型生产出来了才考虑采用什么技巧降低配送成本。

(三)智能化配送成本分析

1. 智能化配送成本的特点

(1)初期投入大。

①技术研发。智能化配送系统需要投入大量的资源进行技术研发,包括软件开发、算法优化、数据分析平台搭建等。这些都需要专业团队和较长时间的努力,因此初期研发投入较大。

②设备购置。为了实现智能化配送,企业通常需要购置智能分拣设备、自动化仓库系统、无人配送车辆等先进设备。这些设备往往价格昂贵,增加了企业的初期成本负担。

(2)规模效应显著。

①成本分摊。随着配送量的增加,智能化配送服务的成本可以在一定程度上得到分摊。当配送规模达到一定水平时,单位成本会显著降低。

②效率提升。智能化配送系统能够优化配送路径、提高分拣效率、减少人工错误等,从而提升整体配送效率。这种效率提升有助于降低运营成本,提高企业的盈利能力。

(3)技术迭代快,维护成本高。

①技术更新。智能化配送技术更新迭代迅速,为了保持竞争力,企业需要不断投入资源进行技术升级和改造。这包括引入新的算法、优化系统性能、提升用户体验等。

②设备维护。智能化配送设备需要定期进行维护和保养,以确保其正常运行和延长使

用寿命。这些维护费用也是企业需要考虑的重要成本之一。

（4）人力资源成本降低，但培训成本增加。

① 人员精简。智能化配送系统的引入可以减少对人工的依赖，从而降低人力资源成本。然而，这并不意味着完全不需要人工参与，而是需要更高素质的人才来操作和维护系统。

② 员工培训。为了使员工能够熟练操作和维护智能化配送系统，企业需要投入一定的资源进行员工培训。这些培训费用也是企业成本的一部分。

（5）存在潜在成本节约机会。

① 减少错误与损耗。智能化配送系统能够减少人为错误和货物损耗，从而降低企业的损失成本。

② 优化库存管理。通过智能化配送系统，企业可以更加精准地掌握库存情况，避免过度库存和缺货现象的发生，从而优化库存管理成本。

2. 智能化配送成本的内容

（1）技术研发成本。

① 软件开发。软件开发包括订单处理系统、路径规划算法、数据分析平台等核心软件的开发、测试、部署和维护费用。这些软件是智能化配送系统的核心，其研发成本通常较高。

② 技术更新与迭代。随着技术的不断进步，智能化配送系统需要不断进行技术更新和迭代，以适应市场需求和技术变化。这包括引入新的算法、优化系统性能、提升用户体验等，都需要持续的技术研发投入。

（2）设备购置与维护成本。

① 自动化设备。智能分拣设备、自动化仓库系统、无人配送车辆等先进设备的购置费用是智能化配送成本的重要组成部分。这些设备价格昂贵，但能够显著提高配送效率和准确性。

② 设备维护。为了保持智能化配送设备的正常运行，需要定期进行维护和保养。这包括零部件更换、故障排查和修复等，都会产生一定的维护成本。

（3）人力资源成本。

① 员工培训。为了使员工能够熟练操作和维护智能化配送系统，企业需要投入一定的资源进行员工培训。这些培训费用包括培训材料、培训师资、培训场地等。

② 人员配置。虽然智能化配送系统能够减少对人工的依赖，但仍需要一定数量的专业人员来操作、监控和维护系统。这些人员的工资、福利等费用也是人力资源成本的一部分。

（4）运营与管理成本。

① 网络费用。智能化配送系统需要依赖稳定的网络环境来运行，因此网络费用是运营成本的一部分。

② 能源费用。自动化设备（如无人配送车辆）的运行需要消耗能源（如电力或燃料），这些能源费用也需要计入运营成本。

③ 管理费用。管理费用包括系统的日常管理、监控、数据分析等费用。这些费用是确保智能化配送系统正常运行所必需的。

（5）潜在效益与成本节约机会。

① 成本节约。智能化配送系统能够优化配送路径、提高分拣效率、减少人工错误和货

物损耗等,从而降低企业的运营成本。这些成本节约机会是智能化配送成本中不可忽视的一部分。

②效益提升。通过提高配送效率和准确性,智能化配送系统能够提升企业的服务质量和客户满意度,进而增加企业的收益和市场份额。这些潜在效益也是企业考虑智能化配送成本时需要权衡的因素之一。

📚 任务案例

7-11 便利店配送系统的变革

7-11 的物流模式先后经历了三个阶段、三种方式的变革。起初,7-11 并没有自己的配送中心,它的货物配送是靠批发商来完成的。以日本 7-11 为例,早期日本 7-11 的供应商都有自己特定的批发商,而且每个批发商一般都只代理一家生产商,这个批发商就是联系信息流和资金流的通道。供应商把自己的产品交给批发商以后,对产品的销售就不再过问,所有的配送和销售都会由批发商来完成。对于 7-11 而言,批发商就相当于自己的配送中心,它所要做的就是把供应商生产的产品迅速有效地运送到 7-11 手中。为了自身的发展,批发商需要最大限度地扩大自己的经营,尽力向更多的便利店送货,并且要对整个配送和订货系统作出规划,以满足 7-11 的需要。

随着 7-11 便利店规模的不断扩大,这种分散化的由各个批发商分别送货的方式无法再满足 7-11 便利店的需要。7-11 开始和批发商及合作生产商构建统一的集约化的配送和进货系统,在这种系统之下,7-11 改变了以往由多家批发商分别向各个便利店送货的方式,改由一家在一定区域内的同类供应商,然后 7-11 统一配货,这种方式称为集约化配送。集约化配送有效地降低了批发商的数量,减少了配送环节,为 7-11 节约了物流费用。配送中心的好处提醒了 7-11,与其让别人掌控自己的经脉,不如自己把自己的脉。7-11 的物流共同配送系统就这样浮出水面,共同配送中心代替了特定的批发商,分别在不同的区域统一集货、统一配送。配送中心有一个计算机网络配送系统,分别与供应商及 7-11 店铺相连。为了保证不断货,配送中心一般会根据以往的经验保留 4 天左右的库存,同时,中心的计算机系统每天都会定期收到各个店铺发来的库存报告和要货报告,配送中心对这些报告进行集中分析,最后形成一张张向不同供应商发出的订单,由计算机网络传递给供应商,而供应商则会在预定的时间内向配送中心派送货物。

7-11 配送中心在收到货物后,对各个店铺所需的货物分别打包,等待发送。第二天一早,派送车就会从配送中心鱼贯而出,择路向自己配送区域内的 7-11 连锁店送货,整个过程就这样循环往复。

随着店铺的扩大和商品的增多,7-11 的物流配送越来越复杂,配送时间和配送种类的细分势在必行。以中国台湾地区的 7-11 为例,物流配送就细分为出版物、常温食品、低温食品和鲜食品四个类别,各个区域的配送中心需要根据不同商品的特征和需求量,每天进行不同频率的配送,以确保食品的新鲜度,以此来吸引更多的顾客。新鲜、即时、便利和不缺货是7-11 店铺最大的卖点。

资料来源:https://www.doc88.com/p-11068440448738.html.

案例思考：

（1）结合本案例分析 7-11 配送系统变革前后的变化？有何优越性？

（2）分析 7-11 可以从哪些方面降低配送成本？

任务实训

中德公司配送成本分析与计算

一、实训目的

通过分析企业配送成本，熟悉配送成本管理的内容与方法，掌握配送成本核算和控制的方法。

二、实训内容

下面是中德 2025 年 6 月一些经过整理后的成本数据资料，请对这些数据资料按照配送成本的每个构成项目进行归集，填制相应的成本计算表（表 4-10），最后计算出公司 2025 年 6 月的配送总成本。

表 4-10　配送成本计算表

成本构成	成本项目	金额/元
配送运输成本		
合计		
配送运输单位成本		
配送分拣成本		
合计		

续表

成 本 构 成	成 本 项 目	金额/元
配送配装成本		
合计		
配送流通加工成本		
合计		

（1）本月驾驶员工资共 58 500 元，福利费共 8 190 元；分拣工人工资 31 000 元，福利费共 4 340 元；配装作业工人工资 44 350 元，福利费共 6 209 元；流通加工工人工资 18 500 元，福利费共 2 590 元。

（2）本月共发生的车辆修理费为 4 250 元，大修费为 12 000 元，折旧为 26 610 元；分拣机械设备的修理费为 5 200 元，折旧费为 15 750 元。

（3）本月车辆燃料费共 70 500 元，轮胎费共 36 000 元，车辆其他费用共 10 000 元；配装材料费共 25 100 元，配装辅助材料费共 6 750 元，配装其他费用共 11 000 元；流通加工直接材料费共 3 000 元；分拣其他费用共 6 100 元。

（4）本月共发生运输管理费 49 150 元；车船使用税 22 000 元；行车事故损失 23 000 元。

（5）本月共发生车辆营运间接费用 63 800 元；分拣间接费用 17 050 元；配装间接费用 13 000 元。

（6）本月流通加工的制造费用为 26 542 元。

（7）本月车辆周转量为 5 000t/km。

三、实训步骤

（1）教师通过在线学习平台发布实训任务。

（2）分析中德公司成本数据资料，按照配送成本对各项目进行归集。

（3）小组编制成本计算表，并计算出公司 2025 年 6 月的配送总成本。

（4）小组互评与总结反馈。

任务小结

通过本任务的学习,了解配送服务的含义及其构成,理解配送服务的目标及影响因素,掌握配送服务合同签订及服务流程,理解配送成本含义及特征,掌握配送成本的计算和配送成本控制,理解智能化仓储配送服务和成本的发展,能够进行配送服务管理及配送成本控制。

参 考 文 献

[1] 贾春玉,刘富成,钟耀广.仓储与配送管理[M].2版.北京:机械工业出版社,2023.

[2] 郭妍,杨高英,李墨溪.智慧仓配运营管理[M].北京:化学工业出版社,2023.

[3] 杨国荣.智慧仓配运营[M].北京:北京理工大学出版社,2024.

[4] 郑丽,王卫洁,陈晓利.仓储与配送管理实务[M].2版.北京:清华大学出版社,2024.

[5] 钟晓燕,欧伟强.智慧仓储与配送管理[M].北京:电子工业出版社,2024.

[6] 北京京东乾石科技有限公司.智能仓储规划[M].北京:清华大学出版社,2023.

[7] 操露.智慧仓储实务——规划、建设与运营[M].北京:机械工业出版社,2023.

[8] 张旭凤.仓储与库存管理[M].北京:北京大学出版社,2022.

[9] 朱占峰,陈勇.供应链管理[M].4版.北京:高等教育出版社,2023.

[10] 方磊.电子商务物流管理[M].北京:清华大学出版社,2024.

[11] 姜大立,王科,朱光福.物流成本与绩效管理[M].北京:中国财富出版社,2024.

[12] 姚娟娟.《智慧仓配运营》新型活页式教材开发路径研究[J].中国物流与采购,2024(19):111-112.

[13] 程娇娇.面向智能制造的B公司仓配一体化转型升级评价研究[D].重庆:重庆交通大学,2024.

[14] 谢明豫,李玥桦.价值链视角下物流企业成本管理[J].中国储运,2024(9):64-65.

[15] 杨浩.中小型企业降低仓储成本的路径探索[J].物流科技,2022(16):152-155.

[16] 乐烨,陈亚杰.论人工智能仓储[J].物流工程与管理,2024(3):11-13.

[17] 韩宇翔.服装制造企业成品物流网络优化研究[D].北京:北京交通大学,2021.

[18] 李佳,何非,谢刚伟,等.四向穿梭车式密集仓储入库货位分配方法研究[J].计算机工程与应用,2023(24):328-335.